Christian Flick
Mathias Weber

Work hard – live smart

Der Best Practice Ratgeber für smartes
Arbeiten und ebenso smartes Leben

Diplomica Verlag GmbH

Flick, Christian, Weber, Mathias: Work hard – live smart. Der Best Practice Ratgeber
für smartes Arbeiten und ebenso smartes Leben, Hamburg, Diplomica Verlag GmbH
2016

Buch-ISBN: 978-3-95934-991-8
PDF-eBook-ISBN: 978-3-95934-491-3
Druck/Herstellung: Diplomica® Verlag GmbH, Hamburg, 2016
Covermotiv: © kantver – Fotolia.com
Abbildungen (S. 19, 31, 37, 43, 67, 207, 255, 295): © cherezoff – Fotolia.com

Bibliografische Information der Deutschen Nationalbibliothek:
Die Deutsche Nationalbibliothek verzeichnet diese Publikation in der Deutschen
Nationalbibliografie; detaillierte bibliografische Daten sind im Internet über
http://dnb.d-nb.de abrufbar.

Das Werk einschließlich aller seiner Teile ist urheberrechtlich geschützt. Jede Verwertung
außerhalb der Grenzen des Urheberrechtsgesetzes ist ohne Zustimmung des Verlages
unzulässig und strafbar. Dies gilt insbesondere für Vervielfältigungen, Übersetzungen,
Mikroverfilmungen und die Einspeicherung und Bearbeitung in elektronischen Systemen.

Die Wiedergabe von Gebrauchsnamen, Handelsnamen, Warenbezeichnungen usw. in
diesem Werk berechtigt auch ohne besondere Kennzeichnung nicht zu der Annahme,
dass solche Namen im Sinne der Warenzeichen- und Markenschutz-Gesetzgebung als frei
zu betrachten wären und daher von jedermann benutzt werden dürften.

Die Informationen in diesem Werk wurden mit Sorgfalt erarbeitet. Dennoch können
Fehler nicht vollständig ausgeschlossen werden und die Diplomica Verlag GmbH, die
Autoren oder Übersetzer übernehmen keine juristische Verantwortung oder irgendeine
Haftung für evtl. verbliebene fehlerhafte Angaben und deren Folgen.

Alle Rechte vorbehalten

© Diplomica Verlag GmbH
Hermannstal 119k, 22119 Hamburg
http://www.diplomica-verlag.de, Hamburg 2016
Printed in Germany

Vorwort

Liebe Leser,

vielen Dank für den Erwerb dieses ungewöhnlichen Buches. Wir freuen uns sehr über das breite Interesse an diesem Thema.

Work hard – live smart. Der Best Practice Ratgeber für smartes Arbeiten und ebenso smartes Leben.

Was bedeutet dieser Buchtitel und was darf ich als Leser nun erwarten?

Dieser Best Practice Ratgeber ist eine Bündelung von erprobtem betriebswirtschaftlichem Praxiswissen mit dem primären Themenschwerpunkt des optimierten smarten und hochagilen kaufmännischen Arbeitens. Zusätzlich beschäftigten sich die beiden Autoren auch intensiv mit der Themenbetrachtung des optimierten smarten Arbeitens in spezieller Verbindung mit dem nebenberuflichen privaten Leben, was dafür sorgen soll, dass ein agiler Mitarbeiter bzw. eine Nachwuchsführungskraft zwar leistungsgewillt und umsetzungsstark in seinen Tätigkeiten ist, aber dennoch für ein langfristiges Ausgleichsverhältnis zwischen Ernährung, Sport, Bewegung und dem zusätzlichen Fokus auf den eigentlichen Job sorgen kann bzw. wird. Dies hilft dabei, ein langfristiges Ziel erfolgreich und gesund erreichen zu können, denn niemand strebt es an, bereits mit 40 oder 50 Jahren völlig ausgebrannt haltlos im echten „Burnout" zu enden. Der Ratgeber spricht sowohl Arbeitgeber, als auch Arbeitnehmer an, denn die betriebswirtschaftlichen Themeninhalte stoßen allgemein auf ein sehr breites Interesse. Das Besondere an diesem Fachbuch ist die Mischung aus den praxisnahen persönlichen und auch fachlichen Tipps, welche sowohl dem einzelnen Mitarbeiter, aber auch der Firma selbst hochagile extrinsische Impulse liefert.

Wie kann man also mit harter Arbeit erfolgreich, zufrieden und erfüllt sein?

Vielleicht ist genau diese Frage nicht mit einem einfachen Satz zu beantworten, sondern sollte Schicht für Schicht hinterfragt und beantwortet werden. Fangen wir mit einer einfacheren Frage an:

Wie hat man also Erfolg im Leben?

In Kurzform gedacht sollte man zur richtigen Zeit, mit der richtigen Idee, mit dem richtigen Engagement am richtigen Ort sein und wenn die Zeit reif ist, auch schnell und unternehmerisch handeln bzw. agieren. Zusätzlich sollte man immer gewillt sein, bei kleineren Rückschlägen wieder sehr schnell aufzustehen, bei Erfolgen Dankbarkeit zu zeigen, Freude am Erfolg zu haben, aber sich dennoch nicht langfristig darauf auszuruhen. Wer sich zu lange auf Erfolge ausruht, wird sich kurz- bis mittelfristig nicht weiterentwickeln, sondern spürbaren Rückschritt im Leben erfahren.

In Fällen von Rückschlägen empfehlen wir, die richtigen Gedanken im Kopf zu fokussieren. Dies soll nicht bedeuten, dass man nicht über die Ursachen von kleinen Misserfolgen nachdenken soll, jedoch bringt es Ihnen nichts, wenn Sie sich innerlich selbst „heruntermachen" und den Fokus weiter auf neue Negativität richten.

Folgen Sie in solchen Fällen dem bekannten Zitat:

"If Plan „A" didn´t work the Alphabet has 25 more letters. Stay cool!"

Wir haben im Rahmen unserer Buchprojekte mit sehr vielen Menschen, Führungspersonen, Nachwuchsführungskandidaten und auch Unternehmern gesprochen. Ein Teil der Dialoge war auch stets jener, dass wir gerne erfahren wollten, was diesen Menschen wirklich wichtig ist und wofür sie bereit sind, sehr viel Energie zu investieren, um genau diese Erfüllungsbausteine erreichen zu können. Natürlich waren auch hierbei diverse unterschiedliche Bausteine enthalten, doch 10 wichtige Facetten fanden wir direkt oder indirekt stetig wieder.

Erfüllungsbausteine und Wünsche von Menschen mit sehr hohen intrinsischen Antriebsmöglichkeiten:

1. GUTES LEBEN HABEN
2. SICH UND ANDERE LIEBEN
3. LACHEN UND FREUDE EMPFINDEN
4. KRAFT UND ENERGIE HABEN
5. ZAUBER UND INSPIRATION IM LEBEN SPÜREN

6. ERFOLGREICH SEIN, MATERIELLE ABSICHERUNG
7. GLÜCKLICH UND ERFÜLLT SEIN
8. EHRLICH UND AUTHENTISCH SEIN
9. BEWEGLICH, GESUND UND FREI SEIN
10. INNERLICHE ZUFRIEDENHEIT NACHHALTIG ERZIELEN

Finden auch Sie sich in diesen Bausteinen und Wünschen wieder? Wir denken, dass dies relativ normal ist, denn es sind einfache elementare Wünsche, die auch ihre begründete Daseinsberechtigung haben sollten.

Bevor wir aber nun aus dem Vorwort und dem Einleitungspart in den Hauptpart des Buches übergehen, möchten wir Ihnen noch eine Anmerkung zur Entstehung des Fachbuchs nennen:

Wir haben uns sehr bemüht, dieses Werk stark komprimiert, leicht verständlich und umsetzungsnah zu gestalten. Das Ziel ist die absolute Praxisbetrachtung und die umfassende Umsetzbarkeit für Führungspersönlichkeiten in Unternehmen.

Viel Freude mit diesem komprimierten Alltagshelfer.

Christian Flick   Mathias Weber

Inhaltsverzeichnis

Vorwort V
Inhaltsverzeichnis IX
Abkürzungsverzeichnis XIII
Symbolerklärungen XV
Autorenprofile XVI
Bloghinweis XVIII
1. Smartes hochagiles Arbeiten & Leben 19
2. Umgang mit Neid und fehlender Anerkennung 31
3. Agile Selbstvermarktung und Auffindbarkeit im Web 37
4. Elementare Leitfäden & Agenden 43
    Produktivumfeld schaffen durch Einführung von einem Unternehmensharmonie-Leitfaden 44
    Akquise-Leitfaden für die Gewinnung neuer Kunden 45
    Interne Effizienzstrategie für Mitarbeiter in der Verwaltung einführen 47
    Probleme strukturiert und lösungsorientiert angehen 49
    Mit Management Summary Entscheidungen beschleunigen 50
    Gedankensätze zur Reduzierung von Low-Performern im Unternehmen 51
    Messebesuche detailliert vorbereiten und Besuchseffizienz deutlich steigern .. 53
    Effiziente Arbeitszeitnutzung im Einkauf 55
    Planung einer konsequenten Erreichung von Zielen 56
    Die Top-Team-Motivationsstellhebel für die meisten Mitarbeiter 57
    Primäre Motivationsbausteine für Einkaufsteams 59
    Generierung von Quick-Win-Einsparungen für Einkaufsmanager 60
    Richtlinien in Mitarbeitergesprächen 62
    Kündigungsvermeidung von guten Mitarbeitern 63
    Verbesserung der Körpersprache 64
    Zeitmanagement im Einkauf bedenken und festlegen 65

5. Hochagile 55 Umsetzungskonzepte für Unternehmen 67
Elektroautos als Firmenwagenalternative anbieten 68
E-Mobilität für Mitarbeiter im Unternehmen aktiv fördern 70
Hallen- und Bürobeleuchtung auf LED-Technik umstellen 72
Heizungserneuerung im Unternehmen inkl. moderner Brenner- und Hitzestrahlertechnik 75
Stromerzeugung durch eigene PV-Anlage im Unternehmen 78
Warmluftrückführung durch Industrieventilatoren 80
Automat für persönliche Schutzausrüstung (PSA) im Betrieb integrieren 82
Bauteileprüfungen in Unternehmen vollautomatisch durchführen 84
Frachtkosten Benchmarking im Unternehmen betreiben 86
Herstellungsumstellung von Drehteilen auf Tiefziehteile 89
KfW-Förderkredite nutzen und Subventionen beantragen 95
Kunststoffpaletten, Mehrwegboxen und Mehrwegsysteme nutzen 97
Lager- und Logistikoutsourcing an Dienstleister 99
Mietwagen nutzen statt hohen Bestand an eigenen Fahrzeugen führen 101
Outsourcing unrentabler Bereiche im Unternehmen 103
RFID-Werkzeugverwaltung 105
Rückmietverkauf bei der Anschaffung von Maschinen verwenden 107
Stromkosten optimieren durch Kontrolle der Mengen- und Marktbewegungen 109
Telefonkosten im Unternehmen optimieren 113
Werbemitteloutsourcing 115
Eigener Onlineshop trotz Händlernetz 117
Einführung einer Wettbewerbsprodukte-Datenbank 119
Einführung IT-gestützter Workflows 121
Einführung von Dokumenten-Management 124
Einsatz von EDI für Key Accounts 128
Einsatz von Product Information Management (PIM) 130
IT-gestützte Konfiguratoren im vertrieblichen Einsatz 135

Nutzung einer Vertragsdatenbank 138

Schulungsserver im Unternehmen integrieren 141

Einführung von Projektmanagement 143

Einsatz von Quality Gates in der Produktion 147

Kommunikation fördern 149

Verantwortlichkeiten klar definieren 152

Vertragsstruktur für das Unternehmen aufbauen 155

Ziele SMART formulieren 157

Aktive Talentförderung durch Mentoren 159

Azubi-Patenschaften entwickeln und Gruppendynamik nutzen 162

Betriebliche Zutrittskontrolle durch Transpondertechnik 164

Dienst-E-Bikes als win/win nutzen 166

Digitale Kommunikation in betrieblichen Lärmumgebungen 168

Einführung einer Qualifikationsdatenbank 170

Einführung eines Unternehmensleitfadens 172

Einkaufsbündelungen für Mitarbeiter arrangieren 175

Employer Branding aktiv betreiben 177

Kontrollinstanz schaffen durch Scannen der einzelnen Fertigungsschritte 180

Maschinenpaten für Maschinen ernennen und Verantwortung definieren 182

Mitarbeitergespräche mit Zielvereinbarungen führen 184

Mitarbeitermotivation in der Produktion 186

Selbstleuchtende Flucht- und Notausgangsschilder 188

Unternehmensleitbild entwickeln und festlegen 190

Einführung eines einheitlichen und hochwertigen Corporate Designs 192

Microsites als obligatorische Komponente bei Anzeigenkampagnen 195

Social Media als gewichtiger Baustein von Marketing und Kundenkommunikation 198

Anschaffung von Kaffee- und Snackautomaten für Mitarbeiter und Kunden/Lieferanten 202

youneo initiative als Wissensplattform im Unternehmen nutzen 204

6. Strategische Verhandlungsführung als wichtige Stellschraube 207

Vorbereitung 208

Strategische Verhandlungsführung 229

Autoritäten und Mehrwertschaffungen 247

7. Teamveränderung: Vom Low-Performer zum High-Performer 255

Low-Performance: Definition, Begegnungen, Maßnahmen 256

Low-Performer erkennen und Arbeitsverhältnisse bewerten 259

Motivationszuwachs bei Low-Performance 263

Literaturempfehlungen zum Thema 265

Direktreport mit Didaktik-Experte Falk Rothhaar 268

8. Nützliche Netzwerkkontakte und Firmen-Interviews 295

Interview mit „onepower – Der Einkaufspool" 296

Interview mit „VEA - Bundesverband der Energie-Abnehmer e. V." 301

Interview mit „Hubert Niewels GmbH" 305

Interview mit „SDS Transport & Logistik" 309

Interview mit „youneo initiative" 313

Interview mit „Effizienz-Agentur NRW (EFA)" 317

Interview mit „Carl Nolte Technik GmbH" 322

Interview mit "ILT GmbH - Intelligente LichtTechnik" 325

Schlusswort und Fazit 331

Hinweis

Aus Gründen der besseren Lesbarkeit wird auf die gleichzeitige Verwendung männlicher und weiblicher Sprachformen verzichtet. Sämtliche Personenbezeichnungen gelten gleichwohl für beide Geschlechter.

Abkürzungsverzeichnis

BANF	Bestellanforderung / Beschaffungsanforderung
B2B	Business to Business
bspw.	beispielsweise
BVW	Betriebliches Vorschlagswesen
bzgl.	bezüglich
bzw.	beziehungsweise
ca.	circa
CD	Corporate Design
CI	Corporate Identity
CRM	Customer-Relationship-Management
d.h.	das heißt
DMS	Dokumenten-Management-System
ebf.	ebenfalls
EK	Einkauf
ERP	Enterprise Resource Planning
etc.	et cetera
ggf.	gegebenenfalls
i.d.F.	in dem Fall
i.d.R.	in der Regel
IPC	Internet Pricing and Configurator
IT	Informationstechnologie
KVP	Kontinuierliche Verbesserungsprozesse
t.	laut
PIM	Product Information Management
PR	Public Relations (Öffentlichkeitsarbeit)
QMS	Qualitätsmanagementsystem
QR	Quick Response
ROI	Return-of-Invest
S.	Seite
sog.	sogenannte/r/s
u.a.	unter anderem
USP	Unique Selling Proposition (Alleinstellungsmerkmal)

usw.	und so weiter
u.U.	unter Umständen
u.v.m.	und vieles/m mehr
VC	Variant Configuration (Variantenkonfiguration)
vgl.	vergleiche
z.B.	zum Beispiel
z.T.	zum Teil

Symbolerklärungen

In den konkreten Umsetzungskonzepten helfen Symbole im Kopfbereich und oberhalb der Nutzenbeschreibung, das Thema genau einzuordnen.

Art des Themas

Betriebliches Vorschlagswesen (BVW)

Kontinuierliche Verbesserungsprozesse (KVP)

Komplexitätsgrad / Einführungszeitraum

   niedrige Komplexität / kurzfristig umsetzbar

   mittlere Komplexität / mittelfristig umsetzbar

   hohe Komplexität / langfristig umsetzbar

ROI / Nutzen

   ROI prognostiziert 1 – 3 Jahre

   ROI prognostiziert 4 – 6 Jahre

   ROI prognostiziert 7 – 10 Jahre

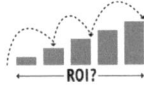   ROI nicht prognostizierbar

   Effizienzsteigerung (keine Kosten, daher nicht ROI-relevant)

Autorenprofile

Christian Flick

Abbildung: Autor Christian Flick

Christian Flick wurde 1979 in Melle (Niedersachsen) geboren. Neben nun 20-jähriger Berufserfahrung im Industrieeinkauf bei renommierten Unternehmen und einer dualen langjährigen selbständigen Tätigkeit im E-Commerce erwarb er im Jahr 2014 im Rahmen eines berufsbegleitenden Studiums den akademischen Grad des Master of Business Administration (MBA). Von der Motivation angetrieben, die betriebswirtschaftlichen Potenziale für diverse Unternehmen intensiv zu durchleuchten, entstand dieses praxisnahe Buch.

XING-Kontakt:	www.christianflick.de
Amazon-Autorenprofil:	www.christian-flick.de
Blog:	www.betrieblichesvorschlagswesen.de
Blog:	www.einkaufwissen.de
eBooks:	www.buchportfolio.de

Mathias Weber

Abbildung: Autor Mathias Weber

Mathias Weber, geboren 1980, ist Gepr. IT-Projektleiter und blickt auf über 15 Jahre Erfahrung als Berater und Projektleiter in einer Web- und Kommunikationsagentur mit der Zielgruppe der mittelständischen Industrie zurück. Er lebt in der wirtschaftsstarken Region Ostwestfalen, wo sich Deutschlands Küchen- und Maschinenbaubranche konzentriert. Sein Schwerpunkt sind webbasierende Intranets für produzierende Unternehmen ab 100 Mitarbeitern, die interne Prozesse verschlanken und standardisieren, sowie die Einführung von E-Commerce-Plattformen für Hersteller von Markenartikeln und Großhändler.

XING-Kontakt:	www.weberdev.de
Amazon-Autorenprofil:	www.autor.weberdev.de
Blog:	www.betrieblichesvorschlagswesen.de
eBooks:	www.buchportfolio.de

Bloghinweis

Ergänzend zu diesem Buch finden Sie unter der Internet-Adresse

www.betrieblichesvorschlagswesen.de

einen Blog der beiden Buchautoren mit zahlreichen betrieblichen Verbesserungsvorschlägen und KVP-Themenansätzen. Dieser Blog wird stetig ergänzt und mit interessanten Ideen und Konzepten angereichert.

Im Wesentlichen bestehen im Blog viele Themen, die ebf. im Kontext Betriebliches Vorschlagswesen (BVW) und KVP stehen. Für Sie besteht somit ein weiterer wertvoller Wissenspool neben diesem Buch.

Des Weiteren führen die Autoren dieses Buches einen weiteren Blog, der sich ausschließlich auf reine Einkaufsthemen spezialisiert. Dieser ist unter

www.einkaufwissen.de

erreichbar. Die hier vorgestellten Konzepte und Ideen sind als „Inhouse Einkaufsberatung" positioniert und sollen dem Leser wertvolle Werkzeuge und Strategien an die Hand geben, sein Wirken stetig zu optimieren.

1. Smartes hochagiles Arbeiten & Leben

Zum Einstieg in diesem Kapitel möchten wir die Begriffserklärung des Wortes „smart" näher eingrenzen.

Häufig wird dieses Wort in Kombination mit dem Geschäftsleben verwendet, wenn man die Attribute „clever", „gewitzt" und „geschickt" benennen möchte.

Im Umgangssprachlichen meint es häufig die Attribute „gut gekleidet", „charmant" und „attraktiv".

Wenden wir unseren Blick nun zum smarten hochagilen Arbeiten. Dies scheint spürbar schwerer zu werden, denn die Vergleichbarkeit und Automatisierung steigt stetig an. Man muss neben tiefem theoretischem Wissen auch umfangreiche Praxiserfahrungen haben, um im heutigen Vergleich für eine hochattraktive Vakanz die richtige Besetzung zu sein.

Auch muss man lernen, sich ein Stück weit selbst positiv verkaufen zu können. Dies meint keineswegs, nicht zu seinen Werten oder Idealen zu stehen, jedoch dennoch seine Leistung so platzieren zu können, um im Bedarfsfall auch nachhaltig wichtigen Entscheidungsträgern aufzufallen. Eine Art Marke „Ich", denn gute Leistung sollte nicht langfristig gesichtslos bleiben und in einer groben Masse untergehen.

Es ist elementar, zu lernen, ein Teil von wichtigen Prozessen zu sein und ein wettbewerbstaugliches Denken tief innerlich zu verankern. In vielen Industriebetrieben sind wichtige Schlüsselpositionen auch in den Abteilungen Einkauf und Verkauf zu finden, denn hier wird das Geld des Unternehmens ausgegeben und nüchtern betrachtet auch wieder eingenommen. Professioneller formuliert, sind hier Stellschrauben in Vakanzen verankert, die die Liquidität des gesamten Unternehmens mit verantworten können.

Natürlich ist es für einen sehr guten Geschäftsmann von Vorteil, ein harter Verhandlungspartner oder auch ein sehr guter Verhandlungsführer mit Strategie zu sein, dennoch sollte man den Faktor Vertrauen und auch die Relevanz von Geschäftsbeziehungen nicht ignorieren oder unterschätzen.

Für eine erfolgreiche und langfristige Geschäftsbeziehung bedarf es an ehrlichem Vertrauen. Aus unserer Sicht kommt Vertrauen immer von Ihnen selbst. Vielleicht denken Sie nun, dass

Vertrauen doch beidseitig erfolgen muss, damit Vertrauen auch real und authentisch greifen kann. Dies ist nicht falsch, aber als hochagiler, smarter Mensch sollten Sie wissen:

Vertrauen kommt von Ihnen – Es wird vom Gegenüber gespiegelt und wird Sie im gleichen Umfang wieder erreichen.

Gehen Sie mit dieser Haltung auf Menschen und Geschäftspartner zu, wird Sie dies nachhaltig fördern. Sollte auch mal jemand dieses Vertrauen im Einzelfall nicht verdient haben, so ziehen Sie daraus bitte nicht zwingend Rückschlüsse auf alle Geschäftsbeziehungen. Ändern Sie Ihr Verhalten bitte nur gegenüber dem einzelnen Kontakt, nicht zu allen anderen Personen und verbundenen Unternehmen.

Neben einer souveränen Rhetorik, einem angemessenen Benimm, einer willkommenen, offenen und freundlichen Ausstrahlung sollten Sie auch auf Ihren Kleidungsstil achten. Dieser ist der Branche, der Position und der Kompetenz, die man ausstrahlen möchte, anzugleichen. Gute angemessene Business-Kleidung ist oftmals ein Türöffner für den ersten Eindruck im Neukontakt zu Personen und Unternehmungen. Eine geschulte und angenehme nonverbale Agilität und Körperhaltung ist die ideale Abrundung dieser Facetten.

Stellen Sie sich vor, Sie kommen als Vertriebsmitarbeiter zu ihrem Kunden und werden von einem neuen Einkäufer freundlich, offen und mit Handschlag begrüßt, während man Ihnen sagt „Herzlich Willkommen in unserem Unternehmen". Das fühlt sich souverän, wertschätzend und agil an und es schafft Vertrauen für mögliche Konflikte in harten Verhandlungen. Man ist einfach schneller gewillt, einem sympathischen und wertschätzenden Menschen entgegenzukommen. Dass natürlich viele Fakten in Verhandlungen unerlässlich sind, wird ebenso jedem Leser relativ klar sein. Ist man in seinem Job somit „nur" freundlich und nett, so ist das kein Ersatz für Fachkompetenz und Verhandlungsgeschick. Ein smarter Geschäftsmann verbindet beide Faktoren miteinander. Sollten Sie noch jünger sein und Ihren eigenen Karriereweg erst planen, so sollten Sie sich selbst fragen, ob Sie eher den Weg eines Angestellten oder eines Selbstständigen gehen möchten.
Natürlich bietet der Weg einer Freiberuflichkeit sehr viele Chancen, u.a. die der freien Entfaltung und der signifikanten Chance auf direkte Beteiligung an Erfolgen. Jedoch trägt man auch das gesamte Risiko bei Misserfolgen und unternehmerischen Fehlern.

Beachten Sie für einen freiberuflichen Weg in jedem Fall die folgenden Anmerkungen:
- Schaffen Sie sich ein gesundes Sparvolumen und einige finanzielle Reserven.
- Seien Sie bereit, materiell und immateriell stark in Vorleistung zu gehen.
- Seien Sie bereit, den absoluten Sicherheitsgedanken vorerst abzuschaffen.

Unabhängig davon, ob man mittelfristig freiberuflich oder angestellt schaffen und kreieren möchte, empfehlen wir zu bedenken, dass man Menschen (Mitarbeiter, Kollegen, Geschäftspartner, Vorgesetzte etc.) immer auf Augenhöhe begegnen sollte. Dies meint, dass man nicht zwingend Unterschiede zwischen fachlich unterstellten Menschen oder auch übergeordneten Positionen machen sollte, wenn es um Höflichkeit, Respekt und Wertschätzung geht. Gerade sehr erfolgreiche Menschen merken relativ schnell, ob Sie ehrlich und authentisch sind, oder eine Rolle einnehmen. Man kann Sie schneller und besser respektieren, wenn Sie authentisch bleiben.

Beachten Sie bitte auch, dass anteilige Niederlagen zum Leben gehören. Natürlich sollte die Anzahl der Erfolge stetig steigen und auch die Mehrheit Ihrer Ergebnisse repräsentieren. Lernen Sie insofern bitte sehr schnell, Niederlagen zu bewerten, dass „Hinfallen" ein Prozess ist, der Ihnen das „Aufstehen" lehrt. Stehen Sie auf, fokussieren Sie einzelne Facetten Ihres Wegs neu und laufen Sie weiter.

Hinfallen – aufstehen – neu fokussieren – mit Zuversicht aktiv und agil weiterlaufen

Ein altes Sprichwort besagt: „Kontakte und Netzwerke sind sehr schädlich! Für alle, die keine haben". Leider ist in diesem Zitat durchaus etwas Wahrheit enthalten, denn ein stabiles Netzwerk mit guten Kontakten kann Sie im Leben und primär im Berufsleben sehr gut voranbringen. Wenn Sie es schaffen, stetig interessante Kontakte in Ihrem persönlichen eigenen Netzwerk zu verankern, entsteht ein beidseitiger „Win-/Win-Effekt", welcher nicht zu unterschätzen ist.

Doch was ist neben dem geliebten Job, für den man mit Leidenschaft und Enthusiasmus „schafft", noch wichtig? Wir hoffen, dass Sie einen stabilen Gegenimpuls haben, den man z.B. mit bewusster und guter Ernährung (gesundes vitaminreiches Essen, nicht Rauchen und nicht übermäßig viel Alkohol trinken), regelmäßigem Sport und häufiger Fitnessaktivität, freundschaftlichen und familiären Kontakten usw. schafft. Es ist immens wichtig, diese

Gegenpole zu haben und eine gewisse wiederholende Tagesstruktur und Konstanz zu schaffen. Beispielhaft nutzen viele Geschäftsleute die Mittagspause auch für regelmäßige „Business-Essen" mit Geschäftspartnern, um auf neutralem Boden Gespräche und Austauschdialoge zu führen, die sowohl dafür sorgen können, dass persönlicher aber auch geschäftlicher Bindungskontakt entsteht bzw. gestärkt wird.

Was macht also nun einen erfolgreichen und smarten Menschen aus?
- Er hat die richtige Fokussierung auf Ziele und Einzelschritte.
- Er hat die richtigen Glaubenssätze verankert.
- Er ist häufig dankbar für das, was er vorfindet.
- Er ist positiv gestimmt, wenn es um die Zukunft geht.
- Er ist hungrig auf Chancen und Herausforderungen.
- Er ist innovativ und liebt es, zu gewinnen.
- Er ist generell auf positive Stimmungen konditioniert und sieht immer mehr Chancen als Probleme.

Beobachtet man den Weg von sehr erfolgreichen Menschen, so sieht man häufig, dass diese auch in großen Projekten involviert sind und sich hieran beweisen möchten und selbstverständlich auch müssen. Man wächst mit jeder Aufgabe und das firmeninterne Vertrauen zur eigenen Person wächst zusätzlich mit jedem erfolgreich abgewickelten Projekt. Hierbei liegt ein wesentlicher Teil des Erfolgs in der Aufteilung von großen Projekten in kleine überschaubare Teilprojekte bzw. Teilschritte. Arbeiten Sie gezielt mit sog. „To-Do-Listen" bzw. Aufgabenlisten, damit Sie wichtige Aufgaben nicht vergessen können und auch den Überblick in Ihrem Tätigkeitsfeld konsequent bewahren. Halten Sie immer Ihr Wort, bei Abweichungen bieten Sie Alternativen an und suchen Sie proaktiv den Dialog mit Ihrem Gegenüber. Haben Sie einen klaren Plan und einen ebenso klaren Leistungsweg.

Auch in der eigenen Karriereplanung bietet es sich an, für sich selbst einen Jahresplan, Fünf-Jahresplan und auch ggf. Zehn-Jahresplan zu erstellen. Dieser muss nicht „in Stein gemeißelt sein", aber man kann sich daran sehr gut orientieren und der eigene Fokus bleibt auf die eigentliche Zielerreichung gerichtet. Man bewertet und misst sich somit folglich indirekt stetig selbst.

Auch ehrliches soziales Engagement ist anzuraten, falls man an eine gewisse grundsätzliche gesellschaftliche Gerechtigkeit glaubt und Freude daran hat, anderen eine Freude zu machen. Soziale Aktivität zeigt die Übernahme von Verantwortung gegenüber schwächeren Menschen und ein Bewusstsein für ein aktives Miteinander. Wer kann sich nicht daran erinnern, vor ggf. vielen Jahren auch hin und wieder Unterstützung anderer Menschen erhalten zu haben, die der eigenen Person natürlich auch nachhaltig hilfreich war. Genau dieser Kreislauf sollte erkannt und auch wenn möglich bestmöglich gelebt werden.

Wer sowohl die Wichtigkeit zur eigenen Person, aber auch die anderen Facetten des Lebens, die Wichtigkeit für Teams, Gruppen und soziale Kontakte erkennt, der weiß, dass Zusammenarbeit i.d.R. auf folgenden Bausteinen basiert:

- Qualifikation
- Eloquenz
- Kompetenz
- Grundeinstellungen zum Leben und zur Arbeit
- Eigenantrieb und intrinsische Motivation
- Vertrauenswürdigkeit
- Aufrichtigkeit und Glaubwürdigkeit

Leider häufig unterschätzt, aber dennoch wichtig im Erfolgsleben ist die Wertschätzung. Hierbei sprechen wir von Wertschätzung für sich selbst, aber natürlich auch Wertschätzung für andere und deren Leistungen und Eigenschaften.

Fehlender Respekt basiert nicht selten darauf, dass man ihn selbst nicht gibt oder gar seinen eigenen sog. Raum nicht einnimmt. Soll heißen, wer sich von allen Menschen auf der Nase herumtanzen lässt, wird keinen Respekt erhalten, setzt keine nötigen Grenzen und fordert keinen ernsthaften Respekt ein. Häufig noch nicht mal bei sich selbst, wenn es um die eigenen inneren Glaubenssätze zur eigenen Person geht. Diese Verhaltensmuster erleben Sie niemals bei sehr erfolgreichen Menschen.

Viele erfolgreiche Menschen sind der Meinung, dass, wenn Mitarbeitern essenzielle Fähigkeiten, Einstellungen und Umgangsformen gänzlich fehlen, dies auch direkte Rückschlüsse auf deren soziales Umfeld zulässt. Ganz von der Hand weisen kann man dies nicht, denn im

Regelfall passt man mit der Zeit auch sein soziales Umfeld an elementare Grundwerte an. Hierzu gehören auch ein Mindestmaß an Leistungsdenken und Leistungsstreben. Insofern ist diese o.g. Behauptung anteilig in jedem Fall korrekt, da sich ein „Markt" (in diesem Fall soziale Interessengemeinschaften und Umfelder) auch dahingehend selbst bereinigt.

Hat man im Leben wirtschaftlichen und anerkannten Erfolg, so wird es immer eine breite Zahl von Menschen geben, die genau diesen Status nicht gönnen. Es ist unmöglich, dies komplett zu verhindern. Insofern bleibt immer eine Quote von Neidern, die einen in der menschlichen und sozialen Interaktion verbal angreifen werden. Hierbei hilft häufig nur das schlichte Ignorieren, denn an einem offenen und fairen Dialog haben Neider kein ernsthaftes Interesse, da die Grundbasis für eine solche konstruktive und kritische Kommunikation oftmals komplett fehlt.

Viele Menschen lenken bei Neid von sich selbst, von eigenen Kleinheitsgefühlen, von tiefen Minderwertigkeitsdenkmustern etc. ab, beziehen somit den Erfolg anderer Personen indirekt auf sich und vergleichen. Indem diese Menschen dann verbal „beißen" meinen sie, sich im Inneren damit gerechtfertigt zu haben und nach Außen ihren Stand gewahrt zu haben. Hierbei sagt der „Beißer" leider viel mehr über sich selbst aus, als über die beschimpfte Person.

Versuchen Sie bei solchen Situationen souverän zu bleiben und entziehen Sie sich diesen Begegnungen. Falls dies nicht unmittelbar möglich ist, denken Sie zum Beispiel das folgende Muster:

„Schade, dass Sie ein Problem haben, ich habe kein Problem. Wäre es mein Problem, würde ich mich damit auseinandersetzen, ich bleibe innerlich bei mir und gehe weiter meinen Weg."

Nur bei konstruktiver Kritik aus extrinsischen Impulsen lohnt es sich, deren Blickwinkel zu erörtern und auch kritisch zu überdenken.

Erfolgreiche Menschen sind in der Regel von der eigenen Grundeinstellung stets „ins Gewinnen" verliebt und nicht „ins Verlieren". Neider sollten an sich selbst arbeiten und ihre Grundhaltung zu sich und zu anderen schnellstmöglich nachhaltig optimieren.

Neid ist definitiv kein Merkmal von Gewinnertypen, sondern das Gegenteil von erfolgreichen Denkstrukturen. Wer sehr erfolgreich denkt, der kann im Grunde alles schaffen, gönnt somit im Umkehrschluss auch anderen Menschen Erfolg.

Sollten Sie, was relativ normal sein dürfte, in Teilbereichen Ihres Lebens auf Menschen treffen, die in einigen Sektoren begabter sind als Sie, so machen Sie sich genau dies zum aktiven Vorteil. Nutzen Sie es als direkte Chance, Neues zu lernen und verbessern Sie den Prozess.

Sind Sie jedoch in einer Situation, in der ein aggressiver Neider Ihnen wirklich nachhaltig schaden will, so warnen Sie ihn einmalig und sehr nachdrücklich. Sollte dies nicht greifen, nutzen Sie alle rechtlichen Möglichkeiten, damit man Ihnen keinen Schaden (z.B. Rufmord) zufügen kann.

<u>Doch beachten Sie auch hierzu den folgenden Satz:</u>
Trainieren Sie sich bitte zum eigenen Wohl darauf, ein Höchstmaß an Rachegefühlen abzustellen, innere Vergebung zu üben und somit ihre jeweiligen Kräfte zu schonen, die man nachhaltig viel besser für konstruktive Dinge verwenden kann. Seien Sie hierbei bitte egoistisch und fokussieren Sie sich auf rein positive Dinge, nämlich Ihren individuellen eigenen Erfolgsweg.

Als smarter Mensch benötigt man ein sehr gutes Durchsetzungsvermögen. Zusätzlich sollte die Begabung vorhanden sein, ein gutes Führungsverhalten zu leben und Teamfähigkeit zu fördern.

Generelle Tipps und „Master-Ratschläge" für Erfolg gibt es sicherlich nicht, aber es gibt Möglichkeiten, seine eigenen Chancen zu verbessern, indem man mindestens die folgenden Bausteine beachtet:

- **Timing / Speed / Time**
  Ergreifen Sie Chancen, wenn Sie diese sehen, seien Sie zur richtigen Zeit am richtigen Ort und ergreifen Sie die Tat, wenn es nötig ist.

- **Zielfokussierung / Blickfeld / Erfolgswege**
  Setzen Sie Ihren Fokus auf nennenswerte mittlere und große Ziele in Ihrer Erfolgsplanung.

- **Netzwerke / Verbindungen / Partnerschaften**
Bauen Sie sich ein gutes und dienliches Netzwerk auf, schaffen Sie Verbindungen und sorgen Sie dafür, nur Partnerschaften zuzulassen, die auf Augenhöhe stattfinden können.

- **Aufgaben gezielt gewichten und verteilen**
Lernen Sie, Aufgaben zu delegieren und zu priorisieren. Es gibt hierbei interne und externe Aufgaben. Extrem wichtige Dinge solle man selbst erledigen, weniger wichtige Punkte kann man sinnvollerweise durchaus delegieren und von Dritten erledigen lassen.

- **Leisten Sie in kaufmännischen Aktivprozessen und aktiven Unternehmensbereichen.**
Wenn Sie im Verkauf oder Einkauf eines Industrieunternehmens kaufmännisch tätig sind, haben Sie die aktive Chance, an direkten Aktivprozessen des Unternehmens mitzuwirken. Sie sind zwangsläufig nah am indirekten Geldfluss und haben oftmals eine gute impulsgebende Einflussnahme auf diese wichtigen Sektoren. Wenn Sie mehr Einfluss haben, können Sie auch mehr an signifikanten Stellschrauben „drehen" und hierdurch eine mittelfristig gute bis sehr gute Vergütung für sich realisieren bzw. erwirtschaften.

- **Entwickeln Sie Ihren Geschäftssinn stetig weiter und auch die Intuition für das jeweilige Kerngeschäft**
Wer sich hier stetig entwickelt, verfügt nach einigen Jahren über ein sehr gutes Einschätzungs- und Bewertungsvermögen, welches auf Basis von Erfahrungen, Erlebnissen etc. zusätzliche Impulsgeber liefert. Dieses Gespür kann durch Erfahrungserweiterung vorangebracht werden. Lesen Sie viele Fachmagazine, allgemeine Fach- und Branchenliteratur und trainieren Sie somit auch das innere Gespür für gute neue Geschäfte. Sollte ihr inneres Gespür Ihnen von einem Geschäft klar abraten, dann trauen Sie dem Gefühl und sagen Sie sich i.d.F. „Ja" zu einem klaren **„NEIN"**.

<u>Unliebsame Aufgaben und deren Begleiterscheinungen</u>

Ein häufig ungeliebter Gast im Büroalltag sind unliebsame Aufgaben, die man aus Gewohnheit und auch z.T. aus Bequemlichkeit lange vor sich herschiebt. Tun Sie dies nicht! gerade bei Just-in-Time Aufgaben müssen Stellschrauben sofort „gedreht" werden und nicht lange verschoben werden.

Unser Fazit hierzu lautet:

Schieben Sie nicht auf – Tun Sie es sofort – Nämlich JETZT!

Haben Sie keine unbegründete Angst, Entscheidungen zu treffen. Es ist ein wesentlicher Teil eines erfolgreichen Daseins, in der Lage zu sein, Entscheidungen überdenken und treffen zu können. Auch ein „Nein" kann eine sehr gute Entscheidung in Einzelfällen sein.

Bitte beachten Sie folgenden Leitsatz, der aus unserer Sicht elementar ist:

Achten Sie darauf, dass Ihre eigene Persönlichkeit,
mit Ihrem jeweiligen Wissensstand,
mit Ihrer jeweiligen Position,
und auch mit Ihrem jeweiligen Einkommen mitwachsen kann.
Somit kann ein Gleichgewicht entstehen,
welches eine gesunde Stabilität in Ihrem Leben versprechen wird.

Sollten Sie einen eigenen materiellen Erfolgsplan entwickeln wollen, so zeigt sich aktuell und im Durchschnitt, dass vermögende, smarte und erfolgreiche Geschäftsleute sehr häufig eine private Anlagenmischung aus Investments von Aktien, Immobilien oder renditeversprechenden stabilen Investments (wie z.B. Gold, Oldtimer, Antiquitäten, Kunst etc.) präferieren. Ob dies auch Ihr Weg ist, sollten Sie individuell, je nach Sachkenntnis und nach jeweiliger Einstellung selbst auswählen. Bilden Sie in guten Zeiten gute Rücklagen und schaffen Sie sich eine erstrebenswerte finanzielle Reserve.

Ihr gesunder hochagiler Geist lebt am liebsten in einem sehr gesunden Körper. Den gesunden Körper können Sie lange erhalten, indem Sie ihn mit gesunder und guter Ernährung versorgen, mit Sport und Fitness fordern, sich regelmäßige Ruhe- und Schlafphasen leisten, frische Luft bei Spaziergängen oder bei Laufsportarten bewusst einatmen, um somit final nachhaltig und aktiv zu regenerieren. Dass z.B. Alkohol, Nikotin und sonstige Drogen nicht förderlich sind, sollte nicht näher erwähnt werden müssen. Dies sind maximal sehr kurzfristige Energiegeber, die aber im Nachgang kraftraubend und gesundheitsgefährdend sind. Finden Sie einen smarteren und besseren Weg!

Härte im Geschäftsleben und seine Ausprägungen:

Natürlich müssen Sie nicht nur hart sein, um erfolgreich zu werden bzw. zu bleiben. Jedoch ist zu empfehlen, sehr konsequent und strukturiert in elementaren Dingen zu sein. Dies ist sowohl im Privatleben, als auch im Geschäftsleben ein guter Mehrwert, wenn man es nicht komplett übertreibt. Ausnahmen bestätigen hierbei sicherlich die Regel.

Wir fassen noch einmal ein paar wichtige Glaubenssätze zusammen, die nachhaltig sehr zielführend sind:

- Ich kenne meine Ziele und gehe meinen eigenen Weg.
- Ich baue mir ein Netzwerk auf und nutze dieses sinnvoll für meinen Weg.
- Ich bin in der Lage, mir authentischen und ehrlichen Respekt aufzubauen.
- Ich reduziere meine Ängste und Zweifel, da ich fast alles erreichen kann.
- Ich analysiere Fehler und erkenne den Wert dieser Erfahrungen.
- Ich glaube an mich, denn ich glaube auch an jede Sache, die ich tue.
- Ich habe eine hohe Disziplin, gönne mir aber verdiente Ruhephasen auf meinem Weg.
- Ich verfolge gute Ideen nachhaltig.
- Ich glaube an meine Geschäftsidee und ich glaube an meine Persönlichkeit und Fähigkeiten.
- Ich lebe nach vorne, denke gerne zurück.
- Ich bin dankbar für Erfolge, denn ich habe mir diese Erfolge verdient.
- Ich tausche alte schlechte Gedanken gegen neue frische Erfolgsgedanken aus.
- Ich gebe meiner inneren Stimme und mir ausreichend Gehör.
- Ich gebe und gönne mir den Raum, der mir zusteht.
- Ich bin nicht zu stolz, mir helfen zu lassen, wenn es andere Menschen besser können.
- Ich lerne stetig und schnell, da ich es kann und da ich es möchte.
- Ich mag es zu kommunizieren, doch ich kann auch Kraft aus dem Zuhören ziehen.
- Ich lerne auch Dinge, indem ich Sie einfach mache. „Learning by doing" ist eine Chance.

In diesem Kapitel haben Sie nun sehr viele verschiedene Facetten und Betrachtungen zusammengefasst erhalten, die Sie mit der Zeit verinnerlichen sollten.

Ein smarter Weg ist von stetigem Wachstum und persönlicher Reifung geprägt, wie bei der Entstehung eines sehr guten Weins.

Gönnen Sie sich die nötige Reifezeit, aber bleiben Sie agil, offen und innovativ überzeugend.

2. Umgang mit Neid und fehlender Anerkennung

Der Umgang mit Neidern und fehlende Anerkennung sind ein breites Themenfeld. Dennoch möchten wir versuchen, diesen Part zu komprimieren und sinnvolle Relevanzen zu bearbeiten.

Beginnen möchten wir hier mit einem amüsanten aber dennoch inhaltlich richtigen Zitat:

„Neid sei zwingend nicht geraten,
denn Neider kennen Blumenbeet,
doch selten nur den Spaten"

Der Sinn des Zitats ist sicherlich klar, aber in Kurzform genannt liegt die Bedeutung darin, dass man zwar gerne auch etwas Erstrebenswertes hätte, jedoch nicht bereit ist, die Mühe dafür zu leisten.

Die reine Begriffserklärung von Neid ist ebenso klar, bezeichnet aber in Kurzform den Wunsch eines Neiders gegenüber einer beneideten Person, eine zumindest gleichwertige Gütersituation (kann auch immateriell sein) selbst zu besitzen. Oftmals ist Neid auch mit gefühlter eigener Minderwertigkeit verbunden und insofern auch als Begriff sehr negativ verankert.

In diesem Kapitel soll es sich nicht darum drehen, dass es natürlich auch Menschen gibt, die wissentlich stark mit ihrem Besitz polarisieren und regelrecht Menschen provozieren. Nein, es soll um die Menschen gehen, die unbewusst und unverschuldet Neid in anderen Menschen scheinbar erwecken können und es soll sich darum drehen, wie man Neidern begegnen kann, wenn man mit Neidattacken konfrontiert wird.

Doch Neid kann man nicht erwecken, denn dieses Gefühl erzeugen Neider leider i.d.R. nur selbst. Die eigene Unzufriedenheit und Unfähigkeit steuert dieses unschöne Gefühl. Doch wie entsteht es genau in solchen Situationen?

- Vergleiche von sich selbst mit einem Neidobjekt
- Empfindung der Ungerechtigkeit
- Empfindung der Schadhaftigkeit (Vermutung der kriminellen Energie, Ausbeutung etc.)
- Empfindung des ausgeliefert seins
- Empfindung der Chancenlosigkeit

- Empfindung der kommunikativen Ungleichheit
- Vergleich mit eigenen Wünschen und Träumen, unabhängig vom Neidobjekt
- Konditionierte und unreflektierte Denkmuster aus Kindheit und Jugend
- Gesellschaftliches konditioniertes Gut-/Schlecht-Denken, auch Schwarz-/Weiß-Denken genannt

Beachtet man diese Punkte, so kann man auch unreflektierte Neider besser einschätzen und deren Beweggründe besser nachvollziehen.

Beziehen Sie es weitgehend nicht auf Ihre Person, denn Sie wissen nicht, was der wirkliche Impulsgeber des Neiders in Ihrem Fall ist.

Versuchen Sie eine neutrale und offene Haltung zu bewahren, bleiben Sie bitte bei sich. In schwierigen Fällen empfiehlt es sich, den Neider komplett zu ignorieren und die Gedanken wieder auf positive Dinge zu lenken.

In dem Kontext möchten wir noch einen anderen Leitsatz nennen, den man im Hinterkopf behalten kann:

„Das Neue und das Bessere, sind des Alten stetiger Lieblingsfeind"

Wenden wir nun unseren Blick zum Thema „fehlende Anerkennung":

Bei der fehlenden beruflichen Anerkennung hört man häufig thematische Erläuterungen über klassische Vorgesetzten- und Mitarbeitersituationen.

Diese sind materieller Art, wie z.B. das Ausbleiben von folgenden Faktoren:

- Sonderstatus
- Bonuszahlung
- Gehaltssteigerung
- Firmenfahrzeug
- etc.

Es gibt diese Faktoren jedoch auch in immaterieller Ausprägung:

- Fehlende Dankbarkeit, Danksagungen
- Fehlendes Vertrauen, trotz Gabe von Eigenvertrauen
- Fehlende Freiheiten, trotz Zusage
- Fehlende Aufgabensteigerung (Qualitätsanspruch der Aufgaben)
- Fehlende Budgetverantwortung
- Fehlende Entscheidungsverantwortung
- etc.

Entsteht eine solche fehlende Anerkennung, so sorgt dies für folgende Faktoren beim jeweiligen Mitarbeiter bzw. Leidtragenden:

- Deutliche Irritation
- Fühlbare Demotivation
- Mögliche Illoyalität zum Unternehmen
- Fehlende Verbundenheit zum Unternehmen
- etc.

Welche Abwärtsspirale findet man häufig in solchen Situationen wieder?

- Der betroffene Mitarbeiter hinterfragt seine Aufgaben und Ziele kritischer.
- Die Sinnhaftigkeit des eigenen Tuns wird kritisch hinterfragt.
- Das geleistete Arbeitspensum kann sich spürbar verringern.
- Die Arbeitsleistung und Arbeitsqualität können nachlassen.
- Die Frustration kann zunehmen und einen negativen Stimmungsimpuls im Team auslösen.
- Als Fazit bleibt der Wunsch nach beruflicher Veränderung und Entwicklung in einem anderen Unternehmen, hierbei wird nicht selten hoher Eigendruck und hohes Tempo vorgelegt.
- Als Alternative hierzu auch häufig das starre Unterordnen und Einigeln, was aber beidseitig keinen Gewinn darstellen kann

Aktive Mitarbeiter möchten aus einer solchen Situation heraus und eine nachhaltige Lösung finden. Diese Lösungen stellen in der Regel die folgenden Optionen dar:

- Veränderung der ungewollten Demotivation durch Fachgespräche mit Vorgesetzten
- Leistungsanpassung auf beidseitig fairen Level (Leistung vs. Bezahlung und Anerkennung)
- Souveräne anderweitige interne oder externe Jobsuche mit Ruhe, Fokussierung und Verstand

Sollten Sie von einer solchen Situation aktiv betroffen sein, bewahren Sie einen kühlen Kopf und handeln Sie nicht aus dem Affekt heraus. Generell lässt sich hierzu folgendes festhalten:

- Je nach Ausprägung dieser fehlenden Anerkennung, gibt es kein allseitig gültiges Patentrezept für das Problem. Die ausbleibende und erhoffte Anerkennung hat ihren Ursprung nicht zwingend in Ihrer Leistung oder Ihrer Person. Der Ursprung kann auch unmittelbar beim Vorgesetzten sein, der nicht loben kann und nicht anerkennen möchte. Der sich selbst klein und gar in seiner Position bedroht fühlt, da Sie in manchem Facetten ggf. agiler und nüchtern betrachtet besser sind als er es ist. Dies sind Gründe, die Sie alleine nicht lösen können und solche Blockaden sollten auch nicht Ihre Baustelle des Alltags werden.

- Versuchen Sie sich über solche Verhaltensmuster so wenig wie möglich zu ärgern oder gar aufzuregen. Schonen Sie Ihre Energie für konstruktive Dinge, die Sie nachhaltig weiterbringen.

- Betrachten Sie Ihre eigenen Wünsche, prüfen Sie, wie Sie diese objektiv erreichen können und wie bzw. wo man Ihnen diese Reifechance ermöglichen könnte.

- Final bleibt häufig nur ein überlegter und gut geprüfter Arbeitsplatzwechsel bzw. Arbeitgeberwechsel. Solange dies nicht jedes Jahr bei Ihnen erfolgt, ist gegen einen seltenen Arbeitgeberwechsel auch nichts Negatives in der Vita bzw. im Lebenslauf zu sagen.

- Alternativ würde auch die Möglichkeit bleiben, sich beim Bestandsarbeitsplatz stillschweigend mit den unliebsamen Situationen zu arrangieren. Doch denken wir nicht, dass ein hochagiler und smarter Arbeitnehmer dies im Zielfokus seines Berufslebens haben wird.

Bedenken Sie bitte folgenden Satz:

„Wir können andere Menschen fast nie ändern, aber die Einstellung von uns gegenüber anderen Menschen und Situationen"

Der gute Schlüssel für Problemlösungen sollte häufig intrinsischen Grundcharakter besitzen.

Bitte beachten Sie, dass man mit der richtigen Einstellung, fast alles im Leben erreichen kann. Verstecken Sie sich bitte nicht in der sog. eigenen „Komfortzone", denn dieser Bereich ist zwar erprobt, bekannt und auch innerer Rückzugspunkt mit Sicherheitsversprechen, doch bringt Sie dieser Punkt i.d.R. auch nie weiter als an die Stelle, an der Sie sich jetzt gerade auch schon befinden.

Wirkliche smarte Menschen und sog. „Macher" sind fast immer sehr mutig, denn Sie verstehen mit gezielten Mut und hoher Agilität zu wachsen. Sie fallen hin und lernen daraus, wieder schneller aufzustehen. Sie machen Fehler, analysieren diese, lernen daraus und nehmen wieder erneuten Anlauf, um den siegreichen „Sprung" zu schaffen.

Wir merken uns hierzu bitte folgenden Leitsatz:

„A comfort zone is a beautiful place, but nothing ever grows there."

3. Agile Selbstvermarktung und Auffindbarkeit im Web

Das primäre Ziel einer agilen Selbstvermarktung sollte lauten, sowohl online als auch offline eine einwandfreie Reputation aufzubauen, die wiederum erfolgreiche Kunden-, Geschäfte- und Arbeitsplatzsuche in hohem Maße begünstigt.

Bedenken Sie bitte, dass grundsätzlich alles, was Sie im Internet schreiben und veröffentlichen, auf Dauer auffindbar und auf Sie zurückzuführen sein wird, selbst wenn es irgendwann gelöscht wird. „Das Internet vergisst nie!" Sie möchten sicherlich, dass sich Ihr guter Ruf, den Sie bei den Menschen in Ihrem direkten Umfeld genießen, auch online wiederfindet. Sie sollten folglich genau steuern, was bei Eingabe Ihres Namens, ggf. mit regionalem Bezug, oben auftaucht und damit von Google als relevant angesehen wird.

Als Fach- oder Führungskraft in betriebswirtschaftlichen oder technischen Bereichen ist ein Auftritt in einem Business-Netzwerk als fast schon obligatorisch anzusehen, möchte man aktiv „netzwerken" und auch primär unter beruflichen Aspekten unter seinem Namen im Internet gefunden werden. Im deutschsprachigen Raum ist hier Xing (www.xing.com) die wichtigste Plattform, international gesehen Linkedin (www.linkedin.com).

Dort können Sie Ihre Expertise, Ihre Berufserfahrung und Ihre Referenzen exzellent nach außen darstellen und darüber hinaus für eine gute Auffindbarkeit unter Ihrem Namen in Google sorgen.

Eine weitere Möglichkeit, seine Kompetenzen im Internet prominent zu platzieren, ist die Veröffentlichung von Büchern oder eBooks. Haben Sie z.B. im Rahmen Ihres erfolgreichen Studiums eine Bachelor- oder Masterthesis verfasst, die keinem Sperrvermerk unterliegt, dann können Sie diese über Verlage wie z.B. Diplomica Hamburg (www.diplomica-verlag.de) als Buch veröffentlichen und somit einem breiten Publikum auf Amazon, Thalia, Hugendubel & Co. verfügbar machen. Dabei sollte nicht der kommerzielle Gedanke im Vordergrund stehen, sondern wiederum Ihre Reputation.

Des Weiteren können Sie eBooks mit fachlichen Themen aus Ihrem Segment sehr gut im Selbstverlag veröffentlichen. Self-Publishing ist hier das Stichwort. Auch dies kann Ihren Online-Ruf in Bezug auf berufliche Kompetenz essentiell verbessern.

Viele smarte Menschen engagieren sich in sozialer und ehrenamtlicher Weise. Dies tun Sie primär aus dem Grund, dass sie der Gesellschaft, die ihnen vieles ermöglicht hat, etwas zurückgeben möchten, oder da sie Schwächeren helfen möchten. Ganz gleich, ob es sich um Menschen oder Tiere handelt. Dies tun Sie i.d.R. völlig selbstlos. Allerdings ist auf der anderen Seite „keine Schande", dieses lobenswerte Engagement etwa auf seinem Xing-Profil oder im Lebenslauf kundzutun, frei nach dem Motto „Tue Gutes und sprich drüber".

Wer denkt, das Interagieren in sozialen Netzwerken wie Facebook wäre unter allen Umständen ein Förderer einer guten Selbstvermarktung, der irrt. Ist man über seinen Klarnamen in Facebook auffindbar und hat man etwa seine Privatsphäre-Optionen nicht sehr restriktiv eingestellt, so ist es für potentielle Geschäftspartner und Arbeitgeber ein Leichtes, private Meinungen, Denkmuster, Fotos und Bekanntschaften „auszuspionieren". Der letzte „Party-Absturz", ordentlich dokumentiert auf einem Foto eines Freundes, kann hier leicht einen ersten und letzten schlechten Eindruck hinterlassen.

Daher empfiehlt es sich aus Perspektive eines smarten Menschen, der seine privaten Aktivitäten aus dem Business heraushalten möchte, einen Phantasienamen oder zumindest eine nicht allzu leicht nachvollziehbare Abwandlung seines Namens in Facebook zu verwenden.

Eine ausdrückliche Ausnahme stellen hier Beschäftigte in Branchen wie Werbung, PR und Journalismus dar. Für diese Gruppierungen gilt die namentliche Veröffentlichung von Artikeln und Kommentaren auf Plattformen wie Facebook und Twitter als ein nicht unwesentlicher Teil der beruflichen Referenzen. Dies kann sogar i.d.F. für eine Karriere sehr förderlich sein, sollten die geistigen „Ergüsse" gut ankommen und eine breite Followerbase anziehen.

Sofern man sich als Branchenkenner bzw. Vorreiter in seinem Segment sieht und auch von Kollegen und Kunden so wahrgenommen wird, macht es ggf. Sinn, zu "twittern". Dies sollte dann allerdings sehr regelmäßig und konsequent sein. Ein prominentes Beispiel stellt Kai Diekmann dar, Chefredakteur und Herausgeber der Bild-Zeitung. Unter seinem Account twitter.com/kaidiekmann stellt er mehrmals täglich Kommentare zum aktuellen Weltgeschehen online, die über seine Kernleserschaft in Deutschland hinaus zu großer weltweiter Reichweite und kontroversen Diskussionen führen.

Ist man etwa in der Medien- oder Modebranche tätig und kommuniziert somit nicht nur textlich, sondern primär über visuelle Reize, so ist man gut aufgehoben in der Foto-orientierten Plattform Instagram, eine Facebook-Tochtergesellschaft. Viele dem Produkt-Design zugewandte Unternehmen und Personen nutzen dieses Netzwerk zur Präsentation ihrer gestalterischen Errungenschaften.

Die genannten Portale dienen insbesondere für direkte Kommunikation zwischen Einzelnen und für das Absetzen von kurzen Informationen an das Kollektiv. Hat man „mehr zu sagen", so bietet es sich an, einen Blog zu spezialisierten Themen zu führen. Hier kann es z.B. um News aus der eigenen Branche gehen, Innovationen aus dem eigenen Technologieumfeld oder Ratschläge und Tipps. Über Plattformen wie Tumblr, Blogger.com oder Wordpress.com ist ein Blog schnell und kostenfrei eingerichtet. Auf jeden Fall sollten die Themen seriös sein und fundiert ausgearbeitet bzw. belegt sein. Ansonsten kann sich so etwas leicht als kontraproduktiv herausstellen und ein nachhaltiges Defizit in der Reputation bewirken.

Ähnlich dem Blog in textlicher Manier wäre ein eigener Youtube-Channel als Videoportal zu sehen, in dem man etwa Tutorials und Produkttests visuell darstellt. Als smarter und agiler Mensch gehört es dazu, souverän Monologe vor einem anonymen Publikum in Bild und Ton zu halten, genauso wie freies Sprechen vor einer Gruppe.

Ist man auf aktiver Stellensuche bzw. offen für attraktive Herausforderungen, so stellt ein digitaler Lebenslauf eine gute Möglichkeit der Selbstdarstellung im Web dar. Potentielle Arbeitgeber können Sie so aktiv finden, oder nach bereits erfolgtem Erstkontakt detaillierte Informationen erhalten. Das Wichtige ist: Sie steuern dabei aktiv, wie Sie dargestellt werden möchten.

Die Seite Lebenslauf.com, unter dem Dach des Xing-Netzwerks, ermöglicht die Erstellung eines solchen digitalen Lebenslaufes mit einfachen Schritten und in hochwertiger Optik. Eine tiefer gehende und noch professionellere Darstellungsmöglichkeit ist über Plattformen wie www.visuellerlebenslauf.at und www.visualcv.com zu erreichen. All diese Portale ermöglichen die Platzierung eines digitalen Lebenslaufes im Web, als auch das Herunterladen als PDF-Dokument, um es an potenzielle Arbeitgeber senden zu können.

Einen Schritt weiter geht das Konzept einer Bewerbungs-Website, die z.B. unter www.vorname-nachname.de erreichbar ist. Hier stellen Sie sich ähnlich umfangreich und detailliert im Netz vor, wie es Unternehmen gegenüber Kunden tun. Eine Möglichkeit bietet sich bspw. unter http://de.jimdo.com/bewerbungshomepage. Ergänzend kann man steuern, dass wesentliche Basisinformationen für jedermann sichtbar sind, detaillierte Referenzen und z.B. Noten jedoch nur nach Kennworteingabe eingesehen werden können. Die Zugangsdaten ließen sich i.d.F. persönlich an Arbeitgeber nach Vereinbarung übermitteln.

Neben der Selbstvermarktung in online geführter Kommunikation spielt nach wie vor auch die „Offline"-Komponente eine gewichtige Rolle. Aktives „Netzwerken" und die damit verbundenen Kontakte ersten und zweiten Grades können erheblich das berufliche und persönliche Weiterkommen positiv beeinflussen. Das zwar in Verruf stehende, doch gerne genutzte „Vitamin B" ist somit aktiv förderbar und hängt nicht nur von Herkunft und Stand ab.

Beispielhaft könnte eine smarte agile Person aktiv in regionalen oder überregionalen Branchenverbänden mitarbeiten. So kommt man in Kontakt mit vielen Gleichgesinnten, die bidirektional und somit beiderseitig ein Vorankommen fördern können.

Nehmen wir an, Sie sind ein Software-Entwickler. Hier bestehen für viele gängige Technologien sog. „User-Groups", die oftmals in der nächstgelegenen Metropole eingerichtet worden sind. Hier trifft man sich z.B. monatlich und tauscht sich aus rund um die berufliche Spezialisierung. Ebf. existieren regionale Branchenverbände, die regelmäßige Vortragsveranstaltungen durchführen und somit für einen Wissenstransfer zwischen Dienstleistern und Kunden sorgen. Beispielhaft soll hier die iuk Osnabrück e.V. (www.iukos.de) genannt werden, ein Zusammenschluss von IT- und Kommunikationsunternehmen.

Unabhängig von Branche und Expertise gibt es in vielen Ballungszentren einen lokalen Ableger der "Wirtschaftsjunioren" (z.B. www.wjdos.de), wo junge Führungskräfte und Entrepreneurs „unter sich sind". Als Projektleiter, ebf. branchenunabhängig, kann man sehr gute Kontakte und exzellentes Wissen in der regionalen Dependance der Deutschen Gesellschaft für Projektmanagement GPM finden (z.B. www.gpm-ipma.de/ueber_uns/regionen/bielefeld.html).

Auch das bereits genannte Business-Netzwerk Xing fördert das „Netzwerken" untereinander. So bestehen viele moderierte Xing-Gruppen, die sich nach Faktoren wie Region, Tätigkeit und Branche aufteilen (siehe www.xing.com/communities). Diese finden nicht nur online statt, sondern führen wiederum in vielen Fällen zu realen Treffen in regelmäßigem Turnus.

Abschließend lässt sich sagen: Sie müssen nicht um jeden Preis auffallen im Netz, jedoch wird es immer wichtiger, dass man seinem Namen im Internet ein lebendiges und agiles Gesicht verleiht. Nutzen Sie auch diese Facette eines umfassenden Karriereplans.

4. Elementare Leitfäden & Agenden

Produktivumfeld schaffen durch Einführung von einem Unternehmensharmonie-Leitfaden

Um ein sinnvolles und produktives Unternehmensumfeld zu erhalten, bedarf es der Einhaltung gewisser Spielregeln. Möchte man diese Grundregeln nun als Leitfaden verfassen, bietet es sich an, gezielte Gedanken in Richtung langfristige unternehmerische Wunsch-Zielerreichung zu machen und die Punkte des Leitfadens daran anzulehnen.

Natürlich muss ein Unternehmen individuell bewerten, welche Feinheiten die Einzelpunkte tragen sollen, dennoch lassen sich beispielhaft die folgenden Vorschläge für Leitfadenpunkte nennen:

- Jeder Mitarbeiter weiß, was sein Beitrag zur finalen Zielerreichung des Unternehmens ist.
- Jeder Mitarbeiter weiß, dass sein Beitrag ernstgenommen wird, fair bewertet wird und Anerkennung erhält.
- Jeder Mitarbeiter weiß, was der Beitrag jeder einzelner Abteilung ist und welches Ziel damit verfolgt wird.
- Jeder Mitarbeiter weiß, dass wir in unserer systematischen Ausrichtung langfristige Ziele höher priorisieren, als kurzfristige Ziele.
- Jeder Mitarbeiter weiß, dass wir nach kontinuierlicher Verbesserung in allen Bereichen des Unternehmens streben.
- Jeder Mitarbeiter weiß, dass wir Fähigkeiten einzelner Mitarbeiter berücksichtigen.
- Jeder Mitarbeiter weiß, dass wir wichtige Prozesse gemeinsam festlegen, diese aktiv leben, aber dennoch konstruktiv und kritisch hinterfragen.
- Jeder Mitarbeiter achtet die Kulturunterschiede in der Belegschaft und bekommt Respekt, weil er in der Lage ist, auch Respekt zu geben.
- Jeder Mitarbeiter weiß, dass wir Befugnisse vergeben und diese auch in der Konsequenz verändern können (Erweiterung, Veränderung, Verlagerung, Reduzierung).
- Jeder Mitarbeiter übernimmt aktiv Verantwortung für das Unternehmen und das Unternehmen übernimmt Verantwortung für jeden Mitarbeiter.

Akquise-Leitfaden für die Gewinnung neuer Kunden

Möchten auch Sie in ihrem Unternehmen ein zusätzliches neues aber auch gesundes Wachstum generieren? Dann betrachten Sie bitte hierfür für sich und auch für ihr Team den folgenden Leitfaden, welcher in Kürze erklärt, worauf man bei der Gewinnung von Neukunden achten sollte.

Checkliste und Leitfaden zur nachhaltigen Neukundengewinnung:

- (VERTRAUEN) Gewinnen Sie das nachhaltige und stetige Vertrauen ihrer Bestandskunden und der möglichen Neukunden.
- (KUNDENERREICHUNG) Holen Sie den Kunden inhaltlich ab und unterhalten Sie sich auf Augenhöhe.
- (AUTHENTIZITÄT) Bleiben Sie offen, echt und natürlich – Niemand mag Menschen, die einem nur nach der sog. Nase reden.
- (WERTSCHÄTZUNG) Auch in einer Neukundengewinnungsphase (ohne Umsätze) ist es wichtig, sehr wertschätzend und dankbar zu sein. Bedanken Sie sich für Austauschgespräche, für den konstruktiven Umgang und für die Zeit, die man sich für Sie nahm.
- (REFERENZEN) Bestandskunden sind wertvolle Referenzen, das Vertrauen ist bereits aufgebaut und kann als Referenz (nach Absprache) genannt werden.
- (PROFILPFLEGE) Um proaktiv gefunden werden zu können, sind aktive Onlinenetzwerke als Zusatz sinnvoll. Nutzen Sie Xing, Twitter, Facebook und Co.
- (STRATEGIE) Nutzen Sie alle Möglichkeiten, mit neuen Kontaktquellen in Dialog zu treten. Messen, Netzwerkkontakte, Veranstaltungen, Makler von Kontakten, Werbung in Fachmagazinen und ggf. auch Radiowerbung kann hier sehr hilfreich sein.
- (AUSDAUER) Bleiben Sie am Ball und pflegen Sie permanent den Kontakt zu allen Kunden, Anfangserfolge können schnell verpuffen, wenn danach kein Service mehr geboten wird.
- (BENIMM) Ein Lächeln und höflicher Umgang kann im Kundenumgang der entscheidende Unterschied zwischen Ihrem Unternehmen und einem Marktbegleiter sein.
- (KUNDENBINDUNG) Pflegen Sie guten Kontakt zu ihren Ansprechpartnern bei Kunden, wissen Sie Besonderheiten ihrer Ansprechpartner (Geburtstag, Kinder, Urlaubsinteressen usw.), schreiben Sie diese auf, damit auch auf persönlicher Ebene eine vertretbare gute Bindung entstehen kann. Im Zweifelsfall wird dies dafür sorgen, dass Sie und Ihr Unternehmen

nur sehr schwer gegen einen Marktbegleiter ausgetauscht werden können. Man wird i.d.R. versuchen, stets mit Ihnen konstruktiv und ehrlich umzugehen.

Verkörpern Sie bitte mit Ihren Produkten, Ihrer Firma, Ihrem Team, Ihrer Marke und Ihrer Persönlichkeit einen Mehrwert, den man als Kunden nicht missen wollen mag.

Interne Effizienzstrategie für Mitarbeiter in der Verwaltung einführen

Um Arbeitszeit und Arbeitskraft perfekt im Unternehmen einsetzen zu können, bedarf es einer gewissen Strategie. Diese Art „Roadmap" sollte offen kommuniziert werden und auch bei der kompletten Belegschaft bekannt sein. Insofern bietet es sich an, einen Leitfaden zur Effizienzoptimierung vorerst im eigenen Unternehmen ausführlich zu überdenken und in einzelnen Leitpunkten anschließend gezielt auszuformulieren.

Gerade in Zeiten von höchster Belastung durch eine z.B. überdurchschnittliche Auftragsauslastung oder, durch einen hohen Urlaubs- und/oder Krankenstand kann dieser Effizienzleitfaden für eine transparente Vorgehensweise sorgen und dabei helfen, bestmöglich den Tag in einer Verwaltungstätigkeit zu nutzen.

Ein beispielhafter „Effizienzstrategieplan für Mitarbeiter" könnte folgende Punkte enthalten:

- Wir nutzen die vorhandene Technik bestmöglich, um viele Arbeitsschritte automatisieren zu können (Planungssoftware, E-Mail-Automatisierungen, Visualisierungssoftware etc.).
- Wir nutzen bei klärungsintensiven Dialogen das Telefon anstelle der E-Mail (die direkte tel. Kommunikation kann weniger Interpretationsanfällig sein und auch schneller zur Lösung führen).
- Wir ordnen unseren Schreibtisch, damit eine Struktur für uns und für Dritte erkenntlich ist (Struktur schafft Ordnung, Ordnung schafft Effizienz und reduziert Fehlerquoten).
- Wir bitten bei Leistungsspitzen um Hilfe bei Kollegen (alles selbst zu machen ist nicht immer der effizienteste Weg und der Austausch stärkt die Gruppendynamik im Team).
- Wir priorisieren Aufgaben nach Wichtigkeit und arbeiten danach ab (Unwichtiges hat länger Zeit, wichtiges bitte direkt erledigen).
- Wir schaffen Klarheit bei Unklarheiten (wir sind offen und fragen, wenn uns Dinge unklar sind, denn wir haben ein gemeinsames Ziel: Zeitnahes und korrektes Arbeiten).
- Wir mögen fortschrittliche Technik, aber legen Wert auf eine gute allgemeine Erprobungsphase (etwas Neuartiges muss funktionieren und somit auch ausführlich getestet werden).
- Wir arbeiten mit Mustern, Checklisten und auch Vorlagen (Strukturhelfer mit Reminderfunktion).
- Wir arbeiten mit einem generellen Plan (wiederkehrende Aufgaben werden im Vorfeld für eine gewisse Tageszeit fest eingeplant und finden somit auch stetig Berücksichtigung).

- Wir arbeiten stets verbindlich und leben Pünktlichkeit („Ein Mann ein Wort").
- Wir arbeiten mit einem internen und externen Expertennetzwerk (diverse Expertenmeinungen helfen uns, einen generellen und breiten Fachblick für spezielle Themen zu erhalten).

Natürlich kann im Einzelfall auch dieser Plan noch breiter gewählt werden oder speziellere Punkte finden, jedoch dürfte hierdurch aufgezeigt worden sein, wie man beispielhaft wichtige Punkte dieser Art definieren könnte.

Probleme strukturiert und lösungsorientiert angehen

Ursachen für Probleme im betrieblichen Ablauf werden meistens unzureichend gelöst, es werden nur die Auswirkungen beim gerade aufgetretenen Fall gelindert. Das gilt für Probleme in der Produktion wie in kaufmännischen Bereichen.

Hier wird eine Menge Geld in Unternehmen „verbrannt", denn jedes erneute Auftreten des Problems bindet Ressourcen und blockiert möglicherweise die Produktion. Daher sollte man sich mit einem Problem, das wahrscheinlich wieder auftreten wird, mit den folgenden Schritten aufmerksam und mit der gebotenen Priorität auseinandersetzen:

- Feststellung IST-Zustand (Auftreten, Tragweite, Auswirkungen)
- Zieldefinition (messbar)
- Lösungssuche (z.B. durch Brainstorming im Team)
- Bewertung der Lösungen
- Auswahl der präferierten Lösung (oder Empfehlung an Entscheider)
- Anwendung der ausgewählten Lösung
- Erfolgskontrolle (im positiven Fall Dokumentation der Problemlösung, im negativen Fall erneute Schleife des Problemlösungsprozesses)

Ein betrieblicher Verbesserungsvorschlag könnte die Ausgabe eines Orientierungsleitfadens zur Problemlösung an die Belegschaft anstoßen, damit aufgetretene Probleme effizient und nachhaltig gelöst werden.

Mit Management Summary Entscheidungen beschleunigen

Entscheider haben knappe Zeit und können sich nicht mit Details jedes Themas beschäftigen. Daher stocken zu treffende Entscheidungen oftmals.

Mithilfe eines Management Summary, das alle wesentlichen Informationen zu einer zu treffenden Entscheidung auf einer DIN A4-Seite darstellt, können zuarbeitende und fachlich versierte Mitarbeiter die Entscheidungsfindung aktiv fördern.

Zu berücksichtigen sind neben der Textmenge eine eindeutige und nicht interpretierbare Formulierung sowie ein Verzicht auf zu fachliche Details und damit eine gute Nachvollziehbarkeit der Informationen für Laien.

Bausteine:
- Worum geht es?
- Welche Entscheidung ist zu treffen?
- Welche Optionen gibt es?
- Nach welchen Kriterien wurden diese Optionen beurteilt?
- Handlungsempfehlung für eine der Optionen mit Begründung

Im Kontext eines betrieblichen Verbesserungsvorschlags wäre ein entsprechender Leitfaden für alle Mitarbeiter sinnvoll, der im gesamten Unternehmen etabliert wird.

Quellenhinweis: Dr. Georg Angermeier, Veröffentlichung im Projekt-Magazin 16/2012

Gedankensätze zur Reduzierung von Low-Performern im Unternehmen

In keinem Unternehmen ist ein generelles Team Standard, welches nur aus High-Performern (Hochleistern) besteht. Insofern muss man die Low-Performer (Minderleister) genau erkennen, steuern, motivieren und „nicht vorschnell abschreiben".

Folgende Gedankensätze sollten vor einem Austauschgespräch mit Low-Performern verinnerlicht werden:

- Wir gehen nicht von Vorsatz des Low-Performers aus.
- Wir haben ein grundsätzlich positives Menschenbild.
- Wir wissen, dass leistungsschwache Menschen nicht zwingend leistungsunwillig sein müssen.
- Wir sind an einer Lösung interessiert, die beidseitig akzeptabel ist und anerkannt wird.
- Wir können Menschen motivieren und fördern.
- Wir fördern auch die Stärken von Leistungsschwachen.
- Wir integrieren alle Mitglieder im Team.
- Wir wirken positiv auf alle Teammitglieder, weil die Gruppendynamik damit erhöht wird.
- Wir sind fair, offen, transparent und konsequent, dies ist zum Wohl aller Teammitglieder der richtige Weg.

Folgende Eckdaten sind zu kennen, wenn man die Auswirkung von Low-Performern auf Vorgesetzte, Führungsmitarbeiter und generell auf das jeweilige Unternehmen bewerten möchte:

- Maßnahmen gegen Low-Performing sind eine gute Investition für das gesamte Team.
- Indem wir keinen Mitarbeiter vorschnell ausschließen, stärken wir das gesamte Vertrauen und die Betriebsloyalität.
- Kurze Phasen von einzelnen temporären Low-Performern sind zu erkennen, zu besprechen, zu tolerieren und als Team zu beseitigen.
- Mitarbeiter sollten nach ihren Stärken eingesetzt werden, dies ist Aufgabe der Führung bzw. Unternehmensleitung.
- Mangelnde Förderung der Mitarbeiter kann die Ursache für steigendes Low-Performing sein.

- Eine Kündigung und Versetzung der einzelnen Mitarbeiter kann bei unfairen Handlungsweisen schnell zu Rechtsstreitigkeiten führen, dies ist zu bedenken und zu vermeiden.
- Eine Unternehmenskultur der Angst ist zu vermeiden, deshalb muss es transparent sein, dass niemand vorschnell aufgegeben wird und Loyalität und Gruppendynamik beidseitig wichtig sind.
- Demotivierte Menschen wollen i.d.R. verstanden, gehört und gezielt motiviert werden.

Messebesuche detailliert vorbereiten und Besuchseffizienz deutlich steigern

Zu einem kaufmännischen und häufig auch technisch orientieren Job gehört auch der Besuch von jeweils relevanten Fachmessen. Oftmals bleibt im Berufsalltag aufgrund von zahlreichen anderen Projekten wenig Zeit, dennoch sollte man einen Messebesuch intensiv vorbereiten.

Es empfiehlt sich im Unternehmen (dies kann auch abteilungsübergreifend geschehen) eine Messe-Vorbereitungsagenda zu fixieren, die vor einem Besuch konsequent abgearbeitet wird. Diese Messe-Vorbereitungsagenda sorgt dafür, dass der eingesetzte Arbeitstag effizient und sinnvoll genutzt wird. Dies kommt allen Beteiligten zu Gute und sorgt für eine nutzenbringende Mehrwertstrategie.

Beispielhaft könnt eine solche Messe-Checkliste bzw. Messe-Vorbereitungsagenda wie folgt stichpunktartig fixiert und definiert sein:

- Wir entscheiden, welche Aussteller wir genau besuchen wollen, im Idealfall mit Besuchsanmeldung und Terminvereinbarung.
- Wir kennen im Vorfeld die Laufrouten und Standnummern, die für uns interessant sind. Eine Messekarte bzw. ein Hallenplan ist im Internet i.d.R. immer verfügbar.
- Wir planen Pufferzeiten für Gesprächsverlängerungen und kleine Regenerationspausen mit ein. Ebenso Zeit für die zu absolvierende Laufstrecke zum nächsten Stand.
- Wir kennen wichtige Vorträge und Podiumsdiskussion im Vorfeld. Hierzu wird ebenso direkt Zeitpuffer eingeplant.
- Wir verzichten konsequent auf „Give-aways", falls möglich, ohne unhöflich zu sein. Hauptgrund: Platzraubende „Give-aways" sollten dankend abgelehnt werden, leider blockieren sie uns und auch die Folgetermine.
- Wir kennen unseren Parkplatz: Vor und nach der Messe ist es nützlich, seinen Parkplatz zu kennen. Kleiner Geheimtipp: Die Stellplatznummer vom Parkplatz aufschreiben oder aber mit dem Handy fotografieren und somit auch nicht vergessen.
- Wir betreiben eine sinnvolle Messenacharbeit!

Die Messenachbereitung ist ebenfalls sehr wichtig:

- Bitte erhaltene Visitenkarten und Prospekte strukturieren und nach Priorität sortieren.
- Vermerken, von welchem Tagesdatum diese sind, ggf. kleinen Eingangsstempel verwenden.
- Ggf. Zwei-Stapel-System: „Ein Stapel für nachfassende Kontakte" und „ein Stapel für allgemein informative Kontakte".
- Anschließend kurzen Messebericht erstellen, welcher an die direkten Kollegen und ggf. auch an den Vorgesetzten per E-Mail gesendet werden sollte. Kerninhalte: Messehighlights, Erkenntnisse, Aussichten, Neuheiten und Ausblicke/Chancen für das eigene Unternehmen.

Wir beachten vor einem Messebesuch:

- Wir respektieren einen angemessenen Dresscode auf Basis der Unternehmensvorgaben zur gewollten Außendarstellung.
- Wir sollten aufgrund der langen Stand- und Laufzeiten Schuhe verwenden, die dafür auch hilfreich sind. Für die Damen: Bitte nicht zu hohe Absätze. Für die Herren: Bitte Schuhe verwenden, welche bereits eingelaufen sind und nicht kneifen.
- Wir verlagern auch bei unseren Messebesuchen ggf. Pausen vom Innenbereich in den Außenbereich, um unserem Körper ausreichend frischen Sauerstoff zu gönnen. Dies regeneriert und macht belastbar für den laufenden Messetag.
- Wir erkennen starke Müdigkeit nach einem Messebesuch und verzichten auf lange Rückfahrten am Abend. Die Gesundheit und Unfallfreiheit steht im Fokus, eine Übernachtung im Hotel sollte im Bedarfsfall vorgeplant werden.

Effiziente Arbeitszeitnutzung im Einkauf

Ein Arbeitstag ist häufig gefühlt sehr kurz, der spürbar wachsende Berg an Aufgaben hingegen enorm groß.

Eine beispielhafte Methode, die dafür sorgt, dass mit einem kleinen Knopfdruck alle Probleme beseitigt sind, gibt es leider nicht.

Jedoch kann man beispielhaft einen kleinen Leitfaden aufstellen, der dabei hilft, die tägliche Arbeitszeit im Einkauf bestmöglich und effizient zu nutzen.

- Wir schreiben alle Punkte auf eine ToDo-Liste (auch Kleinigkeiten zur Erledigung).
- Wir wissen, welche Zeit ein Arbeitsschritt benötigt und schätzen diese im Vorfeld korrekt ein.
- Wir planen freie Pufferzeiten ein und nutzen diese bei Bedarf.
- Wir entscheiden, ob ein Arbeitsschritt eine niedrige, mittlere oder hohe Priorität hat (wir arbeiten entsprechend danach ab).
- Wir kontrollieren wichtige Arbeiten nach, auch bei eigenen Aufgaben.
- Wir vertagen noch nicht erledigte Aufgaben auf einen fixen anderen Tag (Schutz vor Nicht-Erledigung).

Planung einer konsequenten Erreichung von Zielen

Ein Leitfaden für Erfolg und die Erreichung von Zielen? Wofür soll das gut sein? Im Grunde einfach erklärt, denn es ergeben sich oftmals die gleichen Muster im Verhalten, die dazu führen, dass persönliche und berufliche Ziele verfehlt werden. Hierbei kann ein Leitfaden zur Zielerreichung dienlich sein.

Dieser könnte beispielhaft wie folgt lauten:

- Wir agieren am liebsten als Team bei Zielplanungen.
- Wir gehen mit kleinen Schritten zum großen Ziel.
- Wir belohnen uns für unsere Erfolge (Teilerfolge eingeschlossen).
- Wir haben unsere Ziele stets im Blick und fokussieren diese gewünschten Endergebnisse.
- Wir bewerten auch Teilziele und ziehen regelmäßig ein Resümee / Fazit.
- Wir stärken unser Selbstbewusstsein und das unseres Teams.
- Wir erlauben uns regelmäßige Projektpausen, um Kraft zu tanken.
- Wir sehen kleine Rückschläge als Neuausrichtungschance.
- Wir lieben es, zu gewinnen und sehen stets Chancen in Situationen.

Die Top-Team-Motivationsstellhebel für die meisten Mitarbeiter

Was motiviert eigentlich die breiten Massen? Keine einfache Frage, doch gibt es immer wiederkehrende Punkte, die eine Vielzahl von Mitarbeitern als Top-Motivationshebel bewerten und deshalb auch entweder haben, oder aber aus einer Bestandssituation heraus nicht mehr missen möchten.

Nun fragen sich einige Führungspersönlichkeiten verständlicherweise regelmäßig, was man tun kann, um das eigene Team mehr zu motivieren und jeden einzelnen versierten Einkäufer in die positive Gruppendynamik zu integrieren. Hierdurch auch mehr Prozessoptimierungen aktiv umzusetzen und final auch ein agiles Kostenmanagement zu betreiben.

Die folgende Agenda zeigt eine beispielhafte Aufzählung dieser Möglichkeiten in unserer erprobten „WIR"-Darstellungsweise. Es sind in diesem Fall komplette Vorschläge, die indirekte Mehrwerte für die Mitarbeiter bieten. Mehrwerte wie Fixgehaltserhöhungen, Firmenwagenstellung oder zusätzliche Bonuszahlungen sind in diesem Fall bewusst nicht integriert worden.

- Wir sorgen für ein sehr gutes Verhältnis zwischen Vorgesetzten und Mitarbeitern.
- Wir ermöglichen unseren Teammitgliedern flexible Arbeitszeiten und stellen dennoch breite Erreichbarkeit sicher.
- Wir pflegen allseitig im Idealfall eine harmonische und wenn möglich freundschaftlich respektvolle Basis der Zusammenarbeit.
- Wir laden unsere Mitarbeiter täglich ein, kalte und heiße Getränke (Tee, Kaffee, Wasser) kostenfrei während der Arbeit zu genießen.
- Wir pflegen und fördern gesunde, gleich gewichtete und zielorientierte Teamarbeit.
- Wir sorgen für ein angenehmes, modernes und gepflegtes Arbeitsraumambiente in allen Büros.
- Wir laden zur betrieblichen Förderung von Gesundheitsmaßnahmen und Sportaktivitäten ein.
- Wir sorgen dafür, dass wir exzellenten Kaffee anbieten können (hochwertige Maschine und geschmackvolle Bohnensorte).
- Wir sorgen für eine angenehme Begrünung durch Zimmerpflanzen in allen Büros.

- Wir sorgen für ergonomische, moderne und ansprechende Sitz- und Büromöbel in allen Büros.

Primäre Motivationsbausteine für Einkaufsteams

Aus Sicht der Autoren kann man signifikante Motivationssteigerungen natürlich nicht immer 1:1 bei jedem Menschen erreichen. Ebenso auch nicht immer mit den gleichen Stellschrauben.

Doch ist es dennoch äußerst elementar, das gesamte Einkaufsteam auf ein hohes Motivationsniveau zu bringen, damit die allgemeine Einkaufseffizienz ebenso hoch ist.

Auch wenn nicht jeder Mitarbeiter bzw. nicht jeder versierte Einkäufer mit den gleichen Motivationsbausteinen im positiven Sinne „anzutreiben" ist, lassen sich über die Jahre der beruflichen Erfahrungen folgende u.g. Kernpunkte hierzu nennen bzw. auch definieren.

Agenda für elementare Motivationsbausteine zur Förderung von Mitarbeitern im Einkauf:

- Transparenz
  (Wir zeigen uns allseitig transparent und werden nachvollziehbar in Handlungen.)
- Konsequenz
  (Wir halten uns alle an Regeln und bei bewusster Missachtung hat dieses Folgen.)
- Kompetenz
  (Wir bilden uns stetig weiter und Vakanzen werden nach nachvollziehbaren Kompetenzen vergeben.)
- Offenheit
  (Wir belügen und betrügen uns nicht, weil dies nachhaltig das gesamte Team schwächt.)
- Wertschätzung
  (Wir belohnen gute Leistungen direkt und unmittelbar, wir loben und kritisieren nur sachlich bzw. konstruktiv.)

Wenn diese Leitfadenpunkte im Einkaufsteam bekannt sind, nachhaltig auf allen Ebenen auch „gelebt" werden, besteht eine sehr hohe Chance, eine überdurchschnittlich hohe Motivation im Einkauf zu erhalten, was in der Regel bei diesen o.g. Bausteinen auch zusätzlich zu wirtschaftlichem Erfolg führen wird.

Generierung von Quick-Win-Einsparungen für Einkaufsmanager

Einsparungen und stetige Kostenoptimierungen sind für Unternehmen sehr wichtig. Deshalb werden auch Einkäufer und Einkaufsmanager regelmäßig dazu angehalten, Kostenstrukturen konstruktiv kritisch zu durchleuchten und zu hinterfragen.

Es bietet sich an, eine kurze Unternehmensagenda für Einkaufseinsparungen festzulegen. Beispielhaft könnte diese Einkaufsagenda bzw. der Leitfaden hierfür wie folgt formuliert werden:

Agenda zur Generierung von Einsparungen:

- Wir nutzen die Marktmacht von Monopollieferanten.
  Gerade bei z.B. Wiederverkäufern ein guter Stellhebel. Hohe Preisakzeptanz beim Endkunden, insofern gute Marge für Händler und Hersteller verhandelbar.
- Wir nutzen die Innovationskraft unserer Lieferanten.
  Ein reger Austausch ist beidseitig ein Mehrwert und kann eine Zusammenarbeit deutlich voranbringen.
- Wir analysieren intensiv die Herstellerkosten.
  Eine sog. „Cost Break Down Analyse" ist anzuraten, um unnötige Kostentreiber offenzulegen.
- Wir sprechen Lieferanten proaktiv an um Kosten zu senken.
  Nicht erst reagieren, wenn der Lieferant agiert.
- Wir hinterfragen unser Produktportfolio und das Sortiment unserer Lieferanten ebenso.
  Ggf. kann man weitere Artikel des Herstellers listen, ggf. sollte man auch gewisse Produkte des Lieferanten anderweitig platzieren.
- Wir prüfen, ob das Warenmanagement auf den Lieferanten übertragen werden kann.
  Lagerbestandskontrolle und Mengenverantwortung an Lieferanten verlagern: Kanban-Systeme etc.
- Wir bewerten unsere Lieferanten und fordern direkte Maßnahmen bei Leistungsverlusten.
  Kann ein Lieferant aus Gründen, die nicht der Kunde zu verantworten hat, seine Lieferqualität nicht halten, werden Bezugspreise aktiv hinterfragt.
- Wir hinterfragen Zahlungsziele, optimieren diese in Zusammenarbeit mit unseren Lieferantenpartnern.

Die Verbesserung einer Zahlungsmethode und eines Zahlungsziels kann uns schnell Einsparungen bringen, die in Summe große Beträge sein können.

- Wir schreiben wichtige Bedarfsbereiche stetig aus und fördern einen fairen Wettbewerb unter starken Lieferpartnern.

Durch die stetigen Preisvergleiche in Kernbedarfsbereichen erzielen wir einen permanenten Benchmark.

- Wir hinterfragen bei Vertragsschließung sehr kritisch den Part der vereinbarten Vertragslaufzeiten.

Strategische Geschäftsveränderungen und Marktpreisveränderungen können bewirken, dass eine kurze oder auch lange Vertragslaufzeit einen Mehrwert darstellen kann.

So oder auch ähnlich könnten diese Einkaufsagenda-Punkte formuliert werden. Im Einzelfall sollten diese Einzelpunkte nach Art, Größe, Liquidität und Branche des jeweiligen Unternehmens angepasst werden.

Richtlinien in Mitarbeitergesprächen

Folgende Punkte sollten in jedem Fall vor und während eines Mitarbeitergesprächs bedacht werden. Natürlich ist es normal, dass man nicht nur loben kann, jedoch sollte auch die Kritik stets konstruktiv und zielführend sein.

- Wir nennen den Problempunkt offen, klar und fair.
- Wir kritisieren nur konstruktiv, nicht auf persönlicher Ebene.
- Wir beschränken uns auf wesentliche Kritikpunkte und bleiben fokussiert.
- Wir lassen auch unser Gegenüber seinen Standpunkt klären und räumen beidseitig Redezeit im Gespräch ein.
- Wir bewerten erst, sobald beide Seiten den Standpunkt verdeutlicht haben.
- Wir besprechen kurz und bündig die Ursachen für die Unstimmigkeiten.
- Wir sind lösungsorientiert und wollen eine beidseitige Lösung finden.
- Wir schließen jedes Gespräch mit einem Grundmass an positivem Fazit ab und vertagen ggf. einige Teilpunkte, welche nicht sofort geklärt werden konnten.
- Wir bedanken uns beidseitig für das Gespräch und sehen positiv nach vorne.

Kündigungsvermeidung von guten Mitarbeitern

Gute Mitarbeiter wachsen nicht auf Bäumen und es gibt sie leider auch nicht wie Sand am Meer. Aber was heißt es überhaupt, gute Mitarbeiter im Einkauf zu haben? Aus Sicht der Autoren sind das Mitarbeiter, die menschlich gut in das Team passen, die sowohl theoretisch und praktisch einen breiten Wissensschatz haben, die sehr verlässlich und gewissenhaft arbeiten, die proaktiv mitdenken und vor allem die zur Firma halten bzw. Firmenloyalität aufweisen.

Als Fachvorgesetzter sollte man somit alles daran setzen, diese Mitarbeiter zu motivieren und für das Unternehmen zu halten. Es empfiehlt sich in jedem Fall die folgenden Punkte der beispielhaften Kurzagenda im Fokus zu behalten.

- Wir belasten nicht einzelne Teammitglieder langfristig zu stark, es herrscht ein relativ faires Aufgabenverteilungsgleichgewicht.
- Wir belohnen gute Arbeit und erkennen diese auch mit allen denkbaren Mitteln an.
- Wir möchten dass unsere Mitarbeiter einen Bezug zur Firma haben, deshalb haben wir einen persönlichen Bezug zu jedem Mitarbeiter.
- Wir halten unsere Zusagen und unser Wort hat stets Gewicht. Sollten wir eine Zusage nicht halten können, wird dies kommuniziert und eine Alternative wird angeboten.
- Wir versuchen, leistungsfähige und hochmotivierte Mitarbeiter einzustellen, wir fordern und fördern nur nach diesem Prinzip der nachweislichen Leistung des Einzelnen.
- Wir erkennen Leidenschaften von Mitarbeitern und versuchen, diesen bei der Aufgabenverteilung mit gerecht zu werden.
- Wir haben ein Gespür für Menschen und sind nicht ignorant. Offene Dialoge und eine konstruktive Umgangsform mit Feedback sind ein Muss.
- Wir wertschätzen die Kreativität unserer Mitarbeiter, alle Gedanken sind willkommen, werden ernsthaft bewertet und bekommen eine proaktive Rückmeldung.
- Wir legen Wert darauf, unsere Mitarbeiter auch intellektuell zu fordern. Wer Herausforderungen sucht, darf sich dafür beweisen und bekommt seine Chance.
- Wir möchten langfristige Arbeitsverhältnisse erhalten, die auf fairem Umgang, nachhaltigem Unternehmenswachstum und Transparenz basieren.

Verbesserung der Körpersprache

Die nonverbale Kommunikation ist sehr wichtig. Einige Menschen denken sogar, dass die Körpersprache mehr gewichtet wird, als die reinen Worte, welche gesprochen werden.

Natürlich kann man auch die Körpersprache intern/extern schulen und gezielt trainieren. Im Sektor Erfolgsmanagement sollte man dahingehend bei der Körpersprache folgende Punkte beachten:

- Wir haben eine souveräne und wenig verkrampfte Körperhaltung.
- Wir mögen das Leben und ein Lächeln tut uns nicht weh.
- Wir haben Freude bei der Arbeit und ein Lachen ist gerne gesehen.
- Wir begrüßen unsere Gäste mit einem Händeschütteln in normaler und angenehmer Kraftaufbringung.
- Wir achten darauf, dass wir Niemanden im Team und in der Gruppe übersehen.
- Wir achten darauf, dass wir nervöse Handbewegungen vermeiden und souverän wirken/sind.
- Wir möchten authentisch sein und verbiegen uns nicht (keine gespielte Dominanzhaltungen o.ä.).
- Wir versuchen, Augenkontakt in Dialogen zu halten und schenken auch der Gruppe stetig freundlichen Blickkontakt.

Wer diese beispielhaften Punkte zur Körpersprache verinnerlicht, kann in Gesprächen bereits mit einem Lächeln den Raum betreten und hat in der Regel auch keinen Grund, dies beim Herausgehen zu ändern.

Zeitmanagement im Einkauf bedenken und festlegen

Gerade im operativen Einkauf oder auch bei beruflichen Einsteigern fällt es manchmal sehr schwer, die verfügbare Arbeitszeit effizient und sinnvoll zu planen/nutzen. Eine kurze Checkliste für eine sog. Zeitmanagement-Agenda ist hierbei durchaus hilfreich. Diese kann im Handelseinkauf, Industrieeinkauf oder auch im Dienstleistungseinkauf gute Anwendung finden.

- Setzen Sie klare Prioritäten in der anfallenden Arbeit.
  (Wer gewichtet, kann Reihenfolgen in der nötigen Wichtigkeit von Arbeiten definieren.)
- Setzen Sie sich Meilensteine und feste Ziele pro Monat und pro Woche.
  (Wer kleine Schritte geht, kommt weniger vom Weg ab.)
- Setzen Sie auf schriftliche Festhaltung auch von kleinen Punkten zur Erledigung.
  (Wer mehr aufschreibt, vergisst deutlich weniger.)
- Setzen Sie bei umfangreichen Arbeiten auf Teilschritte in der Erledigung.
  (Wer umfangreiche Projekte in Teilschritten absolviert, kann das Endergebnis agiler erreichen.)
- Setzen Sie auf Leistungskurven, erkennen Sie persönliche Hoch- und Tiefphasen des Tages.
  (Wer seine Hoch- und Tiefzeiten kennt, kann Aufgabenerledigungen danach ausrichten.)
- Setzen Sie auf die Verwendung von Aufgabenlisten.
  (Wer eine sog. ToDo-Liste nutzt, kann wichtige Projekt- und Einzelschritte darin protokollieren und stetig updaten.)

5. Hochagile 55 Umsetzungskonzepte für Unternehmen

| BVW | mittel | | Energieeffizienz |

Elektroautos als Firmenwagenalternative anbieten

Neben den herkömmlichen Verbrennungsmotoren auch Elektrofahrzeuge als Firmenwagen anbieten und nutzen

Was möchte ich ändern?

Elektroautos können als Poolwagen genutzt und für weitere Firmenfahrzeuge als Option bestellbar gemacht werden. Die aktuellen Kaufbarrieren und gefühlten Nachteile im Unternehmen sind zu bewerten und relativieren. Diese sind aktuell neben den hohen Kaufpreisen die Reichweite der Fahrzeuge, die Infrastruktur der Elektrotankstellen bei längeren Fahrten, die Förderungsattraktivität und auch die Sortiments- und Angebotsvielfalt von E-Autos.

Wie möchte ich es ändern (inkl. Umsetzungsdauer kurz-/mittel-/langfristig)?

Attraktive Angebote von renommierten Fahrzeughändlern sind anfordern, die den Mitarbeitern als Fahrzeugalternative im E-Fahrzeugsegment angeboten werden können. Dies ist ggf. noch mit staatlichen und unternehmensinternen Förderungen preislich positiv und motivierend abzurunden.

Beispielhaft können wir zu diesem Thema die nachstehenden Anbieter, Dienstleister oder Literatur empfehlen. Hier finden Sie bei Bedarf kompetente Unterstützung und aussagekräftiges Informationsmaterial.

Anbieter / Dienstleister / Informationsmaterial
Volkswagen e-Mobilität, emobility.volkswagen.de
Fleetster, www.fleetster.de/corporate-carsharing.html

Welchen Nutzen bringt die Änderung (Prozessoptimierung / Kostensenkung / ROI, Pro/Contra)?

ROI prognostiziert	4 – 6 Jahre	

Neben dem Trendgedanken, ein modernes E-Auto zu fahren, liegt der Nutzen auch im Imagegewinn des jeweiligen Unternehmens. Wächst mit den nächsten Jahren auch die Anzahl der gekauften E-Autos, wird sich dies ebenso positiv auf die generelle Akzeptanz der Nutzer und auch auf die Stückkosten der Fahrzeuge auswirken. Des Weiteren wird die Zulieferindustrie an effizienteren Akkus weiterforschen und auch die E-Tankstellendichte wird in den nächsten Jahren stark steigen, was die Flexibilität für lange Fahrten deutlich verbessert.

Fazit

Unternehmen mit technischer und ökologischer Vorreiterfunktion sowie hohem Trendempfinden sollten jetzt aktiv Teil dieser E-Bewegung werden.

KVP	mittel	Energieeffizienz

E-Mobilität für Mitarbeiter im Unternehmen aktiv fördern

Kostenfreie Elektrotankstellen für E-Bikes und E-Autos zur Verfügung stellen und damit einen guten und „grünen Gedanken“ an Mitarbeiter weitertragen

Was möchte ich ändern?

Die Förderung von E-Mobilität bietet sich für moderne, technikfreundliche und sehr offene Unternehmen an. Es kann im Rahmen von Elektrofahrzeugen für die Poolwagenflotte umgesetzt werden oder auch im Bereich von E-Mobilität für Elektrofahrräder (als Pool-Fahrräder oder für private E-Autos oder E-Bikes von Mitarbeitern). Hierbei bietet es sich an, Elektrotankstellen im Unternehmen zu integrieren und damit eine kostenfreie Fahrzeugaufladung während der Arbeitszeit zu ermöglichen.

Wie möchte ich es ändern (inkl. Umsetzungsdauer kurz-/mittel-/langfristig)?

Im Bereich der Elektroautos kann fast jeder renommierte Automobilhersteller interessante Leasingfahrzeugoptionen für Firmen ausarbeiten und anbieten. Hierbei kann man mittels einer gut durchdachten ROI-Berechnung herausfinden, ob sich diese Fahrzeugalternative für das Unternehmen rechnet. Ebenso sollte man auch den werbewirksamen Faktor der Ökologie und auch der Mitarbeitermotivation berücksichtigen.

Auch bei privaten E-Bikes, mit denen Mitarbeiter zur Arbeit kommen und die während der Arbeitszeit aufgeladen werden müssen, kann man dieses Konzept sinnvoll fördern. In diesem Fall müsste der Arbeitgeber eine E-Tankstelle zur Verfügung stellen, die z.B. vom Anbieter Mennekes in hoher Sortimentsbreite angeboten wird. Eine gute Quelle für die Beschaffung von E-Bikes ist beispielhaft die Firma „E-Bike-Only.de“.

Beispielhaft können wir zu diesem Thema die nachstehenden Anbieter, Dienstleister oder Literatur empfehlen. Hier finden Sie bei Bedarf kompetente Unterstützung und aussagekräftiges Informationsmaterial.

Anbieter / Dienstleister / Informationsmaterial
Mennekes, www.mennekes.de
E-Bike-Only.de

Welchen Nutzen bringt die Änderung (Prozessoptimierung / Kostensenkung / ROI, Pro/Contra)?

ROI prognostiziert	4 – 6 Jahre	

Neben dem Umweltaspekt, der generell wichtig ist, kann mit diesen Maßnahmen der ökonomische Gedanke sowohl an Mitarbeiter übertragen werden, als auch wirksam im Unternehmen verwendet werden. Ein guter Arbeitgeber und auch Lieferant zeichnet sich nicht nur durch gute ökonomische Rahmenbedingungen in der Firma aus, sondern auch durch Übernahme von ökologischer Verantwortung.

BVW	hoch		Energieeffizienz

Hallen- und Bürobeleuchtung auf LED-Technik umstellen

Durch die Umstellung von einer vormaligen Standardbeleuchtung auf LED-Beleuchtung in Unternehmen sowohl ökonomisch wie auch ökologisch profitieren

Was möchte ich ändern?

Energiesparen ist mehr als nur Kosten zu senken. Ein solches Projekt ist facettenreich und muss betriebsintern gut durchdacht und geplant werden. Beginnt man das Thema Energiesparen mit dem Bereich der Beleuchtung, muss bei mittleren und größeren Firmen ein kompetentes Projektteam gegründet werden.

Wie möchte ich es ändern (inkl. Umsetzungsdauer kurz-/mittel-/langfristig)?

Durch die Gründung eines Projektteams, welches aus internen und auch externen Experten bestehen kann, wird sich sehr schnell zeigen, dass das Thema LED-Technik in Betrieben komplexer Natur ist. Viele Dinge, die man bei einer optionalen Umstellung beachten muss, kommen in den Dialog, u.a. auch die Farbtemperatur, Lebensdauer der Einheiten, Schaltzeit, Dimmfähigkeit, Lichtstrom und Lichtstärke, als auch der Farbwiedergabeindex CRI.

Grundsätzlich begleitet die betriebswirtschaftliche Sicht der Grundgedanke, warum man eine funktionierende Technik gegen neue anschaffungskostenintensive Lichttechnik tauschen sollte. Dies liegt sowohl in den Betreibungs- und Nutzungskosten als auch darin, eine professionellere steuerbare Lichtausbringung anbieten zu können.

Diese beinhaltet in der Regel eine bessere Stromverteilung, eine ideale punktuelle Beleuchtung und auch eine flächennutzungsbedingte selektive Lichtzuschaltung sowie Lichtabschaltung. Diese wird benötigt, da man bei Tageslicht von außen in Teilen der Fertigung zum Teil nicht die volle Beleuchtung während der Arbeit benötigt, allerdings z.B. in Pausenzeiten eine generelle Abschaltung der Lichteinheiten wünscht.

Es gibt kompetente Beratungsunternehmen, die bei der Ausarbeitung behilflich sind, die auch neben einer Bestandsaufnahme der aktuellen Beleuchtungstechnik ein Lösungskonzept für moderne LED-Beleuchtung passend zum jeweiligen Betrieb entwirft. Auch eine

ROI-Berechnung ist in dieser Planungsphase wichtig, damit man abschätzen kann, wann die Investitionskosten für die Firma wieder eingespielt sein werden.

Selbst bei einer modernen Neuplanung in einem Industriebetrieb geht man häufig von einem ROI von ca. 6-7 Jahren aus, was durchaus wirtschaftlich interessant ist. Ob es für solche Projekte auch staatliche Subventionen gibt, muss stets im Einzelfall geklärt werden, ebenso auch, ob ein KfW-Kredit die Finanzierung positiv abrunden kann.

Beispielhaft können wir zu diesem Thema die nachstehenden Anbieter, Dienstleister oder Literatur empfehlen. Hier finden Sie bei Bedarf kompetente Unterstützung und aussagekräftiges Informationsmaterial.

Anbieter / Dienstleister / Informationsmaterial

ILT GmbH, www.ilt-led.eu
ecobility GmbH, www.ecobility.com
Energieberatung MB	ConsultMe, www.mb-consult.me
Energiesparmakler GmbH, www.energiesparmakler.de
Venture Lighting Europe, www.venturelightingeurope.com

Welchen Nutzen bringt die Änderung (Prozessoptimierung / Kostensenkung / ROI, Pro/Contra)?

ROI prognostiziert	4 – 6 Jahre	

Durch die Modernisierung der Leuchten auf LED-Technik spart das jeweilige Unternehmen sehr oft bis zu 30-40% des Stromverbrauchs im Beleuchtungsbereich. Ebenso können Arbeitsbereiche gezielt besser ausgestrahlt werden und durch Steuerungstechnik mit Sensoren können je nach Außenlichteinfluss ganze Beleuchtungseinheiten abgeschaltet werden.

Es empfiehlt sich immer, eine neutrale Beratung für solch komplexe Modernisierungsprojekte einzuschalten, damit die richtige Lampenhardware gefunden werden kann. Bespricht man solche Projekte nur mit dem Elektrofachbetrieb seines Vertrauens, kann man häufig davon ausgehen, dass kein komplettes Sortiment vom Markt angeboten werden kann, sondern eher die greifbaren Produkte des Elektrogroßhändlers. Ein Benchmark sorgt für Transparenz und Klarheit, auch wenn man die spätere Montage vom hauseigenen Elektroteam oder aber Elektrodienstleister final vornehmen lassen wird.

| BVW | hoch |  | Energieeffizienz |

Heizungserneuerung im Unternehmen inkl. moderner Brenner- und Hitzestrahlertechnik

Durch die Umstellung von einer damaligen Standardheizung auf moderne Heizungsanlagentechnik in Unternehmen sowohl ökonomisch und ökologisch profitieren

Was möchte ich ändern?

Wenn Heizungsanlagen in Betrieben mehrere Jahrzehnte alt sind, lohnt es sich, hierfür eine Ersatzinvestition zu überdenken. Oftmals sind die Heizungsanlage sowie die angehängte Peripherie veraltet und nicht auf effizientem Niedrigverbrauchslevel.

Wie möchte ich es ändern (inkl. Umsetzungsdauer kurz-/mittel-/langfristig)?

Startet man ein solches Projekt, sollte man ein kompetentes Team an seiner Seite haben. Es gilt festzustellen, ob man z.B. von einer Ölheizung auf eine Gasheizung wechseln möchte. Ob die komplette Heizungsanlage getauscht werden muss, ebenso die Beschaffenheit der Verrohrungen und Isolierungen, als auch die Heizstrahlertechnik in großen Hallen. Moderne Steuerungstechnik sorgt ebenso für eine gute und effiziente Wärmeverteilung, die ökologisch und ökonomisch sinnig ist. Auch staatliche Subventionen sind in Einzelfällen denkbar, wenn man die hohe zu erwartende Energieeinsparung belegen kann.

Beispielhaft können wir zu diesem Thema die nachstehenden Anbieter, Dienstleister oder Literatur empfehlen. Hier finden Sie bei Bedarf kompetente Unterstützung und aussagekräftiges Informationsmaterial.

Anbieter / Dienstleister / Informationsmaterial
Hubert Niewels GmbH, www.niewels.de
Ingenieurbüro reich + hölscher, www.reich-hoelscher.de
Viessmann Werke GmbH & Co. KG, www.viessmann.de
M. Lakebrink e.K., www.lakebrink-ek.de
VACURANT Heizsysteme GmbH, www.vacurant.de

Hinweis

Bitte beachten Sie in diesem Zusammenhang das Interview mit dem Geschäftsführer der Fa. Hubert Niewels GmbH, Christoph Niewels, im hinteren Teil des Buches.

Welchen Nutzen bringt die Änderung (Prozessoptimierung / Kostensenkung / ROI, Pro/Contra)?

ROI prognostiziert	4 – 6 Jahre	

Durch die Modernisierung der Heizungsanlage und der Nebenanlagen kann effizientes Heizen realisiert werden und der Energieverbrauch kann um bis zu 40% reduziert werden, was für eine schnelle Amortisation der hohen Ersatzinvestition sorgen kann.

Hat man im Unternehmen Hochleistungskompressoren, kann man hier auch über ein gemeinsames neues Energiekonzept nachdenken und Abwärme speichern bzw. wieder in den firmeneigenen Energiekreislauf zurückführen.

In vielen Fällen lohnt es sich, ein solches Konzept auf drei Leistungsträgersäulen zu verteilen:

1) Energieberater und neutrale Heizungsingenieure, die Einsatz und Angebot objektiv bewerten können, zusätzlich auch das Umbauprojekt begutachten und technisch begleiten. Ingenieurbüro Reich + Hölscher kann in diesem Zusammenhang als sachkundiger Ansprechpartner genannt werden.

2) Ein kompetentes Heizungsbauunternehmen mit ausreichender Erfahrung und guter Mannschaftsstärke, damit ein Umsetzungskonzept auch im gesetzten Zeitfenster finalisiert werden kann. Firma Niewels kann in diesem Zusammenhang als kompetenter Ansprechpartner genannt werden.

3) Eine Fachfirma für reine Heizungsbaudemontagen mit viel Erfahrung und allen nötigen Umweltzertifikaten für Tankverdichtungen, Fachentsorgungen und sichere Demontagen während eines laufenden Produktionsbetriebs. Die Firma Lakebrink kann in diesem Fall als kompetenter und engagierter Ansprechpartner genannt werden. Natürlich kann man die Demontagen auch direkt von der Heizungsbaufirma durchführen lassen, welche die neue

Heizungstechnik montiert, jedoch lohnt sich in vielen Fällen ein ausführlicher Preisvergleich, denn viele Heizungsbaufirmen nehmen diese Arbeiten natürlich gerne mit an, vergeben jedoch ihrerseits oftmals diese Leistungsschritte an spezielle Demontagefirmen.

| BVW | mittel |  | Energieeffizienz |

Stromerzeugung durch eigene PV-Anlage im Unternehmen

Durch die Hallendachnutzung für eine Photovoltaik-Anlage (PV) selbst Strom erzeugen und darüber hinaus Subventionen nutzen

Was möchte ich ändern?

Bei großen Hallendächern im eigenen Betrieb können die Flächen für eine eigene PV-Anlage genutzt werden. Hierzu ist im Vorfeld eine gründliche Analyse von Vor- und Nachteilen notwendig.

Wie möchte ich es ändern (inkl. Umsetzungsdauer kurz-/mittel-/langfristig)?

Nach einem ausführlichen Angebotsvergleich und Beratungsgespräch kann man im eigenen Unternehmen die Flächennutzung für eine PV-Anlage planen. Hierbei müssen Subventionen, die zu erwartende technische Lebenszeit der Anlage und auch die zu erwartenden Erträge im Detail eingeschätzt werden.

Beispielhaft können wir zu diesem Thema die nachstehenden Anbieter, Dienstleister oder Literatur empfehlen. Hier finden Sie bei Bedarf kompetente Unterstützung und aussagekräftiges Informationsmaterial.

Anbieter / Dienstleister / Informationsmaterial
Tichai GmbH, http://www.tichai-gmbh.de/dienstleistungen/photovoltaik/
Photovoltaik Angebotsvergleich, www.photovoltaik-angebotsvergleich.de
IBC Solar, www.ibc-solarstrom.de

Welchen Nutzen bringt die Änderung (Prozessoptimierung / Kostensenkung / ROI, Pro/Contra)?

ROI prognostiziert	4 – 6 Jahre	

Pro-Argumente
- Grüne Energie wird erzeugt und kann überschüssig verkauft werden.
- Subventionen können genutzt werden.
- Als Unternehmen kann man die Kosten steuerlich absetzen und damit Vorteile schaffen.
- Imagemehrwert für das Unternehmen.
- Effizienzsteigerung des Gebäudes bzw. der Dachfläche.

Contra-Argumente
- Mögliche Traglast-Probleme am Dach.
- Mehr Technik im Unternehmen, höhere Strom-Peripherie betriebsintern erforderlich.
- Sturmschäden denkbar, hierdurch Produktionsstörungen vom Kerngeschäft möglich.
- Wartungs- und Reinigungsaufwand der Anlage nötig.
- Nutzungsdauer der Anlage nicht genau planbar, ROI muss beachtet werden.
- Feuerlöschprobleme im Brandfall eines Gebäudes, Sicherheitskonzept des Unternehmens beachten.

BVW	mittel		Energieeffizienz

Warmluftrückführung durch Industrieventilatoren

Durch die Erstellung eines Ventilatorenkonzepts zur Warmluftrückführung hohe Einsparungen in betrieblichen Heizkosten für das eigene Unternehmen erzielen

Was möchte ich ändern?

In hohen Lager- und Fertigungshallen braucht es relativ lange, um die Gebäudeeinheiten im Herbst und Winter aufheizen zu können. Dies liegt i.d.R. daran, dass die kalte Luft von unten erhitzt wird, die aufgewärmte Luft anschließend nach oben steigt und insofern sehr viel Energie benötigt wird, bis die gesamte Hallenluft gewärmt ist. Primär wird allerdings die Wärme im unteren Hallenteil benötigt, da dort die Mitarbeiter arbeiten.

Genau dieser Aspekt sollte kritisch und wirtschaftlich betrachtet werden, um eine verbesserte Variante zu finden, die für das Unternehmen sowohl ökonomisch als auch ökologisch wertvoll ist.

Wie möchte ich es ändern (inkl. Umsetzungsdauer kurz-/mittel-/langfristig)?

Mit dem Einsatz von speziellen Industriedeckenventilatoren, welche explizit für Projekte der Warmluftrückführung genutzt werden, kann die Warmluft gezielter gelenkt und verteilt werden. Dies ist besonders hilfreich in nur zeitweilig beheizten Bereichen, da die Aufheizphase verkürzt werden kann und somit viel Energie eingespart wird.

Grundsätzlich muss man dank eines solchen Konzepts nicht mehr die kompletten Hallen beheizen, sondern führt die Wärme immer wieder in einen zirkulierend gelenkten Verteilerkreislauf zurück. Allerdings sollte man vor dem Start eines solchen Projektes eine ausführliche ROI-Planung durchführen, um die Wirtschaftlichkeit und allgemeine Effizienz objektiv bewerten zu können. In Referenzprojekten mit großen Hallen konnte bis zu 30% der Heizungsenergie mit dem Einsatz dieser Warmluftrückführung eingespart werden.

Beispielhaft können wir zu diesem Thema die nachstehenden Anbieter, Dienstleister oder Literatur empfehlen. Hier finden Sie bei Bedarf kompetente Unterstützung und aussagekräftiges Informationsmaterial.

Anbieter / Dienstleister / Informationsmaterial

Fenne KG, Industrie-Deckenventilatoren, www.fenne-kg.de
Dassler GmbH, Luft- und wärmetechnische Systeme, www.industrie-ventilatoren.de

Welchen Nutzen bringt die Änderung (Prozessoptimierung / Kostensenkung / ROI, Pro/Contra)?

ROI prognostiziert	4 – 6 Jahre	

Geht eine seriöse und ausführliche Projektplanung voraus, kann man mittels einer solchen Warmluftoptimierungsmaßnahme im Unternehmen erheblich Geld für Heizkosten sparen. Jedoch muss natürlich auch der Investitionspart berücksichtigt werden, denn dieser ist bei der Implementierung der Ventilatoren je nach Betriebsgröße nicht sonderlich günstig.

Ökonomische und ökologische Mehrwerte sollten jedoch Antrieb genug sein, dieses Konzept ausführlich in der eigenen Unternehmung zu bewerten und auch detailliert zu hinterfragen.

BVW	mittel		Einkauf / Kostenmanagement

Automat für persönliche Schutzausrüstung (PSA) im Betrieb integrieren

Transpondergesteuerten Entnahme von PSA durch die Mitarbeiter im Betrieb

Was möchte ich ändern?

Durch die Anschaffung von einem automatischen Entnahmeschrank / Automat für PSA kann mehr Transparenz der Entnahmen (Produktarten und Mengen pro Mitarbeiter/Abteilung) geschaffen werden. Zusätzlich lässt sich interner Arbeitsaufwand minimieren und automatisieren.

Wie möchte ich es ändern (inkl. Umsetzungsdauer kurz-/mittel-/langfristig)?

Der Automat kann Mitarbeiter genau identifizieren und zwar über den Transponderchip, der in vielen Firmen bereits für Zugangskontrollen genutzt wird. Alternativ können viel Automaten auch über Zahlencodes angesteuert werden, die im Vorfeld vergeben werden. Durch das automatische Ausgabesystem sind eine bessere Mengenverwaltung, weniger Schwund und ein gezielterer Einsatz möglich.

In solchen Automaten werden häufig Produkte wie Sicherheitshandschuhe, Arbeitshandschuhe, Warnwesten, Ohrenstöpsel oder aber Sicherheitsüberschuhe gehandhabt. Die direkte automatisierte Verbrauchszuordnung ist in vielen Betrieben dienlich für die Kostensenkung in diesem Unternehmensbereich der PSA.

Beispielhaft können wir zu diesem Thema die nachstehenden Anbieter, Dienstleister oder Literatur empfehlen. Hier finden Sie bei Bedarf kompetente Unterstützung und aussagekräftiges Informationsmaterial.

Anbieter / Dienstleister / Informationsmaterial
Brammer Group, www.brammer.biz
ComBee Automatensysteme, www.combee.de
PSA-Produkte von Carl Nolte Technik, www.psa-spezialshop.com

Hinweis

Bitte beachten Sie in diesem Zusammenhang das Interview mit dem Bereichsleiter Industrietechnik & Arbeitsschutz im Hause Carl Nolte Technik, Cord Loof, im hinteren Teil des Buches.

Welchen Nutzen bringt die Änderung (Prozessoptimierung / Kostensenkung / ROI, Pro/Contra)?

ROI prognostiziert	1 – 3 Jahre	

Mit Hilfe dieser Technik kann der Verbrauch direkt und personenbezogen reguliert werden und eine Auswertung und Nachhaltung ist jederzeit möglich. Gibt man diesen Service direkt in die Hände von Dienstleistern, so werden keine Investitionen in die Automaten fällig, keine Softwarekosten oder aber auch Bestückungskosten. Die Bestückung kann als Outsourcing an einen kompetenten Dienstleister übertragen werden, der diese automatisch arrangiert.

Ein Vorteil hiervon ist, dass bei vielen solcher Verträge nicht nur die Bestückung extern erfolgt und somit keine internen Arbeitsaufwendungen entstehen, sondern dass auch die Ware erst berechnet wird, nachdem diese vom hauseigenen Mitarbeiter zur Nutzung entnommen wurde. Häufig wird dies per Monatsrechnung an den jeweiligen Kunden fakturiert, es entsteht somit kaum Kapitalbindung für das jeweilige abnehmende Industrie-Unternehmen.

Neben den sinkenden Handlingskosten kann das Unternehmen auch den Materialverbrauch spürbar reduzieren. Dies kann durch die Transparenz in der Verbrauchskontrolle bis zu 40% Kosten einsparen. Ebenso werden Lagerkosten reduziert und die Produktivität in diesem Bereich kann erheblich gesteigert werden.

| BVW | ● ⌒ ○ | hoch |  | Einkauf / Kostenmanagement |

Bauteileprüfungen in Unternehmen vollautomatisch durchführen

Mittels einer automatisierten Bauteilekontrolle Handlingskosten im Unternehmen senken und Fehlerquote minimieren

Was möchte ich ändern?
Stellt man in einem Unternehmen z.B. metallische kleine Bauteile in großen Mengen her (z.B. hochwertige Metallkugelschreiber), so ist es wichtig, dass die Artikel auf Kratzer, Metalleinschlüsse, Verfärbungen, Form etc. geprüft werden, bevor diese verpackt und versendet werden.

Natürlich schafft eine stetige gute Qualität bei allen Kunden großes Vertrauen und rechtfertigt auch einen angemessenen Verkaufspreis mit marktfähiger Marge. Wo zu früheren Zeiten noch mühsam in Handarbeit von vielen Arbeitskräften aussortiert und kontrolliert wurde, gibt es heutzutage hocheffiziente Prüf- und Messautomation. In diesem Marktsegment haben sich einige Experten am Markt hervorgetan, die solides Know-how mit moderner Technik verbinden und damit Top-Qualität auf einer wirtschaftlich vertretbaren Basis anbieten.

Wie möchte ich es ändern (inkl. Umsetzungsdauer kurz-/mittel-/langfristig)?
Wo kundenspezifische Bauteilekontrollen gefragt sind, tauchen auch Begriffe wie Prozessanalyse, Systemintegration, Bildverarbeitung, Mess- und Prüfmethoden, optische Prüftechnik, Luftmessung, taktile Messverfahren, Lasermessungen, Wirbelstromprüfungen und Ultraschallprüfungen auf. Eine gezielte Kombination dieser Varianten kann die ideale Kundenindividuallösung darstellen.

In einer Projektplanungsphase werden dann Details wie die Zuführung, optische Fehler, Materialfehler, Dimensionen, Sortierungsvarianten, Markierungen und Verpackungsarten geklärt.

Ob nun eine Sonderlösung mit einer Zeilenkamera, Flächenkamera oder auch 3D-Kamera realisiert werden kann, wird sich in ausführlichen Betrachtungen zeigen.

Rissprüfungen und allgemeine Materialprüfungen werden häufig mit Wirbelstromprüfungsanlagen durchgeführt.

Beispielhaft können wir zu diesem Thema die nachstehenden Anbieter, Dienstleister oder Literatur empfehlen. Hier finden Sie bei Bedarf kompetente Unterstützung und aussagekräftiges Informationsmaterial.

Anbieter / Dienstleister / Informationsmaterial

Stalvoss GmbH & Co. KG, www.stalvoss.de

Preh IMA Automation Amberg GmbH, www.preh-ima.com

Welchen Nutzen bringt die Änderung (Prozessoptimierung / Kostensenkung / ROI, Pro/Contra)?

ROI prognostiziert	7 – 10 Jahre	

Die wesentliche Grundlage für die Anschaffung einer solchen komplexen Automatisierung sind i.d.R. nachhaltige Kosteneinsparungen, 100%-ige Kontrollen nach spezifischer Kundenanforderung, welche nicht von Menschen realisiert werden können, und natürlich auch stetig steigende Qualitätsanforderungen.

| KVP |  | mittel | | Einkauf / Kostenmanagement |

Frachtkosten Benchmarking im Unternehmen betreiben

Fracht- und Logistikkosten im Benchmark analysieren und kosten- und leistungskritisch im Unternehmen bewerten

Was möchte ich ändern?

Innerhalb von einem guten Unternehmenswachstum wächst auch das Volumen von Fracht- und Logistikaufwendungen. Damit diese Kosten für eine Unternehmung nicht überdimensional und zu teuer werden, bietet es sich an, diese im Benchmark am Markt anzufragen und zu vergleichen. Auch bei Bestandslieferanten im Speditionssektor ist blindes Vertrauen nicht immer angebracht, sondern eine neutrale und inhaltsvolle Nachkontrolle anzuraten.

Wie möchte ich es ändern (inkl. Umsetzungsdauer kurz-/mittel-/langfristig)?

Bevor man im Unternehmen komplexe Datenmengen vergleichen kann, benötigt das Umsetzungsteam eine ausführliche Datengrundlage. Hierbei bietet sich die Erstellung einer umfassenden Frachtdatentabelle an. In dieser Tabelle sollten dann anhand von Rechnungen aus der Buchhaltung alle laufenden Umsätze von Fracht- und Logistikkosten in einer definierten Zeitperiode erfasst werden. Die Aufteilung kann z.B. wie folgt aussehen: Rechnungsdatum, Spediteur, Gewicht der Sendung, Inland, Ausland, Expresslieferung, Palettenware, KEP (Kurier, Express, Paketdienst), Zoll, Maut, Verpackungsaufschläge usw.

Mit dieser Datengrundlage kann dann unternehmensintern entschieden werden, ob das Fracht- und Logistik-Benchmarking vom eigenen Mitarbeiterteam durchgeführt wird, oder ob ein externe Dienstleister dafür beauftragt werden sollte. Der Vorteil von einem externen Dienstleister wäre, dass dieser i.d.R. sehr erfahren in der kontinuierlichen Optimierung von Logistikkonditionen ist und auch sehr gute Netzwerkkontakte in diesem Geschäftsgebiet hat. Ein Frachtenoptimierer analysiert meistens als einen Schritt die vorhandene Sendungsstruktur und zieht daraus die ersten Erkenntnisse zur Ist-Situation und zum jeweiligen prognostizierten Optimierungsbedarf. Oftmals ist es gar nicht das Ziel, einen Wechsel des Frachtführers herbeizuführen, sondern marktkonforme Konditionen umzusetzen, die auch Basis einer partnerschaftlichen und offenen Geschäftsbeziehung sind.

Die offene Konfrontation mit Marktpreisen sorgt in den meisten Fällen für ein deutliches preisliches Entgegenkommen vom Stamm-Spediteur, denn beide Seiten wollen i.d.R. eine gutlaufende langjährige Geschäftsbeziehung nicht kampflos aufgeben.

Bei einem ausführlichen Markt- und Branchenbenchmark gibt es somit zahlreiche Aspekte zu beachten und umzusetzen, die das vermeintlich leichte Thema „Fracht und Logistik" in der vollen Komplexität aufschlüsseln:

- Eine Aufteilung der Transportkosten inkl. aller definierten Leistungsmerkmale wird nötig.
- Ein Benchmark der aktuellen Kosten mit Vergleichsabrechnungen zur Preisoptimierung wird erstellt.
- Ein Kostenvergleich mit alternativen Konditionsmodellen ist zu prüfen.
- Ein qualifiziertes Ranking der Kosten im spezifischen Branchenvergleich ist notwendig.
- Eine erweiterte Abweichungsanalyse ist zu erstellen, damit Schwachstellen aufgezeigt werden können.
- Alle vorhandenen Sendungsstrukturen werden analysiert.
- Zusammengefasste Abrechnungen sollten eingeführt werden.
- Dieselkostenzuschlagsnutzung wird analysiert.
- Plausibilität der Mautberechnungen wird kontrolliert.
- Ausschreibungsmanagement wird neutral und kompetent aufgebaut.
- Transportrelevante Daten werden neutral aufbereitet.
- Anforderungsprofile für qualifizierte Lieferanten werden erstellt.
- Betriebliche Sonderanforderungen werden festgehalten und komprimiert dargestellt.
- Rechnungskontrolle erfolgt ausführlich und Statistiken werden aufgebaut.
- Eine qualifizierte Reklamationsbearbeitung wird eingeführt.
- Falsche Abrechnungen werden konsequent zurückgefordert.
- Logistische Kennzahlen werden stetig thematisch sinnvoll upgedatet.
- Vergleichszahlen werden in festen Abständen gemeldet und beinhalten auch einen Vorperiodenvergleich zur besseren Einschätzung.

Beispielhaft können wir zu diesem Thema die nachstehenden Anbieter, Dienstleister oder Literatur empfehlen. Hier finden Sie bei Bedarf kompetente Unterstützung und aussagekräftiges Informationsmaterial.

Anbieter / Dienstleister / Informationsmaterial
onepower – Der Einkaufspool, www.one-power.de
SALT Solutions GmbH, www.salt-solutions.de/industrie/versand-transport/frachtkostenmanagement.html
BMW e.V., www.bme.de/services/benchmarking/individualbenchmarks/logistik-frachtkosten
eBook „Nachhaltige Logistik- und Frachtkostenoptimierung in Unternehmen erzielen", www.frachtkostensenken.de

Welchen Nutzen bringt die Änderung (Prozessoptimierung / Kostensenkung / ROI, Pro/Contra)?

ROI prognostiziert	1 – 3 Jahre	

Durch den aktiven und stetigen Markt- und Preisvergleich im Bereich der Logistikkosten lassen sich häufig deutliche Preisreduzierungen erzielen. Diese Einsparungen stärken das Unternehmen, sichern interne Arbeitsplätze und sorgen auch allgemein für die Marktfähigkeit der eigenen Unternehmung. Gerade in diesem Bereich der Fracht- und Logistikaufwendungen sind Kostenstrukturen nicht immer transparent, was für externe Spediteure und Dienstleister über viele Jahre ein sehr einträgliches Geschäft darstellen kann. Selbstverständlich soll auch genannt sein, dass nicht nur der Faktor Preis in diesem Bereich zählt, denn Service, Anlieferqualität und Langlebigkeit in einer Geschäftsbeziehung sind ebenso wichtig. Aber dem möglichen Argument der Hausspediteure, dass jeder Konkurrent, der günstigere Arbeit liefern kann, auch gleichzeitig unzuverlässig und schlecht arbeitet, sollte man in keinem Fall ungeprüft folgen. Es kann auch eine Schutzbehauptung sein, um langjährige Traummargen weiterhin zu erhalten und dadurch indirekt zu rechtfertigen, dass ordentliche Arbeit geleistet wurde. In jedem Geschäftsfeld darf davon ausgegangen werden, dass der vereinbarte Leistungsstandard geleistet wird und insofern sollte man hier auch nicht zu schnell einer einseitigen Argumentation in einem solchen Preisgespräch mit Speditionen folgen.

| BVW ●───○ | hoch |  | Einkauf / Kostenmanagement |

Herstellungsumstellung von Drehteilen auf Tiefziehteile
Prüfung der Machbarkeit und Effizienz vom Tiefziehverfahren

Was möchte ich ändern?

In vielen Betrieben werden Metallteile benötigt, die bei Lieferanten als Drehteile geordert werden. Bei geringen Mengen ist dies auch in den meisten Fällen der beste Weg, jedoch bei einer guten Mengensteigerung durchaus mit Alternativen zu überdenken.

Die Umstellung von Drehteilfertigung auf Fertigung von Tiefziehteilen kann in vielen Fällen Vorteile liefern, die ausführlich betrachtet werden müssen.

Wie möchte ich es ändern (inkl. Umsetzungsdauer kurz-/mittel-/langfristig)?

Bei laufenden Produktions- und Bestellmengen sollten im Detail Mengenentwicklungen beobachtet werden und bei großen Auflagen soll genau erforscht werden, ob sich eine Umstellung auf ein Tiefziehteil wirtschaftlich lohnen würde und ob es technisch umsetzbar ist.

Hierbei gilt vorab zu definieren, worin der Unterschied zwischen Drehteilen und Tiefziehteilen liegt:

1) Das Drehen ist ein zerspanendes Fertigungsverfahren für Metalle und auch Kunststoffe. Hierbei wird mit einer Drehmaschine gearbeitet, die mit Schnittbewegungen das Werkstück bzw. Halbzeug zerspant. In Kurzform genannt: Von einem massiven Metallstück werden solange Teile mit einer Präzisionsmaschine entfernt, bis das gewünschte Bauteil in hochpräziser Form vorliegt.

Abbildung: Rohling Drehteil

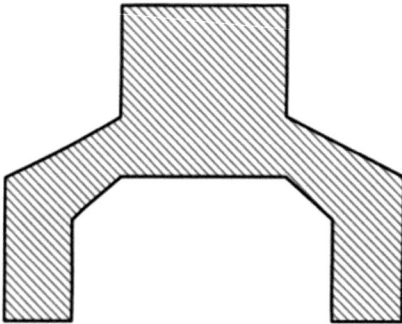

Abbildung: gefertigtes Drehteil

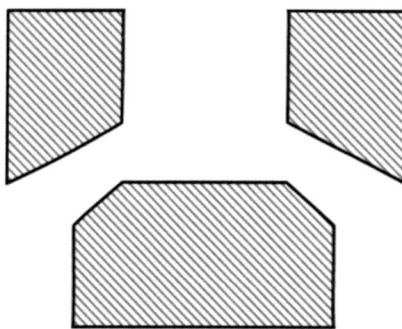

Abbildung: Abfallvolumen

2) Das Tiefziehen ist ein Zugdruckumformverfahren eines Blechzuschnitts (Ronde, Platine, Tafel, Folie etc.). Hierbei werden aus einem Blechstreifen Ronden gestanzt, so dass ein runder Blechzuschnitt entsteht. Anschließend greift das Blechumformverfahren und wird i.d.R. mit mehreren Stufen in die gewünschte Form gezogen bzw. gedrückt.

Beispielhaft können wir zu diesem Thema die nachstehenden Anbieter, Dienstleister oder Literatur empfehlen. Hier finden Sie bei Bedarf kompetente Unterstützung und aussagekräftiges Informationsmaterial.

Anbieter / Dienstleister / Informationsmaterial
Euscher GmbH & Co. KG, www.euscher.com
Herbert Stüken GmbH & Co. KG, www.stueken.de
J.C. König Stiftung & Co. KG, www.jc-koenig.de
Franz Jos. Krayer GmbH & Co.KG, www.krayer.com
JAHN GmbH Umform- u. Zerspanungstechnik, www.jahngmbh.de
Braxton Manufacturing Co., Inc., www.braxtonmfg.com

Welchen Nutzen bringt die Änderung (Prozessoptimierung / Kostensenkung / ROI, Pro/Contra)?

ROI prognostiziert	4 – 6 Jahre	

Beim Drehverfahren benötigt man eine Spannvorrichtung, um das Bauteil zu fixieren. Dies kann häufig mit einer Standardvorrichtung an der Maschine selbst geschehen.

Die Durchlaufzeit ist somit bei einem Drehteil i.d.R. zu Beginn einer Fertigung schneller als beim Tiefziehverfahren. Dies liegt daran, dass man beim Tiefziehverfahren ein Werkzeug benötigt, welches im Vorfeld angefertigt werden muss und auch oft hohe Anschaffungskosten mit sich bringt, die über die Fertigungskosten umgelegt bzw. amortisiert werden müssen.

Beim Tiefziehen hat man jedoch in den meisten Fällen einen Vorteil in der gesamtzeitlichen Komponente, die oftmals nur 25-30% von der erforderlichen Dauer für die Herstellung eines Drehteils beträgt. Somit ist bei einer laufenden Produktion die Herstellungsmenge bzw. Ausbringungsmenge beim Tiefziehen deutlich höher, was natürlich wirtschaftlicher ist und einen direkten Einfluss auf die Stückkosten hat.

Ebenso gilt zu beachten, dass für das Herstellen von Drehteilen eine Drehbank oder Drehmaschine benötigt wird, die in der Anschaffung kostengünstiger ist als eine

Hochleistungspresse. Diese Presse wird zusammen mit dem Werkzeug in der Tiefziehteilfertigung benötigt.

Betrachtet man den Materialverbrauch in der Fertigung, ist die Tiefziehtechnologie klar effizienter als das klassische Drehverfahren. Beim Drehen ist der Materialverbrauch sehr hoch, da aus dem Vollen produziert wird. Am Beispiel erklärt: Fertigt man eine Badewanne als Drehteil, ist dies generell möglich.

Jedoch benötigt man dafür ein großes Stück massives Metall, welches nach der Fertigstellung den größten Teil des Grundmaterials zu Abfall werden lässt. Produziert man die Badewanne als Tiefziehteil, hat man kaum Materialverlust, da eine flache Metallplatte mit Druck in die gewünschte Form gepresst wird.

<u>Allgemein lässt sich sagen:</u>
Je größer das Bauteil ist, desto mehr Materialeinsparung ist bei Umstellung auf Tiefziehteile möglich.

Ein begrenzender Faktor beim Tiefziehen ist jedoch die Blechdicke bzw. die Wandstärke des jeweiligen Bauteils.

Anhand der folgenden Beispielskizze und Musterberechnung lässt sich der Sachverhalt klar verdeutlichen:

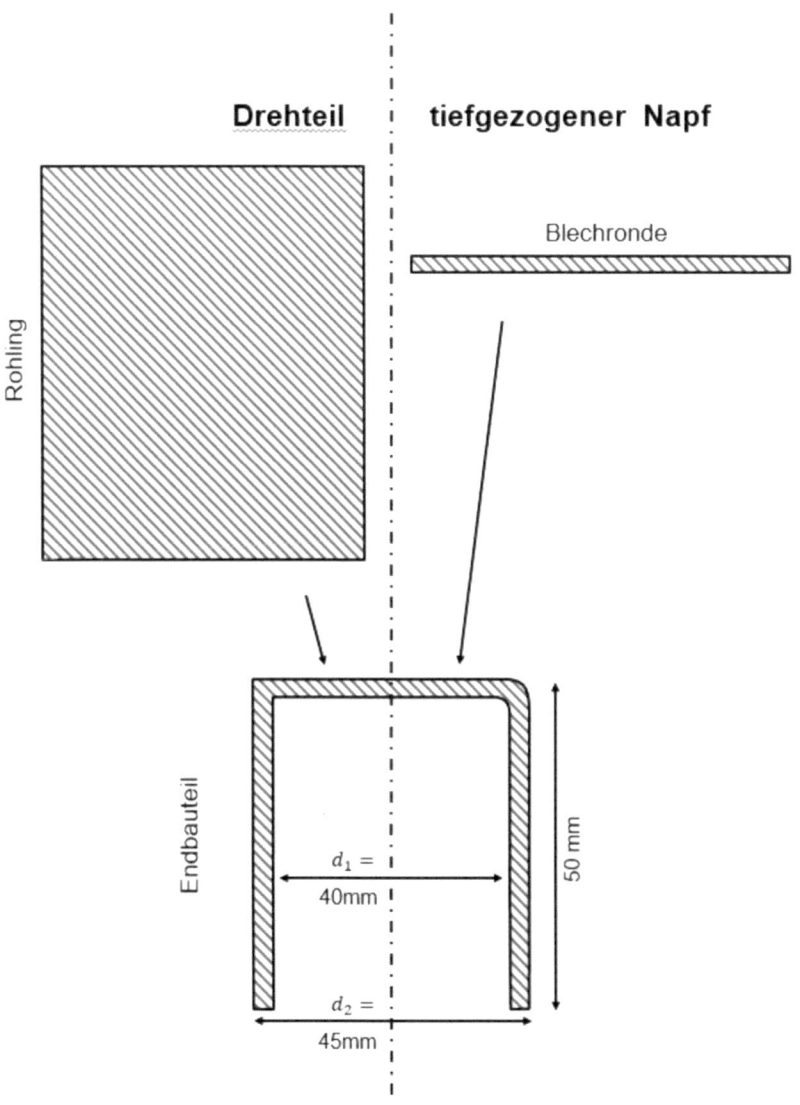

Abbildung: Drehteil vs. Tiefziehteil

Dichte: $\rho = \frac{7{,}85\ kg}{dm^3}$

Materialpreis: $\frac{1\ €}{kg}$

Volumen Rohling Drehteil: V_D

Durchmesser Blechronde für Tiefziehprozess: D_T

Volumen Blechronde fürs Tiefziehen: V_T

Einsatzgewichte und Materialpreis Rohlinge: M_D; M_T; $€_D$; $€_T$

$$V_D = \pi \cdot \left(\frac{d_2}{2}\right)^2 \cdot h = \pi \cdot 22{,}5^2 \cdot 50\,mm^3 \approx 80\,cm^3 = 0{,}08\,dm^3$$

$$M_D = 0{,}08\,dm^3 \cdot 7{,}85\,\frac{kg}{dm^3} = 0{,}628\ kg$$

$$€_D = 0{,}628\ €$$

$$D_T = \sqrt{d_1^2 + 4 \cdot d_1 \cdot h} = \sqrt{40^2 + 4 \cdot 40 \cdot 50} = 98\,mm$$

$$V_T = \left(\frac{D_T}{2}\right)^2 \cdot \pi \cdot t \approx 19\,cm^3 = 0{,}019\,dm^3$$

$$M_T = 0{,}019\,dm^3 \cdot 7{,}85\,\frac{kg}{dm^3} = 0{,}149\ kg$$

$$€_T = 0{,}149\ €$$

Abbildung: Berechnung Einsatzgewicht und Materialpreis

| BVW | mittel |  | Einkauf / Kostenmanagement |

KfW-Förderkredite nutzen und Subventionen beantragen

Durch die Beantragung von KfW-Förderkrediten und durch die Nutzung von staatlichen Subventionen unternehmerische Vorteile schaffen

Was möchte ich ändern?

Die KfW oder auch die Kreditanstalt für Wiederaufbau fördert diverse Investitionsmaßnahmen von Firmen. Hierbei ist häufig mit einer sehr zinsgünstigen Kreditvergabe zu rechnen und ebenso mit einer sinnvollen ökonomischen und ökologisch fördernden Vergabepolitik. Auch staatliche Subventionen können von Firmen beantragt werden, wenn diese z.B. im Bereich von nachweislichen und mengenmäßig relevanten Energieeinsparungen thematisch und projektbezogen begleitet und begründet werden. Insofern fördert der deutsche Staat indirekt und auch zum Teil direkt diverse Projekte, die ökonomischen und ökologischen Nutzen versprechen, da hierdurch sowohl der Staat, als auch die jeweilige Unternehmung für die Zukunft wichtige Weichen stellen.

Wie möchte ich es ändern (inkl. Umsetzungsdauer kurz-/mittel-/langfristig)?

Diese zinsgünstigen Kredite sollten, soweit möglich, von Unternehmungen beantragt werden, da hierdurch intern Einsparungen erzielt werden können. Durch die niedrigeren Zinsaufwendungen im Kreditvertrag für die jeweiligen Antragssteller senkt man direkt anteilige Unternehmenskosten. Ebenso reduziert man Anschaffungskosten, wenn man durch positiv bewilligte Subventionsanträge staatliche Zulagen ausgezahlt bekommt. Die Fördergelder werden selbstredend nicht ohne detaillierte Prüfung vergeben, jedoch empfiehlt es sich für einen Unternehmer, Fördergelder aus thematisch relevanten und interessanten „Fördertöpfen" zu beantragen. Dies ist ein standardisierter Vorgang und nicht übertrieben zeitaufwendig.

Beispielhaft können wir zu diesem Thema die nachstehenden Anbieter, Dienstleister oder Literatur empfehlen. Hier finden Sie bei Bedarf kompetente Unterstützung und aussagekräftiges Informationsmaterial.

Anbieter / Dienstleister / Informationsmaterial
KfW, www.kfw.de
„Klima sucht Schutz" Fördermittelcheck, www.klima-sucht-schutz.de/service/energiesparchecks/foerdermittelcheck/

Welchen Nutzen bringt die Änderung (Prozessoptimierung / Kostensenkung / ROI, Pro/Contra)?

ROI prognostiziert	1 – 3 Jahre	

Einsparungen sind der Hauptnutzen dieser Beantragungen. Diese lassen sich durch erhaltene Subventionen verkörpern, aber auch durch die geringeren Zinsaufwendungen für die jeweilige Unternehmung. Ebenso kann es in Einzelfällen sein, dass ein Kreditantrag für eine sinnvolle und zukunftsorientierte Unternehmensausgabe bei der KfW eher bewilligt wird, als bei einem rein wirtschaftlich orientierten und geprägten Finanzunternehmen bzw. als bei einem sehr profitfokussierten und sicherheitsorientierten Bankhaus.

| BVW •―――○ | mittel |  | Einkauf / Kostenmanagement |

Kunststoffpaletten, Mehrwegboxen und Mehrwegsysteme nutzen

Einwegmüll im internen und externen Betriebshandling gilt es zu minimieren, um nachhaltig zu wirtschaften

Was möchte ich ändern?

Im innerbetrieblichen Handling und Transport werden häufig Einwegverpackungen verwendet, die dann direkt nach der einmaligen Nutzung entsorgt werden müssen. Dies verursacht Kosten und belastet die Umwelt. Eine Mehrweglösung sollte durchdacht, bewertet und im Unternehmen integriert werden. Sowohl für den innerbetrieblichen Transportweg, als auch im optimalen Fall für die standardisierte Belieferung von einem Kunden.

Wie möchte ich es ändern (inkl. Umsetzungsdauer kurz-/mittel-/langfristig)?

Die Umstellung auf Mehrwegsysteme ist keine simple Entscheidung für eine Unternehmung, denn diese erfordert eine gute interne Planung, einen nachträglichen Handlingsaufwand bzgl. Rückholungen, auch ggf. neue Anlagen-Peripherie wie z.B. Reinigungsanlagen und ebenso zusätzliche Lagerflächen.

Dennoch kann sich eine solche Lösung rechnen, da sie wirtschaftliche Vorteile und eine umweltfreundlichere Vorgehensweise zulässt. In betrieblichen Vergleichsprojekten wurden z.B. hierbei bereits Einwegkartons mit Beuteleinsatz gegen Kunststoffkisten getauscht. Eine Type von großen Kunststoffboxen mit integrierter Unterbaupalette wurde im Tausch gegen standardisierte Mehrwegpaletten und Einwegkartons ersetzt. Dieses sorgte nicht nur für Einsparungen an Material zugunsten der Umwelt, sondern auch monetär für das Unternehmen, denn die Befüllung und spätere Entnahme erwies sich durch den schnelleren Handhabungsvorgang als Prozessvorteil.

Ebenso bieten renommierte Lieferantenpartner wie z.B. CHEP ein komplettes Servicepaket an, bei dem die Mehrwegsysteme wieder beim jeweiligen Endkunden abgeholt werden, anschließend gereinigt und auf Schäden kontrolliert werden und auch zu guter Letzt wieder in den Wechselkreislauf gelangen. In dieser beispielhaften Lösung zahlt man für eine Art „Mieten mit Handling" einen Leihpreis pro Stück und muss die Kisten/Paletten/Boxen nicht vorab kaufen. Dies erspart Anfangsinvestitionskosten und macht eine Umstellung auf das besagte Mehrwegsystem für die jeweilige Unternehmung deutlich leichter bzw. auch besser kalkulierbar und vergleichbar.

Anmerkung

Große Automobilkonzerne arbeiten seit vielen Jahren bereits erfolgreich mit solchen Wechselsystemen. Primär auch mit individuellen und speziell entwickelten Displayverpackungen. Auch für diese Displays gibt es einzelne Fachdienstleister, die sich auf die Reinigung, Kontrolle und Rückführung spezialisiert haben, beispielhaft kann hier QTS als kompetenter Dienstleister genannt werden.

Beispielhaft können wir zu diesem Thema die nachstehenden Anbieter, Dienstleister oder Literatur empfehlen. Hier finden Sie bei Bedarf kompetente Unterstützung und aussagekräftiges Informationsmaterial.

Anbieter / Dienstleister / Informationsmaterial
TRANS-PAC International GmbH, www.transpac.de
CHEP Deutschland GmbH, www.chep.com/de
Kiga Kunststofftechnik GmbH, www.kiga-gmbh.de
Mondipal, www.mondipal.de
Plastic Omnium, www.plasticomnium.com
QTS GmbH, www.qts.de

Welchen Nutzen bringt die Änderung (Prozessoptimierung / Kostensenkung / ROI, Pro/Contra)?

ROI prognostiziert	1 – 3 Jahre	

Neben dem ökologischen Nutzen ist auch ein ökonomischer erzielbar. Dieser wirtschaftliche Vorteil setzt voraus, dass die Umstellungen auf Mehrwegsysteme im Vorfeld generell als auch detailliert geplant und bestmöglich durchdacht werden. Dies beinhaltet die Überlegung, welches Tauschsystem betriebsbezogen ideal ist, welche Zusatzkosten entstehen, welche vorherigen Kosten reduziert werden können, wer die Reinigung abwickeln kann und auch, ob alle sonstigen kundenspezifischen Anforderungen berücksichtigt werden.

| KVP | | mittel | | Einkauf / Kostenmanagement |

Lager- und Logistikoutsourcing an Dienstleister
Vorteilsbetrachtung und Risikobeurteilung im Lageroutsourcing

Was möchte ich ändern?

Es ist zu überlegen, eine Verlagerung der logistischen Dienstleistung und des hauseigenen Lagers an einen Spediteur als externen strategischen Partner vorzunehmen, mit integrierter Beurteilung von Chancen und Risiken. Indem das Lager aus dem eigenen Unternehmen verlegt wird, entsteht neue Hallenfläche, die z.B. als Produktionsfläche für neue Maschinen genutzt werden könnte. Wächst ein Unternehmen sehr rasant, ist diese Maßnahme unter Umständen eine gute Wahl, denn als Unternehmen konzentriert man sich dann wieder auf das eigentliche Produktionskerngeschäft und überlässt die reine Logistik den Profis, die sich damit jeden Tag ausschließlich beschäftigen.

Wie möchte ich es ändern (inkl. Umsetzungsdauer kurz-/mittel-/langfristig)?

Nach einem ausführlichen Angebotsvergleich und Beratungsgespräch kann man im eigenen Unternehmen die Planung von einem derart komplexen Outsourcing-Projekt grob bewerten. Doch ohne ein Projektteam ist der komplette Umfang der gesamten Maßnahme kaum greifbar. Insofern sollte man bei sorgsamer Abwägung einen qualifizierten Partner auswählen, der sowohl von den Lagerbedingungen, Rahmenbedingungen im Service als auch in den laufenden Kosten eine wirtschaftlich gute Unternehmensentscheidung darstellt.

Beachtet man alle notwendigen Facetten, so wird schnell ersichtlich, dass sowohl ein Lagervertrag geschlossen werden sollte, in dem Lagerrahmenbedingungen im Detail geklärt sein sollten (z.B. die Mindesttemperatur im Lager, allgemeiner Diebstahlschutz, Versicherungshöhen, Wareneingangskontrollen, Warensystembuchungen usw.) und auch die tägliche Werksversorgung (z.B. mit neuer Rohware aus dem externen Lager) geplant sein muss.

Beispielhaft können wir zu diesem Thema die nachstehenden Anbieter, Dienstleister oder Literatur empfehlen. Hier finden Sie bei Bedarf kompetente Unterstützung und aussagekräftiges Informationsmaterial.

Anbieter / Dienstleister / Informationsmaterial
SDS Transport & Logistik, www.sds-logistik.de
Kühne + Nagel (AG & Co.) KG, de.kuehne-nagel.com/de_de
Wahl GmbH & Co KG, www.wahl.co
eBook „Nachhaltige Logistik- und Frachtkostenoptimierung in Unternehmen erzielen", www.frachtkostensenken.de

Hinweis

Bitte beachten Sie in diesem Zusammenhang das Interview mit dem Inhaber der Fa. SDS Transport & Logistik, Michael Buchholz, im hinteren Teil des Buches.

Welchen Nutzen bringt die Änderung (Prozessoptimierung / Kostensenkung / ROI, Pro/Contra)?

ROI prognostiziert	1 – 3 Jahre	

Pro-Argumente

- Eigener LKW-Fuhrpark entfällt (Kostenminimierung).
- Eigenes Lagerpersonal entfällt (ggf. Umverteilung in der Fertigung möglich).
- Lohnkostensenkung, da externe Logistikdienstleister oftmals niedrigere Lohntarife haben.
- Logistische Qualitätsverbesserung ist möglich.
- Wenig Lagerleerstand zu saisonalen Schwankungen, nur Berechnung der real genutzten Stellplätze.
- Kosten Lagerperipherie entfallen (Stapler, Logistiksoftware usw.).
- Lagerkosten besser steuerbar und bewertbar.

Contra-Argumente

- Schwierigere Koordination, gute und ausführliche Grundplanung nötig.
- Abhängigkeit wird erzeugt, die nicht kurzfristig aufgelöst werden kann.
- Gewisser Know-how-Verlust im eigenen Unternehmen.
- Ggf. schwerfälligere Reaktionsgeschwindigkeit bei Expressfällen.
- Höherer Aufwand für Kontrolle der Waren und für die Qualitätssicherung.

| BVW ●———○ | mittel |  | Einkauf / Kostenmanagement |

Mietwagen nutzen statt hohen Bestand an eigenen Fahrzeugen führen

Durch variable Zuführung/Aufstockung von Mietwagen bei Leistungsspitzen den Firmenwagenbestand an Poolfahrzeugen wirtschaftlich sinnvoll reduzieren

Was möchte ich ändern?

In vielen Unternehmen ist ein hoher Bestand an sog. Poolfahrzeugen vorhanden, damit Mitarbeiter damit Dienstfahrten arrangieren und vornehmen können. Doch kosten diese Fahrzeuge an jedem Tag der Nichtnutzung bares Geld. Diese Kosten teilen sich i.d.R. in Fahrzeugversicherung, Fahrzeugleasingkosten, KFZ-Steuer und sonstigen Wartungsgebühren. Um die Anzahl der Fahrzeugpoolwagen reduzieren zu können, kann man als Unternehmen einen Mindestbestand dieser Flotte behalten und den Rest just-in-time bzw. bei Bedarf durch Leihfahrzeuge kurzfristig aufstocken. Diese Lösung bietet sich in Firmen an, die nachweislich einen hohen Bestand an Geschäftsfahrzeugen (Kleinwagen, Kombis, Bullis, 7-Sitzern, Planwagen, Anhängern usw.) ungenutzt auf dem Firmenparkplatz vorhalten, da diese Flottenmenge in Leistungsspitzenzeiten auch in derartiger Variantenvielfalt im Unternehmen benötigt wird.

Wie möchte ich es ändern (inkl. Umsetzungsdauer kurz-/mittel-/langfristig)?

Baut man diesen vorstehenden beispielhaften hohen Flottenfahrzeugbestand mittelfristig ab, kann man mit regionalen Stationen von Fahrzeugvermietern einen entsprechenden Rahmenvertrag schließen. In diesem Rahmenvertrag ist dann für verschiedene Fahrzeugklassen ein Tagessatz mit Freikilometern genannt. Ebenso bieten viele Dienstleister an, die Fahrzeuge zur Firma zu bringen und auch nach der Nutzungszeit wieder abzuholen. Alternativ ist es auch möglich, sich über einen Einkaufspool an einen großen Rahmenvertrag anzuhängen, um damit attraktive Mietkonditionen erhalten zu können.

Beispielhaft können wir zu diesem Thema die nachstehenden Anbieter, Dienstleister oder Literatur empfehlen. Hier finden Sie bei Bedarf kompetente Unterstützung und aussagekräftiges Informationsmaterial.

Anbieter / Dienstleister / Informationsmaterial
SIXT, www.sixt.de
Europcar, www.europcar.de
Avis, www.avis.de
onepower – Der Einkaufspool, www.one-power.de

Welchen Nutzen bringt die Änderung (Prozessoptimierung / Kostensenkung / ROI, Pro/Contra)?

ROI prognostiziert	1 – 3 Jahre	

Durch diese Prozessänderung werden laufende Kosten i.d.R. spürbar gesenkt. Ebenso optimiert man den Aufwand für den Erhalt der eigenen Fahrzeugflotte. Aus Einkaufssicht ist diese Maßnahme sehr sinnvoll, da es eine Bedarfs- und Kostenoptimierung darstellt.

Die Anbindung an einen Rahmenvertrag aus einem sog. Einkaufspool ist anzuraten, da somit über die vertragliche Mengenbündelung hohe Rabattstaffeln genutzt werden können, die im unternehmerischen Alleingang nicht zu erzielen wären.

KVP		mittel		Einkauf / Kostenmanagement

Outsourcing unrentabler Bereiche im Unternehmen

Kosten sparen und den Hauptfokus auf das Kerngeschäft der Unternehmung richten

Was möchte ich ändern?

Unrentable und schrumpfende Bereiche sollten betriebsintern kritisch und unter wirtschaftlichen Gesichtspunkten hinterfragt werden. Es gibt Teilbereiche, die in Händen von Dienstleistern besser aufgehoben wären und auch in der Kostenstruktur deutlich günstiger abgewickelt werden könnten.

Ebenso können Lieferantenpartner, die sich auf einzelne spezielle Prozesse konzentriert haben, z.B. die Entfettung von Metallteilen, deutlich effizienter arbeiten, da ein Maschinenpark nur darauf ausgelegt ist, diese Tätigkeiten bestmöglich zu leisten. Fazit: Es kann Arbeitsschritte im eigenen Betrieb geben, die manuell geleistet werden, da sich dafür keine Anlage wirtschaftlich betrachtet lohnen würde. Ein Dienstleister, der nur dieses Handling vom Arbeitsschritt betreibt, hat jedoch technische Anlagen und kann somit einen deutlich besseren Stückkostenpreis für die Tätigkeiten kalkulieren und anbieten.

Wie möchte ich es ändern (inkl. Umsetzungsdauer kurz-/mittel-/langfristig)?

Die Unternehmensleitung sollte auf Basis von einer hausinternen Effizienzkontrolle alle Bereiche genau untersuchen, dann wenig rentable Bereiche in der eigenen Firma bewerten und ggf. verlagern bzw. an Lieferanten outsourcen. Es gibt in vielen Sektoren spezielle Outsourcing-Dienstleister, die sich auf die Tätigkeiten einer sog. „verlängerten Werkbank" spezialisiert haben. Im Umkehrschluss kann sich das eigene Unternehmen wieder mehr auf die Kerntätigkeiten konzentrieren und dadurch oftmals viel wirtschaftlicher agieren.

Beispielhaft können wir zu diesem Thema die nachstehenden Anbieter, Dienstleister oder Literatur empfehlen. Hier finden Sie bei Bedarf kompetente Unterstützung und aussagekräftiges Informationsmaterial.

Anbieter / Dienstleister / Informationsmaterial
VirtualEmployee.com
TEAMProjekt Outsourcing GmbH, www.teamprojekt-outsourcing.de
IT out GmbH, www.itout.de

Welchen Nutzen bringt die Änderung (Prozessoptimierung / Kostensenkung / ROI, Pro/Contra)?

ROI prognostiziert	1 – 3 Jahre	

Pro-Argumente
- Höhere Effizienz der Arbeitsschritte
- Konzentration auf das Kerngeschäft des Unternehmens
- Kostensenkung im Unternehmen
- Bessere Marktfähigkeit gegenüber Konkurrenzbetrieben
- Steigerung der allgemeinen Marktposition
- Fachkräftemangel
- Schnelleres Tempo bei Veränderungen möglich
- Weniger Investments im Betrieb notwendig
- Mehr Hallenfläche für Kerngeschäft nutzbar

Contra-Argumente
- Ggf. unflexibler im Handling
- Höhere Logistikkosten
- Know-how Verlust
- Qualität kann nur indirekt gesteuert werden.
- Wettbewerbsdifferenzierung, auch ein Wettbewerber kann diesen Dienstleister nutzen
- Kulturelle Unterschiede beim Anspruch von Arbeitsstandards, falls ein Outsourcing in sehr entfernte Länder stattfinden soll, um Lohnkostenvorteile zu nutzen

| BVW | mittel | Einkauf / Kostenmanagement |

RFID-Werkzeugverwaltung

Mit einer RFID-Verwaltung zentrale Ordnung im Werkzeugbestand des Betriebs schaffen

Was möchte ich ändern?

In einem wachsenden herstellenden Unternehmen steigt auch die Anzahl der Werkzeuge linear an. Diese sollten professionell verwaltet, gewartet und gelagert werden. Hierbei empfiehlt sich eine innovative Technik, die dafür Sorge trägt, dass im Unternehmen stets bekannt ist, wer welche Werkzeuge gerade in Verwendung hat, wo diese in der Fertigung verwendet werden und auch, wann diese im Nachgang wieder zurück an ein sogenanntes hausinternes Servicecenter gehen.

Ebenso, ob es Beschädigungen oder Beeinträchtigungen am jeweiligen Werkzeug gab, damit diese wieder repariert werden können und das Gerät hierdurch wieder für zukünftige Einsätze voll nutzbar gemacht wird. Des Weiteren sorgt es dafür, dass ggf. vorliegender Werkzeugschwund im Unternehmen abgestellt wird.

Wie möchte ich es ändern (inkl. Umsetzungsdauer kurz-/mittel-/langfristig)?

Diese innovative Technologie nennt sich RFID-Werkzeugverwaltung. Hierbei werden alle unternehmenseigenen Maschinen und Geräte mit einem RFID-Transponder bestückt. Bei der Ausgabe der Werkzeuge in einem Servicecenter werden die Mitarbeiternummer des jeweiligen Ausleihers und der Transpondercode der jeweiligen Gerätschaft miteinander im System verbunden. Damit ist der Verleihprozess im Unternehmen digitalisiert und nachvollziehbar dokumentiert. Hierbei wird z.T. auch mit vollautomatischen Werkzeugbrücken gearbeitet, die bei Durchquerung direkt den Mitarbeiter über einen Mitarbeiterchip erkennen und das jeweilige Gerät anhand des RFID-Transponders zuordnen.

Beispielhaft können wir zu diesem Thema die nachstehenden Anbieter, Dienstleister oder Literatur empfehlen. Hier finden Sie bei Bedarf kompetente Unterstützung und aussagekräftiges Informationsmaterial.

Anbieter / Dienstleister / Informationsmaterial

OPAL Associates Holding AG, www.rfid-loesungen.com/rfid_werkzeugverwaltung.html

Welchen Nutzen bringt die Änderung (Prozessoptimierung / Kostensenkung / ROI, Pro/Contra)?

ROI prognostiziert	4 – 6 Jahre	

Die Verantwortung für Geräte, Maschinen und Werkzeuge wird an die direkten Mitarbeiter übertragen. Es ist genau festzustellen, wer wann was für welchen Bereich ausgeliehen hat. Die Einheiten werden besser und pfleglicher behandelt und in einem guten Zustand retourniert. Dies führt dazu, dass weniger Schwund (Stichwort Diebstahlschutz) von Firmeninventar vorhanden ist und auch das Stamminventar länger nutzbar ist, was zu einer besseren Wirtschaftlichkeit führen wird.

| BVW | mittel |  | Einkauf / Kostenmanagement |

Rückmietverkauf bei der Anschaffung von Maschinen verwenden
Hohe Kapitalbindung durch Sale-Lease-Back vermeiden

Was möchte ich ändern?
Maschinen sind in der Regel für herstellende Betriebe die elementare Fertigungsgrundlage. Jedoch bindet man mit dem Kauf von vielen Maschinen auch einen großen Teil vom Firmenkapital. In häufigen Fällen finanzieren Unternehmen solche Anlagen, zahlen diese mit den Jahren ab und haben dann hohes gebundenes Kapital in diesen Maschinen. Als Alternative hierzu bietet es sich an, das Sale-Lease-Back-Verfahren bzw. den Rückmietverkauf als Option zu betrachten.

Wie möchte ich es ändern (inkl. Umsetzungsdauer kurz-/mittel-/langfristig)?
Für den Rückmietkauf gibt es verschiedene Bezeichnungen, wie auch „Sale-and-Rent-Back" oder „Sale-Lease-Back". Beides meint die Grundlage eines Vertragsabschlusses, in der Maschinen von einem Unternehmen im Eigentum an eine Leasinggesellschaft übergehen. Das Besondere dabei ist, dass die Maschinen beim Unternehmer trotz des Verkaufs verbleiben. Der weitere Vertragsinhalt eines Rückmietverkaufs ist der, dass die Leasinggesellschaft die Anlage zur weiteren Nutzung an den Unternehmer für eine vereinbarte Vertrags- und Nutzungszeit zurückvermietet. Insofern hat die Firma keine hohen gebundenen Kapitalwerte im Maschinenpark, die unternehmerisch auch anderweitig genutzt werden können.

In einigen dieser Vertragsarten wird auch der spätere Rückverkauf an das Unternehmen vereinbart, in manchen dann aber auch die Entfernung bzw. Abholung der Altanlage nach einer langjährigen Nutzung. Gerade auch in Firmen, die auf dem aktuellen Stand der Anlagentechnik bleiben möchten, bietet sich dieses Verfahren als berechenbarer Teil einer Unternehmensentwicklung an.

Beispielhaft können wir zu diesem Thema die nachstehenden Anbieter, Dienstleister oder Literatur empfehlen. Hier finden Sie bei Bedarf kompetente Unterstützung und aussagekräftiges Informationsmaterial.

Anbieter / Dienstleister / Informationsmaterial

UniCredit Leasing GmbH, www.unicreditleasing.de

Welchen Nutzen bringt die Änderung (Prozessoptimierung / Kostensenkung / ROI, Pro/Contra)?

| ROI prognostiziert | 1 – 3 Jahre | |

Ein Rückmietverkauf wird nicht nur für Maschinen angeboten, sondern auch z.B. für Immobilien, Lastkraftwagen, Firmenfahrzeuge, Baumaschinen usw.

Der primäre Vorteil liegt im Abbau der hauseigenen Unternehmenskapitalbindung, aber auch darin, Liquiditätsengpässe zu überbrücken, wenn nicht ausreichend Bonität für reguläre Kredite vorhanden ist.

Ein weiterer Nutzen ist die Einnahme des sog. Barwertvorteils, dieser beschreibt die Differenz zwischen dem Verkaufswert und den Leasinggebühren.

| KVP  | mittel | | Einkauf / Kostenmanagement |

Stromkosten optimieren durch Kontrolle der Mengen- und Marktbewegungen

Mittels einer nachhaltigen Verbrauchskontrolle von Industriestrom Marktschwankungen nutzen und somit Stromkosten konsequent für das eigene Unternehmen optimieren

Was möchte ich ändern?

Energiecontrolling ist ein gutes Mittel, um Verbräuche, Bezugskosten und Optionen besser bewerten zu können. Dennoch benötigt man auch aufgrund von bestehenden Verträgen sowohl bei einer Vertragsumstellung ausreichend Vorlaufzeit für die detaillierte Prüfung des Marktes und zusätzlich auch ausreichend Zeit, um die Vertragslaufzeiten des aktuell vorliegenden Vertrags entsprechend einzuhalten.

Wie möchte ich es ändern (inkl. Umsetzungsdauer kurz-/mittel-/langfristig)?

Verschafft man sich kurzfristig eine gute Marktkenntnis im Energiesektor, um Strom- und Gasbeschaffungen im Unternehmen bewerten zu können, ist eine Umstellung i.d.R. recht zeitintensiv. Der moderne Einkauf bzw. die moderne Materialwirtschaft in Industriebetrieben hat bereits vor langer Zeit erkannt, dass man nicht alles selbst perfekt beherrschen und autark können muss, sondern sein Energie- und Leistungsvermögen auf Kernpunkte konzentrieren sollte. Für Randthemen kann man kompetente Fachkräfte wie i.d.F. Energieberater oder Fachverbände zu Rate ziehen. Diese Fachexperten fokussieren sich permanent auf dieses Thema und haben enorme Markt- und Branchenkenntnisse, die auch für das jeweils eigene Unternehmen hohe Einsparungen und Vorteile bringen können. Sowohl im Bereich des Energie-Controllings, als auch des Energie-Monitorings gibt es an dieser Stelle viele Experten, die gute und sehr wertvolle Arbeit als Dienstleister liefern.

Beispielhaft kann hier der VEA (Bundesverband der Energie- Abnehmer e.V.) empfohlen werden. Der Verein hat eine breite Anzahl von Mitgliedern, die, in Kurzform genannt, im Verein gemeinsam sparen, indem man Mengen an Strom und Gas bündelt und bei Sonderfragen auch auf die Vereinsexperten setzt, um kompetente Antworten zu erhalten. Hierbei konzentriert sich der VEA e.V. auf vier wesentliche Inhalts- und Themenbausteine:

1) Markttransparenz

- Preisindikation zeigt aktuell mögliches Einsparpotenzial
- VEA-Extranet mit tagesaktuellen Infos exklusiv für Mitglieder
- Infos zu Energiesteuern und Abgaben
- Hintergrundwissen und wertvolle Informationen per E-Mail im VEA-Newsletter
- Beratungsgespräche auf regionalen Info- und Beratungstagen bieten einen Wissensvorsprung
- Interessenvertretung in Politik und Gesellschaft
- VEA-Rechtsberatung – eine mündliche Erstberatung/Jahr kostenfrei

2) Beschaffung

- VEA-Preiswächter: automatische Benachrichtigung über Zielpreiserreichung in zukünftigen Lieferperioden
- Prüfung der Lieferangebote auf Marktüblichkeit
- Unterstützung bei Verhandlungen mit aktuellen Lieferanten
- Aufzeigen von möglichen Beschaffungslösungen
- VEA-Online.de: Auktionen von Strom und Gas

3) Controlling

- Jährliche Rechnungsprüfung
- Prüfung der Lieferverträge auf energiewirtschaftlichen Inhalt und Üblichkeiten
- Prüfung von Netznutzungsverträgen
- Information zu Netzentgeltänderungen
- Prüfung von Preisänderungsmitteilungen
- Benchmark (Strom- und Erdgaspreise)

4) Energieeffizienz

- Beratung in allgemeinen energietechnischen Fragen
- Monatlicher und jährlicher Lastgangreport
- Prüfung Netzanschlussverträge
- Jährliche Überprüfung auf atypische Netznutzung

Auch Online-Ausschreibungen können konkret und gezielt vom VEA für ein Industrieunternehmen vorgenommen werden. Durch den gewissen Auktionscharakter erhält man einen attraktiven Marktpreis und spart in der Regel als Firma hohe Summen pro Jahr an Energiekosten ein.

Hinweis
Bitte beachten Sie in diesem Zusammenhang das Interview mit dem Mitarbeiter der VEA, Christian Otto, im hinteren Teil des Buches.

Beispielhaft können wir zu diesem Thema die nachstehenden Anbieter, Dienstleister oder Literatur empfehlen. Hier finden Sie bei Bedarf kompetente Unterstützung und aussagekräftiges Informationsmaterial.

Anbieter / Dienstleister / Informationsmaterial

VEA e.V. (Bundesverband der Energie Abnehmer), www.vea.de
VEA Beratungs-GmbH, www.vea.de
onepower – Der Einkaufspool, www.one-power.de
Energieberatung MB	ConsultMe, www.mb-consult.me

Welchen Nutzen bringt die Änderung (Prozessoptimierung / Kostensenkung / ROI, Pro/Contra)?

ROI prognostiziert	1 – 3 Jahre	

Der Hauptnutzen in diesem Umsetzungskonzept sind die Jahreseinsparungen im Energiesektor eines jeweiligen Unternehmens.

Zusätzlich bekommt man wertvolle Brancheninformationen, die man gezielt für die nächsten Verhandlungen in dem Bereich nutzen und einbringen kann.

Durch die breite Auswahl an Geschäftsstellen z.B. des VEA e.V. hat man sowohl Ansprechpartner vor Ort, als auch für noch schnellere Kontaktaufnahmen kompetente Ansprechpartner, die telefonisch beraten und weiterhelfen können.

<u>Fazit</u>

Derzeit ist die hohe Fachkompetenz des Bundesverbands klar zu belegen, denn der Bundesverband der Energie-Abnehmer e.V. (VEA) ist lt. Selbstauskunft seit 1950 die größte Energie-Interessengemeinschaft des deutschen Mittelstands. Er vertritt mehr als 4.500 Industrie- und Handelsunternehmen aller Branchen sowie öffentliche Einrichtungen mit mehr als 20.000 Abnahmestellen im gesamten Bundesgebiet. Der VEA steht für Kompetenz, Fairness und Unabhängigkeit.

BVW	mittel		Einkauf / Kostenmanagement

Telefonkosten im Unternehmen optimieren

Durch die Anpassung auf marktgerechte Tarife und bedarfsgerechte Vertragsbausteine gezielt Telefonkosten im Sektor Festnetz und Mobiltelefonie reduzieren

Was möchte ich ändern?

In dem „heutigen Tarifdschungel" von diversen Anbietern im Bereich der Mobiltelefonie und auch Festnetzanbietern den Überblick zu behalten, ist bei einem industriellen internen Randthema nicht sonderlich leicht. Gerade solche Bereiche sollten Selbstläufer sein und wenig Arbeitskraft in einem Unternehmen binden. Dennoch lohnt sich der stetige Vergleich von Rahmenverträgen, damit man keine unnötigen Kosten in der Firma erzeugt, die optimiert darstellbar wären.

Wie möchte ich es ändern (inkl. Umsetzungsdauer kurz-/mittel-/langfristig)?

Durch den Einsatz von externen Telefonie-Experten kann ein Unternehmen sowohl eine bessere IT- und Telekommunikationstechnik gewinnen, als auch signifikante Einsparungen erzielen. In diesem Geschäftsbereich gibt es Dienstleister, die über tiefe Erfahrungen in Standortvernetzung, Rechenzentrumsdiensten, Telekommunikation (TK) und auch Informationstechnologie verfügen. Die Bezahlung dieser Berater erfolgt dann i.d.R. anteilig nach Umsetzungserfolg und findet neutral und unabhängig von einzelnen TK-Anbietern statt. Setzt man auf diese externe Beratung, bekommt man i.d.R. einen sehr guten marktgerechten Überblick, der neben Einsparpotenzialen auch den realen hausinternen technischen Bedarf im Geschäftsfeld der gesamten Unternehmenstelekommunikation aufzeigt.

Beispielhaft können wir zu diesem Thema die nachstehenden Anbieter, Dienstleister oder Literatur empfehlen. Hier finden Sie bei Bedarf kompetente Unterstützung und aussagekräftiges Informationsmaterial.

Anbieter / Dienstleister / Informationsmaterial

LANCON GmbH, www.lan-con.de

Welchen Nutzen bringt die Änderung (Prozessoptimierung / Kostensenkung / ROI, Pro/Contra)?

ROI prognostiziert	1 – 3 Jahre	

Neben der Chance auf die Erzielung von hohen Einsparungen steht bei dieser Themenbetrachtung auch die technische Optimierung im Hauptfokus. Diese ist wichtig, damit effizient und zielgerichtet gearbeitet werden kann. Gerade Übertragungsgeschwindigkeiten sollten dem heutigen Stand der Technik angepasst sein und keine unternehmenseigenen Ressourcen an Mitarbeiterarbeitszeit binden. Hiermit ist z.B. eine schlechte Übertragung zwischen zwei Werken innerhalb des gleichen ERP-Systems gemeint, die dazu führt, dass Mitarbeiter ineffizient arbeiten müssen. Ebenso sollte eine ausreichende Datensicherung stets gewährleistet sein, was auch in manchen Firmen noch sehr beiläufig betrachtet wird, jedoch auch durch externe Dienstleister in solchen Projekten auf den aktuellsten Stand gebracht werden sollte.

| BVW | niedrig | | Einkauf / Kostenmanagement |

Werbemitteloutsourcing

Durch die Übertragung des Handlings von Werbemitteln Zeit und Geld für das eigene Unternehmen einsparen

Was möchte ich ändern?

Jedes Unternehmen hat es, jedes Unternehmen nutzt es und die Außendienstmitarbeiter möchten ebenfalls nicht darauf verzichten: Werbemittel verbinden Kunden und Lieferanten. Sie zeigen, dass eine kleine Geste einen nachhaltigen Eindruck vermittelt. Doch stellt sich dabei die Frage, ob das Handling wirklich betriebsintern vorgenommen werden muss und ob sich ein Unternehmen dafür langfristig eine eigene Arbeitskraft leisten möchte. Genau dieser Aspekt darf betriebsintern hinterfragt und wirtschaftlich durchleuchtet werden.

Wie möchte ich es ändern (inkl. Umsetzungsdauer kurz-/mittel-/langfristig)?

Die Übertragung der Werbemittelbeschaffung, der Werbemittellagerung und des logistischen Handlings an die eigenen Vertriebsmitarbeiter sollte überdacht werden. Hierbei kann man als Outsourcing-Maßnahme diese Verantwortung an einen kompetenten Dienstleister abgeben. Die grobe Materialvorauswahl könnte beim eigenen Unternehmen bleiben, die weiteren Teilschritte übernimmt die Werbemittelfirma. Hierbei kommen auch häufig relativ große Sortimente zusammen, die sich vom individualisierten Kugelschreiber, Feuerzeug, Maßband, T-Shirt, Buch, Regenschirm und bis hin zur firmeneigenen Design-Sammeltasse etc. erstrecken.

Beispielhaft können wir zu diesem Thema die nachstehenden Anbieter, Dienstleister oder Literatur empfehlen. Hier finden Sie bei Bedarf kompetente Unterstützung und aussagekräftiges Informationsmaterial.

Anbieter / Dienstleister / Informationsmaterial

Trendline Promotion – Werbemittel und mehr, www.trendline-promotion.de

Welchen Nutzen bringt die Änderung (Prozessoptimierung / Kostensenkung / ROI, Pro/Contra)?

ROI prognostiziert	1 – 3 Jahre	

Der hauseigene Nutzen liegt primär darin, dass die Mitarbeiter sich auf wichtigere Tätigkeiten konzentrieren können, dies spart Kosten und schafft Effizienz. Ebenso hat der Werbemitteldienstleister Einkaufs-, Lager- und Logistikvorteile, die er gezielt einsetzen kann und in seiner Kalkulation auch berücksichtigen wird.

Dies schafft aufgrund der Mengenbündelungen auch oftmals sehr attraktive Bezugspreise für das eigene Unternehmen. Entweder werden dann ggf. die Einzelkosten pro Werbemittel günstiger, oder etwa das Lagern und Versenden kann kostenneutral integriert werden. Ebenso ist die Reaktionsgeschwindigkeit beim Versenden häufig beim Dienstleister schneller als über die hausinterne Paketlogistik.

Gewinnt ein Unternehmen mit dieser Outsourcing-Maßnahme folglich einen neuen strategischen Lieferantenpartner, kann man auch Sortimentsvorteile im Werbemittelsegment erhalten, da die Dienstleister mehr Marktkenntnisse aufweisen und Neuigkeiten aus der Branche schneller erfahren.

Dies kann dazu führen, dass man oftmals sehr innovative Werbeartikel ausgeben kann, was wiederum dafür sorgt, dass die eigene Unternehmung und Marke zusätzlich im Außenbild individuell und neuartig auf Kunden wirkt.

| KVP |  | mittel | | IT-Prozesse / Technologie |

Eigener Onlineshop trotz Händlernetz

Konflikte mit den stationären Fachhändlern durch aktive Einbeziehung in ein erfolgreiches E-Commerce Konzept vermeiden

Was möchte ich ändern?

Viele Hersteller von Markenartikeln mit Vertrieb über ein Händlernetz schrecken davor zurück, eine eigene E-Commerce Plattform aufzubauen. Ursache ist das sehr hoch bewertete Risiko, dass es zu erheblichen Konflikten mit den etablierten Händlern kommt und ein Teil des bestehenden Vertriebswegs sowie in Folge auch Umsatzes wegbricht, bevor der eigene Onlinevertrieb solide läuft. Dennoch besteht das Gefühl bei den Unternehmen, die Chancen, die der Onlinehandel mit seinen außerordentlich hohen Wachstumsraten bietet, zu verpassen.

Wie möchte ich es ändern (inkl. Umsetzungsdauer kurz-/mittel-/langfristig)?

Es gilt, den Online-Vertriebsweg parallel zum Händlernetz auf den Weg zu bringen, ohne dessen Existenzgrundlage anzugreifen. Dies erreicht man, indem man den stationären Fachhandel aktiv in sein E-Commerce Konzept einbezieht und am Onlineumsatz beteiligt.

Einfach betrachtet, baut man einen Onlineshop auf, der neben Versand an eine Postadresse auch das Abholen in einem Fachgeschäft für Besteller bietet. Dabei ist die Abholung kostenfrei und der Postversand damit finanziell unattraktiver. Die Auswahl des Fachhändlers obliegt dem bestellenden Kunden anhand seiner geografischen Nähe.

Der ausgewählte Fachhändler erhält auf den online getätigten Kauf eine Marge bzw. Provision und hat darüber hinaus die Gelegenheit, den Kunden, der seine Bestellung im Geschäft abholt, zu weiteren Käufen vor Ort zu animieren (Cross-Selling). Auch bei Postversand direkt durch den Hersteller wäre es denkbar, dem geografisch nächsten Fachhändler zum bestellenden Kunden automatisiert eine Provision zu leisten.

In der Branche der E-Commerce Systemanbieter wird dieser Lösungsansatz „buy online, pick up in store" genannt.

In vielen Onlinestore-Lösungen ist dieser Absatzkanal bereits in der Software integriert und als Shop-betreibendes Unternehmen kann man recht zeitnah die technische Umsetzung des Konzepts vornehmen.

Beispielhaft können wir zu diesem Thema die nachstehenden Anbieter, Dienstleister oder Literatur empfehlen. Hier finden Sie bei Bedarf kompetente Unterstützung und aussagekräftiges Informationsmaterial.

Anbieter / Dienstleister / Informationsmaterial
Wachstum durch Direktvertrieb im E-Commerce: Chancen und Risiken im Online-Handel für herstellende Unternehmen, Christian Flick, ISBN 3842880782

Welchen Nutzen bringt die Änderung (Prozessoptimierung / Kostensenkung / ROI, Pro/Contra)?

ROI prognostiziert	4 – 6 Jahre	

Der Onlinevertrieb ist ein nicht aufzuhaltender gesellschaftlicher Wandel und darüber hinaus von Seiten der Konsumenten explizit gewünscht. Verschließt sich ein Unternehmen vor dieser Entwicklung, um seinen vorhandenes Vertriebsnetz zu schonen, kann dies mittelfristig problematisch bis existenzgefährdend werden.

Sicherlich sind Investition im sechsstelligen EUR-Bereich für die Schaffung einer qualifizierten E-Commerce Lösung vonnöten, doch ist anhand des vorhandenen und prognostizierten Wachstums in diesem Feld ein Return-of-Invest innerhalb weniger Jahre realistisch.

Der Fachhandel wird aus seiner Sichtweise mit der nötigen Sensibilität behandelt und profitiert vom Onlinehandel des Herstellers.

Weitere und tiefgehende Informationen zu dieser Thematik bietet der Mitautor Christian Flick im vorstehenden Fachbuch „Wachstum durch Direktvertrieb im E-Commerce".

| KVP  | mittel 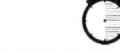 | IT-Prozesse / Technologie |

Einführung einer Wettbewerbsprodukte-Datenbank

Marktkenntnisse für Vertriebsgespräche nutzen und den USP der Eigenprodukte herausstellen

Was möchte ich ändern?

Bei Herstellern von Markenprodukten, die sich in einem umfassenden Wettbewerbsumfeld befinden, besteht das Wissen über vergleichbare Marktbegleiterprodukte in der Regel punktuell verteilt. Mitarbeiter der Abteilungen Produktmanagement und Vertriebsaußendienst kennen das jeweilige Marktumfeld innerhalb ihrer zuständigen Bereiche. Andere Kollegen sind hier oftmals außen vor. Bei Fluktuation unter den genannten Mitarbeiter geht derartige Marktkenntnis verloren.

Wie möchte ich es ändern (inkl. Umsetzungsdauer kurz-/mittel-/langfristig)?

Mithilfe der Einführung einer Wettbewerbsprodukte-Datenbank lassen sich diese Informationen nachhaltig dokumentieren und für alle relevanten Mitarbeiter transparent sichtbar machen.

So können bspw. Mitarbeiter im Vertriebsinnendienst, die den Verkaufsberater eines Fachhändlers am Telefon haben, schnell das äquivalente Eigenprodukt anhand eines Wettbewerbsproduktes herausfinden und nennen, und auch gleich den Wettbewerbsvorteil für das eigene Produkt über eine in der Datenbank hinterlegte USP-Argumentation ergänzen. Die Herstellung von Verbindungen zwischen Eigen- und Mitbewerberprodukten und auch die Nennung von USPs bzw. Vorteilsargumentationen sind dabei klassische Aufgaben des Produktmanagements.

Darüber hinaus lassen sich über eine derartige Datenbanklösung Marktpreise beobachten. Die Außendienstler melden dem System einzelne ausgezeichnete Preise der Wettbewerbsprodukte und über Auswertungen ganzer Zeiträume lässt sich ein Preisindex herstellen, der auch der Preisfindung und -überarbeitung für die eigenen Produkte dienlich sein kann.

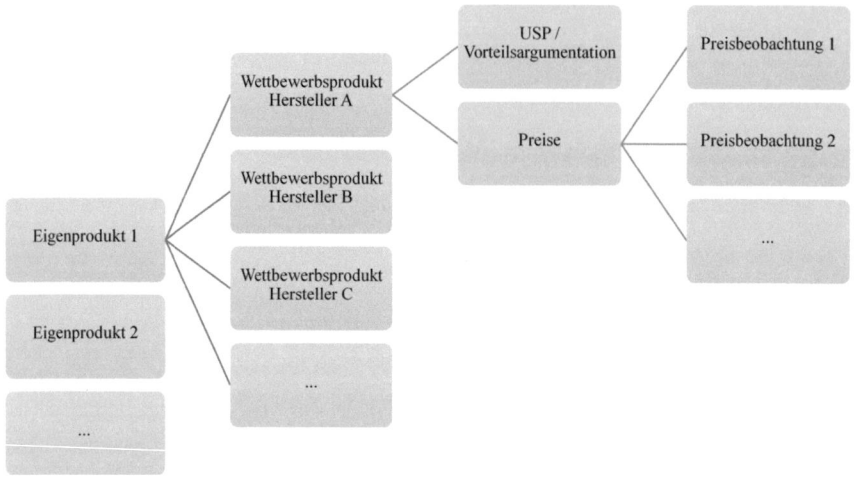

Abbildung: Hierarchischer Aufbau einer Wettbewerbsprodukte-Datenbank

Die Schaffung einer derartigen Lösung über einen Dienstleister im Bereich Softwareentwicklung dauert erfahrungsgemäß zwischen einem viertel und einem halben Jahr. Die initiale Zusammenstellung der dort einzustellenden Informationen kann parallel im Unternehmen durch Produktmanagement und Vertrieb vonstattengehen.

Die Aktualisierung der Informationen, gerade im Hinblick auf Überarbeitung des Produktportfolios im eigenen Hause wie auch bei den Marktbegleitern, ist dabei eine stetige Aufgabe.

Welchen Nutzen bringt die Änderung (Prozessoptimierung / Kostensenkung / ROI, Pro/Contra)?

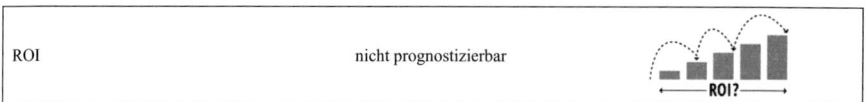

Ein ROI ist für die Einführung einer Wettbewerbsprodukte nicht messbar, allerdings wird der Handlungsspielraum für den Vertrieb in erheblichem Maße gesteigert, indem umfassende und dokumentierte Marktinformationen in den Vertrieb Einzug halten. Darüber hinaus macht sich ein Unternehmen unabhängiger von einzelnen Mitarbeitern und deren Kenntnis über den Markt.

| KVP  | mittel | ⏱ | IT-Prozesse / Technologie |

Einführung IT-gestützter Workflows

Schnelle und fundierte Freigaben sicherstellen und verwalten

Was möchte ich ändern?

In vielen geschäftlichen Vorgängen innerhalb der Industrie wie z.B. beim Abschluss von Verträgen müssen mehrere fachliche bzw. übergeordnete Stellen innerhalb eines Unternehmens ihre Freigabe erteilen. Bspw. könnte ein Szenario sein, dass der ausführende Einkaufssachbearbeiter bei der Beschaffung von Rohstoffen im Wert mehrerer hunderttausend Euro in der Bestellanforderung (BANF) im Sinne eines Vier- oder Mehr-Augen-Prinzips die Unterschrift des Abteilungsleiters und auch ggf. einer Person mit Handlungsvollmacht oder Prokura benötigt, bevor die Bestellung erfolgen darf. Auf konventionellem Wege, der Weitergabe der ausgedruckten BANF von Stelle zu Stelle, dauert der Prozess lange und ist nur schwer in seinem Status zu überwachen.

Wie möchte ich es ändern (inkl. Umsetzungsdauer kurz-/mittel-/langfristig)?

Derartige Workflows und somit strukturierte Abläufe lassen sich optimal IT-gestützt abbilden. Zu präferieren wäre eine Lösung innerhalb bestehender Software im Unternehmen, mit denen die beteiligten Mitarbeiter ohnehin täglich arbeiten. Dies könnte z.B. ein ERP-System wie SAP sein. Konkret würde im genannten Beispiel die vollständige BANF softwareseitig abgebildet werden.

Der Disponent würde seine Bestellanforderung gleich in die Software eintragen, anschließend würde der nächste mit Prüfung bzw. Freigabe betraute Mitarbeiter diesen Fall in seiner digitalen ToDo-Liste einsehen können. Zusätzlich könnten automatische Notifier per E-Mail proaktiv auf die notwendige Bearbeitung aufmerksam machen. Bei Freigabe der BANF im System würde diese an den nächsten relevanten Kollegen weitergegeben werden, bei Nichtfreigabe erhielte der initiale Antragssteller die BANF mit Begründung zurück.

Ergänzend wäre es denkbar, jede Weitergabe innerhalb des Workflows mit einer Bearbeitungsfrist zu belegen. Die Software würde über eine Erinnerungsfunktion sicherstellen, dass der bearbeitende Mitarbeiter seine Aufgabe innerhalb der Frist wahrnimmt.

Eine Stellvertreterfunktion im Falle von Abwesenheiten wäre ebf. eine typische Funktionalität innerhalb eines IT-gestützten Workflows.

Sollte das Unternehmen in Teilbereichen mit der Methode „Management by Exception" operieren, so ließen sich notwendige Freigaben automatisiert steuern. Im genannten Beispiel könnte eine derartige Regel lauten, dass BANF bis zu einer Investitionshöhe von 10.000 EUR keine Freigabe einer Person mit Handlungsvollmacht oder Prokura erfordern. Die Workflow-Anwendung würde i.d.F. nur den Abteilungsleiter als freigebende Stelle einbeziehen.

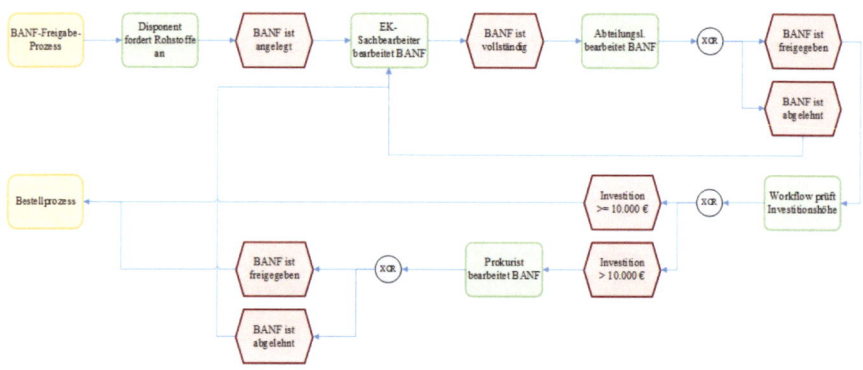

Abbildung: Beispiel-Workflow in der Rohstoffbeschaffung

Die Einführung einer solchen Lösung bedingt eine vorhandene strukturierte Entscheidungs- und Freigabestruktur im Unternehmen. Je nach Trägersystem (z.B. SAP) kann es sich um ein Einführungsprojekt im fünf- bis sechsstelligen EUR-Bereich sowie mehrerer Monate Laufzeit handeln.

Welchen Nutzen bringt die Änderung (Prozessoptimierung / Kostensenkung / ROI, Pro/Contra)?

| ROI | nicht prognostizierbar |  |

Mithilfe eines IT-gestützten Workflows ließen sich auf der einen Seite Aufwände für die Herbeiführung von Entscheidungen und Freigaben reduzieren, allerdings ist ein ROI nur bedingt zu berechnen. Der primäre Benefit liegt in der Sicherstellung der Prozessqualität und schnellen bzw. fristgerechten Freigaben und damit in der Optimierung der operativen Vorgänge.

Eine Schwierigkeit könnte bei konsequenter Einführung u.U. die nicht mehr vorhandene Flexibilität darstellen. Ein im Unternehmen auf lange Zeit gelebter „kurzer Dienstweg" wäre i.d.F. nicht mehr zu nutzen.

| KVP | ~~~ | hoch | | IT-Prozesse / Technologie |

Einführung von Dokumenten-Management

Mit einer DMS-Software ein Unternehmen schneller und effizienter verwalten

Was möchte ich ändern?

In vielen mittelständischen Unternehmen ist noch immer Papier das vorherrschende Medium für Dokumente und Korrespondenz jeglicher Art. Der ökologische Aspekt, Papierherstellung verbraucht selbst bei Recyclingmaterial Unmengen an kostbarem Wasser, als auch der wirtschaftliche Faktor der hohen Kosten für Papier und Toner/Tinte sind bereits im Bereich der allgemeinen Papiervermeidung zu berücksichtigen.

In diesem KVP-relevanten Umsetzungskonzept soll es jedoch vor allem um das Handling von Dokumenten gehen. Bei rein Papier-basierten Verwaltungsvorgängen ist man aus heutiger Sicht mit folgenden Nachteilen konfrontiert, die wertvolle Arbeitszeit binden und effektives Arbeiten einschränken:

- Dokumente sind nur an einer zentralen Stelle positioniert und müssen im Bedarfsfall erst geholt werden. Wenn mehrere Mitarbeiter gleichzeitig ein Dokument benötigen, kann es „Chaos" geben.
- Falls dennoch Kopien im Hause unterwegs sind, werden Notizen zum Vorgang nicht zusammengeführt.
- Dokumente sind im Aktenordner nur nach einem möglichen Sortierkriterium eingeordnet, z.B. alphabetisch.
- Man kann in ausgedruckten Dokumenten nur sehr schwerlich per Auge nach bestimmten Begrifflichkeiten, Datumsangaben usw. suchen.
- Wenn ein Dokument abhandenkommt, muss es beim Geschäftspartner noch einmal angefordert werden, oder ist gar nicht mehr wiederherstellbar.
- Nicht alle Dokumente können ständig in einem feuersicheren Raum untergebracht werden. Im Brandfall droht Totalverlust.

Wie möchte ich es ändern (inkl. Umsetzungsdauer kurz-/mittel-/langfristig)?

Ein sogenanntes Dokumenten-Management-System (DMS) kann hier Abhilfe schaffen. Im Wesentlichen ermöglicht es, Dokumente digital zu archivieren, für alle relevanten Mitarbeiter zugänglich zu machen und mit anderen Dokumenten sowie mit Geschäftsvorgängen aus dem ERP-System zu verknüpfen (z.B. Wareneingangskontrollblatt mit Bestellung und Lieferschein).

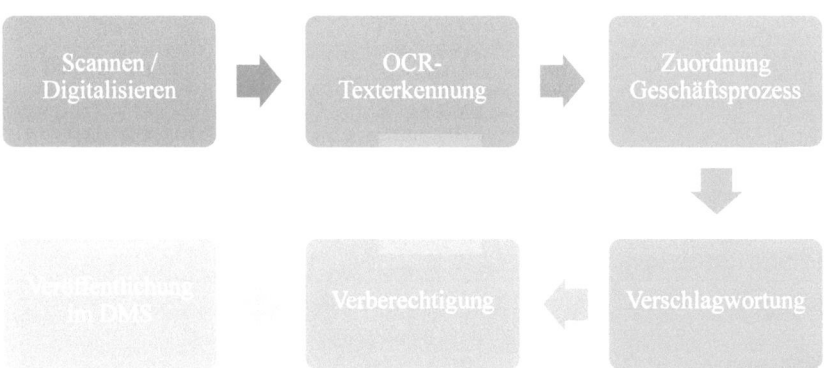

Abbildung: Beispielhafter Workflow für das Hinzufügen eines Dokumentes

Dabei steht vor allem ein komfortables, intuitives und schnelles Handling im betriebswirtschaftlichen Alltag im Vordergrund. Jeder berechtigte Mitarbeiter kann schnell, parallel zu anderen Kollegen und einfach zum passenden Dokument kommen. Dabei spielt es keine Rolle, ob er nach einer Suche z.B. nach Geschäftspartner, Datum, Suchbegriff vorgeht, oder innerhalb eines Zeitraums nach Alphabet recherchiert oder auch nach Art des Dokumentes wie z.B. Auftragsbestätigung. Er findet das Dokument und auch die verknüpften weiteren Dokumente und Geschäftsvorgänge zügig, kann die Informationen aufnehmen und auch noch, für alle sichtbar, Notizen zum Dokument eintragen. Dies erleichtert erheblich das Teamwork im kaufmännischen und auch technischen Ablauf.

Weitere gängige Zusatznutzen in den Funktionalitäten sind:
- Checkin-/Checkout-Prozess für Änderungen an Dokumenten
- Versionierung von Dokumenten
- Verschlagwortung / Tagging
- Revisionssicherheit / Gewährleistung vorgegebener Archivierungsfristen
- Sicherstellung von Datenkonsistenz

Die technische IT-Komponente derartiger Systeme sorgt dafür, dass die Dokumente gegen Zerstörung jeglicher Art geschützt sind. Hier sind z.B. zu nennen:

- Tägliches Backup der Daten an einem dezentralen Ort
- Positionierung der Server in einem feuersicheren, zugangslimitierten und klimatisiertem Raum im Unternehmen
- Spiegelung der Server für eine Ausfallsicherung bei Hardwareschäden

Die technische Umsetzung kann zur reinen Verwaltung von Dokumenten sowohl mit gängiger Intranet-Portalsoftware wie Microsoft SharePoint vonstattengehen als auch mit spezialisierter Dokumenten-Management-Software. Einige exemplarische Anbieter sind unten genannt. Auch ERP-Systeme wie SAP bieten als Zusatzmodul DMS-Komponenten, die eine nahtlose Integration in das ERP-System versprechen und auf die bereits vorhandene Infrastruktur, z.B. das Nutzermanagement, aufsetzen. Der größte Vorteil von DMS ist, dass diese i.d.R. auch das Scannen, Zuordnen und die OCR-Texterkennung der Dokumente handeln.

Für kleinere Unternehmen, die die Investition in eigene Infrastruktur und Softwarelizenzen scheuen, bieten sich Cloud-basierende DMS an, die in einem Mietmodell vergütet werden. Zu beachten ist hier, dass die Daten physikalisch an vielen externen Orten liegen und daher eine Überprüfung nach Sicherheitsaspekten anzuraten ist.

Aus zeitlicher Sicht ist die Einführung eines Dokumenten-Management-System als eindeutig langfristig anzusehen. Neben der Evaluierung und Auswahl eines DMS muss dieses technisch implementiert und ggf. über Schnittstellen mit dem ERP-System verbunden werden. Anschließend sind durch das vorhandene Personal oder zeitweise eingesetzte Zusatzkräfte Altdaten im DMS zu importieren. Auch das Schulen aller relevanten Mitarbeiter ist entsprechend einzuplanen. Das Budget kann schnell fünf- bis sechsstellige EUR-Dimensionen erreichen.

Beispielhaft können wir zu diesem Thema die nachstehenden Anbieter, Dienstleister oder Literatur empfehlen. Hier finden Sie bei Bedarf kompetente Unterstützung und aussagekräftiges Informationsmaterial.

Anbieter / Dienstleister / Informationsmaterial
nscale DMS, Ceyoniq Technology GmbH (Kyocera Group), www.ceyoniq.com
DocuWare, www.docuware.com/de
SAP Content Server, www.sap.com
OpenText, www.opentext.de
Microsoft SharePoint, products.office.com/de-de/sharepoint/collaboration
DMSFührer – Eine Übersicht der DMS-Systeme, www.dmsfuehrer.de

Welchen Nutzen bringt die Änderung (Prozessoptimierung / Kostensenkung / ROI, Pro/Contra)?

ROI prognostiziert	4 – 6 Jahre	

Der Gewinn an Komfort bei der täglichen Arbeit und die mögliche Optimierung der Prozesse stehen hier außer Frage. Allerdings ist dieses Argument für den Transport des Nutzens gegenüber der notwendigen Investition in Hard- und Software sowie auch initial in Arbeitsaufwand nicht allein zielführend.

Die Entscheiderfraktion im Unternehmen ist in vielen Fällen nur mit belastbaren Zahlen zu überzeugen. Daher ist es ratsam, eine beispielhafte Berechnung von durchschnittlichen Suchzeiten (lt. einer Studie der Berkeley Universität pro Mitarbeiter pro Tag 2,0 Stunden) multipliziert mit der Mitarbeiteranzahl des Unternehmens durchzuführen. Diese Stundenanzahl sollte als Mitarbeiterkosten auf drei und fünf und zehn Jahre der Investition in ein DMS im Rahmen einer ROI-Prognose gegenübergestellt werden. Das Prinzip lässt sich nicht pauschal für jedes Unternehmen rechnen, weshalb eine individuelle Betrachtung vonnöten ist.

Hat die Führungsebene im Unternehmen erkannt, dass die Einführung mittel- bis langfristig bereits wirtschaftlich lohnenswert wäre, kommen auch die zweitrangigen Argumentationen der einfacheren Auffindbarkeit und Verwaltung von Dokumenten zum Tragen.

Es handelt sich bei Nutzung eines DMS um ein lebendiges Projekt, das auch nach Einführung ständig reflektiert und im Konzept verfeinert sowie verbessert werden sollte. Dazu bietet sich ein eigenes KVP-Gremium, zusammengesetzt aus Key-Usern der nutzenden Abteilungen an.

| KVP |  | mittel | | IT-Prozesse / Technologie |

Einsatz von EDI für Key Accounts

Automatisierte Auftragsschnittstellen bieten Großkunden einen außerordentlichen Service-Level und erhöhen die Kundenbindung.

Was möchte ich ändern?

In vielen Unternehmen gehen Bestellungen von Kunden, auch Großkunden mit hoher Bestellanzahl, per Fax oder E-Mail ein.

Gerade große Kunden im Bereich von über 200 Mitarbeitern besitzen oftmals bereits ein professionelles Beschaffungsmodul im Rahmen ihrer jeweiligen Warenwirtschaft (E-Procurement) und erfassen daher die zu bestellenden Artikel ohnehin in ihrem Warenwirtschaftssystem. Von dort wird in der Folge z. B. ein Fax oder PDF-Dokument per E-Mail an den Lieferanten verschickt.

Dies verursacht beim Lieferanten einen hohen personellen Aufwand für eine manuelle Auftragserfassung im Warenwirtschaftssystem. Des Weiteren besteht ein erhöhtes Risiko für Erfassungsfehler bei der manuellen Übertragung der Aufträge.

Wie möchte ich es ändern (inkl. Umsetzungsdauer kurz-/mittel-/langfristig)?

Am Beispiel eines Großhändlers für technische Produkte aus den Bereichen Hydraulik und Pneumatik lässt sich feststellen, wie mit standardisierten technischen Schnittstellen (EDI, Electronic Data Interchange) eine automatisierte Auftragsübertragung vom Warenwirtschaftssystem des Kunden an das des Lieferanten vorgenommen werden kann, obgleich diese möglicherweise unterschiedlichen Typs sind. Dabei werden die Daten aus dem Quellsystem in das notwendige Format für das Zielsystem passend konvertiert.

Im konkreten Fall hat der genannte Großhändler u. a. einem großen Kunden aus dem Bereich Küchengroßgeräte per EDI an sein SAP ERP angebunden. Auch der Kunde verfügte i.d.F. über SAP.

EDI ist als Zusatzmodul in den meisten etablierten Warenwirtschaftssystemen wie SAP, Microsoft Navision und Oracle erhältlich. Für die Implementierung der Schnittstelle ist Abstimmungsaufwand durch die jeweilige interne IT oder ein externes Systemhaus notwendig. Generell kann EDI kurz- bis mittelfristig in Einsatz gebracht werden.

Dabei muss es nicht bei der Übertragung von Aufträgen bleiben, auch Auftragsbestätigungen, Lieferavise und Rechnungen wären im Rahmen der definierten Prozesse übermittelbar.

Welchen Nutzen bringt die Änderung (Prozessoptimierung / Kostensenkung / ROI, Pro/Contra)?

| ROI prognostiziert | 1 – 3 Jahre | |

Neben einer fehlerlosen und vollautomatisierten Übertragung der Aufträge, die signifikant die Bindung von Personalressourcen reduziert, beschleunigen Unternehmen mit EDI-Einsatz die Auftragsbearbeitungsprozesse erheblich und damit auch die Abwicklungs- und Auslieferungszeiten.

Als Zusatznutzen lässt sich allein die Bereitstellung von EDI-Schnittstellen als sehr überzeugendes Argument in der Akquise von Neukunden verwerten.

Nebenbei reduziert man mit dem Einsatz von EDI Papiernutzung und verbessert seine ökologische Bilanz.

Nicht zu vergessen ist die Tatsache, dass Unternehmen, die ihre Schlüsselkunden per EDI anbinden, eine hohe Kundenbindung erzeugen.

| KVP |  | mittel | ⏱ | IT-Prozesse / Technologie |

Einsatz von Product Information Management (PIM)

Einheitliche Pflege von Produktdaten sowie automatisierte Publikation in unterschiedlichsten Medien

Was möchte ich ändern?

Markenartikel produzierende Unternehmen und Händler/Großhändler geben viele unterschiedliche Medien mit Produktinformationen heraus: Kataloge, Preislisten, Typenlisten, Produkt-Datenblätter, Websites mit Produktübersichten, Online-Shops usw. Diese werden in vielen Fällen unabhängig voneinander und manuell erstellt bzw. mit Inhalten bestückt. Neben einem erheblichen und mehrfachen Aufwand für Satz und Datenbestückung besteht ein hohes Risiko, dass die ausgegebenen Produktdaten nicht einheitlich bzw. nicht auf einem gleichen Informationsstand bestehen, da diese Publikationen oftmals ohne Zusammenhang verwaltet werden.

Wie möchte ich es ändern (inkl. Umsetzungsdauer kurz-/mittel-/langfristig)?

Die Lösung für diese unkoordinierte Produktdaten-Problematik liegt im Einsatz eines PIM-Systems (Product Informationen Management). Eine solche Softwarelösung erlaubt die Strukturierung von Produktinformationen, z. B. unterteilt nach Marken, Produktkategorien, Anwendungsbereichen, die Hinterlegung von werblichen bzw. vertrieblichen Produktbeschreibungen und -auslobungen sowie die Verwaltung von mit Produkten verknüpften Mediendateien wie Fotos, Videos, Gebrauchsanweisungen.

Hat man seine Produktdaten und Mediendateien zentral und strukturiert in Verwaltung, können die Publikationen automatisiert mit diesen Daten bestückt werden. Bspw. können Druckerzeugnisse wie Kataloge und Preislisten per „Database Publishing" automatisch gesetzt werden, eine einmal definierte Vorlage gibt die Gestaltung der generierten Seiten vor. Ein Online-Shop kann täglich Änderungen im PIM-System per Schnittstelle automatisch empfangen. Konkret bedeutet dies: Sobald ein neues Produkt im PIM-System eingepflegt wird, steht dieses in den Print- und Digital-Medien zur Verfügung und man stellt die einheitliche Datenbasis sicher.

Des Weiteren unterstützt eine PIM-Lösung optimal das Übersetzungsmanagement. Sollen die Publikationen in mehreren Sprachen erstellt werden, so muss jeder Begriff bzw. jede Phrase nur einmalig je Sprache übersetzt werden (sog. „Translation Memory").

Warum nutzt man nicht gleich das ERP-System als Datenbasis? Daten in einem ERP-System wie SAP haben vorrangig die Aufgabe, im kaufmännischen Kontext genutzt zu werden, z.B. in Rechnungen. Dabei werden Artikelbezeichnungen oftmals auf 30 Zeichen o.ä. limitiert und daher abgekürzt. Dies behindert einen Einsatz der Daten in Publikationen wie Katalogen. Dennoch ist es wichtig, dass Artikelinformationen aus dem ERP-System wie Artikelnummern und Preise ebf. für Publikationen wie Preislisten zur Verfügung stehen. Dies wird i.d.R. über eine tägliche Schnittstelle zwischen ERP- und PIM-System sichergestellt. Dabei bleibt das ERP das „führende" System für die Anlage von Artikeldaten.

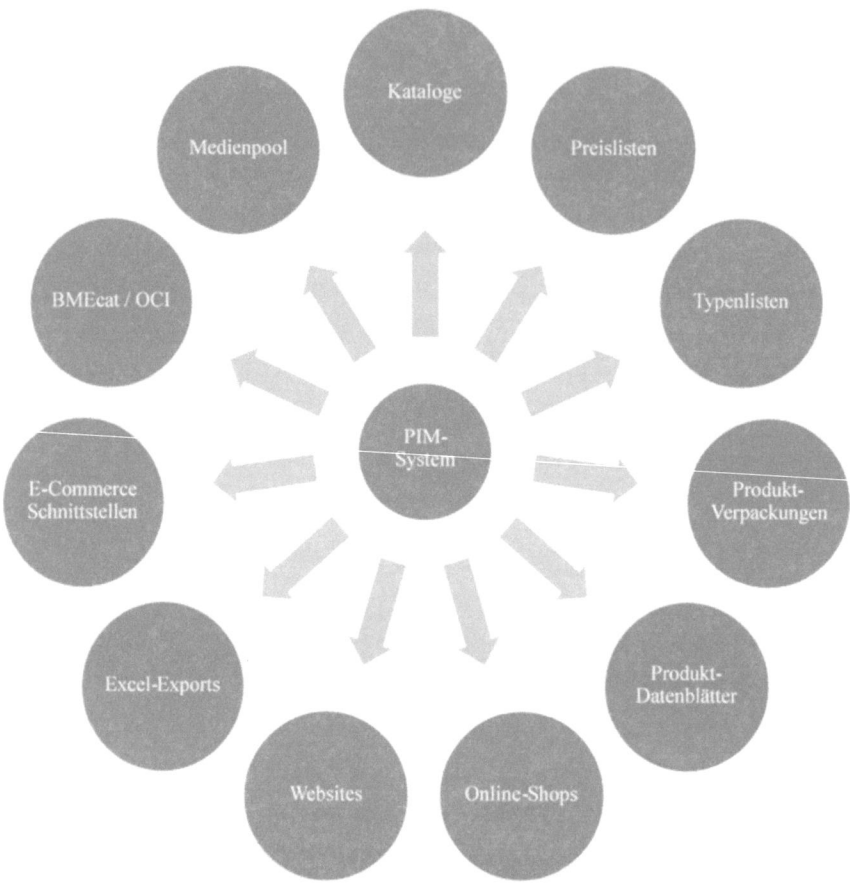

Abbildung: Typische Ausgaben eines PIM-Systems

Aus Erfahrung ist die Einführung eines PIM-Systems mit einer Projektlaufzeit von sechs bis zwölf Monaten anzusetzen. Die Budgetgrößen liegen dabei zwischen 50.000 EUR und mittleren sechsstelligen Beträgen, je nach funktionalem Umfang.

Beispielhaft können wir zu diesem Thema die nachstehenden Anbieter, Dienstleister oder Literatur empfehlen. Hier finden Sie bei Bedarf kompetente Unterstützung und aussagekräftiges Informationsmaterial.

Anbieter / Dienstleister / Informationsmaterial
Enterprise Marketing Management Lösungen CONTENTSERV GmbH, www.contentserv.de
PIMA² Multimedia-Datenbank AP Design GmbH, www.apdesign.de
eBook „Product Information Management für Markenartikler", www.pim-buch.de

Welchen Nutzen bringt die Änderung (Prozessoptimierung / Kostensenkung / ROI, Pro/Contra)?

ROI prognostiziert	1 – 3 Jahre	

Es ist recht einfach möglich, den ROI einer PIM-Lösung zu berechnen. Dazu muss man die bisherigen Kosten für den Satz von Katalogen, Preislisten und die Datenpflege von Online-Shops/Websites usw. der Investition in das PIM-System gegenüberstellen. Nach Erfahrungswerten ist ein ROI nach ein bis zwei Jahren realistisch. Im Zentrum einer derartigen Lösung stehen dabei die Abteilungen Produktmanagement, Marketing und Vertrieb.

Neben der Aufwandsersparnis und der qualitativen Zusammenführung der Produktdaten ist die gewonnene Flexibilität ein gutes Argument für die Einführung der Lösung. Es ist z.B. schnell und einfach möglich, individuelle kundenspezifische Kataloge und Preislisten zu erstellen. Steht das System erst einmal zur Verfügung, so werden sukzessive zahlreiche Begehrlichkeiten geweckt, wie Kunden des Unternehmens noch besser bedient werden können.

Nicht zu unterschätzen ist, dass die Einführungsphase eines solchen Systems einen hohen Aufwand für die erstmalige Bestückung von bestehenden Daten im Unternehmen mit sich bringt. Allerdings profitiert man sofort danach durch erhebliche Aufwandsersparnis bei der folgenden Erstellung von Publikationen.

Kreativkräfte wie Mediengestalter werden bei Einführung, insbesondere der Automatisierung von Printerzeugnissen, möglicherweise zunächst eine Verdrängung durch softwaregestützte

Roboter vermuten. Allerdings sind die Gestaltungsarbeiten nach wie vor zu leisten, lediglich der Satz fällt weg und erlaubt die volle Konzentration auf die kreativen Prozesse.

Ein Markenartikler mit vielen Publikationen multipliziert mit mehreren Sprachen wird ohne den Einsatz eines PIM-System kaum mehr in der Lage sein, schnell und qualitativ hochwertig neue Produktkollektionen in die Kommunikation zu bringen.

Ein Zusatznutzen ergibt sich durch die strukturierte Ablage von Mediendateien wie Fotos. Diese können über einen sog. „Medienpool" berechtigten Mitarbeitern verfügbar gemacht werden. Durch die Zuordnung der Mediendateien zu Produkten ergibt sich eine optimale Auffindbarkeit. Dies kann zu erheblicher Entlastung von Mitarbeitern im Marketing im Rahmen von Bildrecherche für Vertriebsmitarbeiter o.ä. führen.

| BVW | mittel | | IT-Prozesse / Technologie |

IT-gestützte Konfiguratoren im vertrieblichen Einsatz

Mit Hilfe von visualisierten Konfigurationsschritten lassen sich zusammenhängende Produkte und auch Produkte mit Optionen optimal vermarkten.

Was möchte ich ändern?
Nicht alle produzierenden Unternehmen und Großhändler vertreiben Fixprodukte, die ein in sich abgeschlossenes System bzw. eine All-in-one-Lösung darstellen. Oftmals ergeben erst mehrere Einzelartikel im Zusammenhang ein funktionierendes Produkt. Oder aber ein Produkt hat viele Optionen und wählbare Merkmale sowie Add-ons, die im Rahmen einer Preisliste nur bedingt nachvollziehbar gezeigt werden können.

Dazu kommt, dass in vielen Fällen nicht alle Einzelartikel oder Optionen miteinander kombinierbar sind, was den Transport der Informationen zum Kunden ungleich erschwert. Eine Preisermittlung für den Kunden und auch für den internen Sachbearbeiter ist in solchen Fällen ein aufwändiger und komplizierter Vorgang.

Wie möchte ich es ändern (inkl. Umsetzungsdauer kurz-/mittel-/langfristig)?
Bei einer solchen Anforderung können softwaregestützte Konfiguratoren zum Einsatz kommen. In diesen werden die komplexen Regelwerke für miteinander verknüpfte Artikel, Optionen und Kompatibilitäten hinterlegt und damit greifbar gemacht.

Am Beispiel von auf Maß gefertigten Rollos und Plissees aus dem Bereich Sonnenschutz soll dies verdeutlicht werden: Neben recht simplen Optionen wie Montageart (z.B. im Fensterrahmen, unter der Decke, mit Klemmträgern) oder dem Dekor (Auswahl aus über 100 Dekoren, die entweder transparent, blickdicht oder abdunkelnd sind) kann ein individuelles Maß auf den Millimeter genau für Höhe und Breite angegeben werden. Die Preisregeln bemessen sich i.d.F. in 10 cm-Schritten.

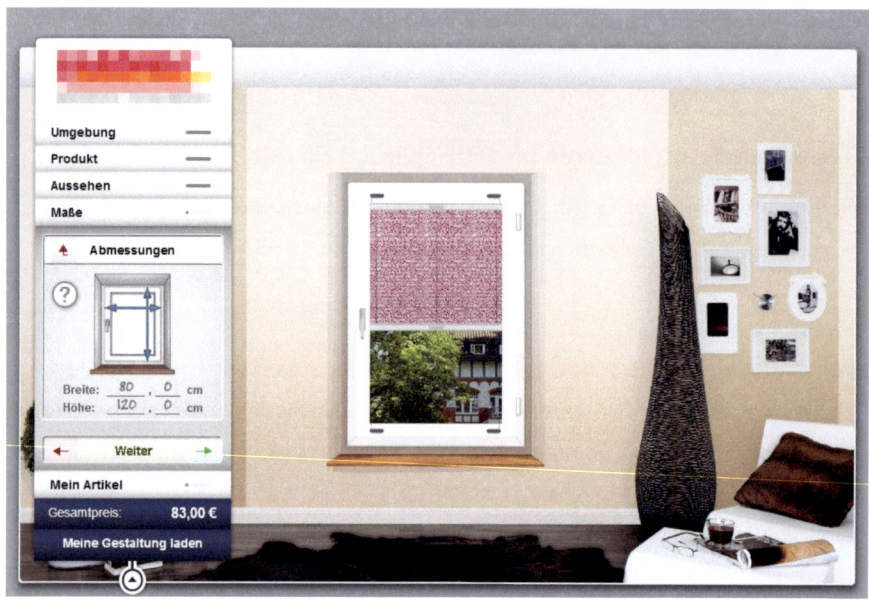

Abbildung: Webshop-Konfigurator für Rollos und Plissees auf Maß

Derartige Lösungen sollten führend im Warenwirtschaftssystem des Unternehmens Umsetzung finden. SAP z.B. stellt hier das Modul VC (Variant Configuration) zur Verfügung. Für eine gleichzeitige Übertragung der Konfigurationsschritte, Regeln und Visualisierungen in einen Webshop kann sich als Schnittstelle SAP IPC (Internet Pricing and Configurator) bedient werden. Die Umsetzungsdauer für die Einführung von softwaregestützten Konfiguratoren ist realistisch mit sechs bis zwölf Monaten einzuschätzen.

Beispielhaft können wir zu diesem Thema die nachstehenden Anbieter, Dienstleister oder Literatur empfehlen. Hier finden Sie bei Bedarf kompetente Unterstützung und aussagekräftiges Informationsmaterial.

Anbieter / Dienstleister / Informationsmaterial

Schnittstellen zwischen SAP VC/IPC zu Webshops:
ORISA Software GmbH, www.orisa.de

Visuelle Konfiguratoren in Webshops:
AP Design GmbH, www.apdesign.de

Welchen Nutzen bringt die Änderung (Prozessoptimierung / Kostensenkung / ROI, Pro/Contra)?

ROI	nicht prognostizierbar	

Von einer Konfigurationslösung auf Produktebene profitieren sowohl die Kunden als auch das Unternehmen selbst. Für Vertriebsinnendienst und -außendienst des Unternehmens stellt ein Konfigurator ein wichtiges Werkzeug für eine fehlerreduzierte Angebotsplanung und Auftragserfassung dar.

Die Kunden können ggf. per Webshop bzw. E-Commerce-Plattform direkt die für sie passenden Produkte zusammenstellen, visualisieren und bestellen.

Im ersten Moment bedarf eine Konfigurationslösung mittlerer bis hoher Investitionen in Lizenzkosten, individueller Softwareanpassung sowie internem Personaleinsatz. Ein ROI (Return-of-Invest) kann nur schwer ermittelt werden, da Fehlerreduktion und Mehrumsätze oftmals nicht direkt mit einer einzelnen konkreten Maßnahme wie dieser in Zusammenhang zu bringen sind. Dennoch ist die Investition in ein Konfigurationssystem aus Erfahrungswerten lohnenswert, sofern ein Unternehmen mind. 20% an Produkten der o.a. Art im Portfolio enthält sowie perspektivisch E-Commerce mit diesen Produkten betreiben möchte.

| KVP |  | mittel | | IT-Prozesse / Technologie |

Nutzung einer Vertragsdatenbank

Unternehmen sollten den Überblick über ihre Verträge wahren und die Fristen im Blick behalten.

Was möchte ich ändern?

In Unternehmen existieren in den unterschiedlichsten Abteilungen zahlreiche Verträge wie z. B. Pachtverträge, Provisionsvereinbarungen, Mietverträge, Wartungsverträge, Softwarelizenzverträge, die als Entwurf auf Dateiservern lagern und unterzeichnet in Aktenordnern abgelegt sind.

Fristen für Kündigungen und Verlängerungen werden dabei oftmals nur bei Bedarf nachrecherchiert, wo es bereits zu spät sein kann, rechtzeitig zu reagieren. Viele Fristen sind gar nicht im Blickfeld der zuständigen Mitarbeiter und so verlängern sich Verträge unbemerkt zu vor langer Zeit vereinbarten Konditionen.

Wie möchte ich es ändern (inkl. Umsetzungsdauer kurz-/mittel-/langfristig)?

Über eine strukturierte Vertragsdatenbank-Lösung können Verträge zentral verwaltet werden. Dabei werden sowohl die editierbaren Vertragsdokumente (z.B. Word-Dokumente) als auch die unterzeichneten Scans (z.B. im PDF-Format) eingestellt. Die Verträge können Organisationseinheiten bzw. Kostenstellen zugeordnet werden, sodass automatisiert aktuelle und prognostizierte Kosten ermittelt werden können, z.B. bei Pachtverträgen, die sich jährlich verlängern.

Wichtig bei einer Vertragsdatenbank ist es, dass komplexe Regeln für Laufzeiten und Kündigungsfristen definiert werden können, z.B. eine jährliche Laufzeit mit automatischer Verlängerung sowie einer Kündigungsfrist von drei Monaten zum Vertragsjahresende.

Für die Bereitstellung und Auffindbarkeit der Verträge für Benutzer, die nach Schreib- und Leserecht sowie Organisationseinheit/Kostenstelle zu berechtigen sind, hat eine solche Softwarelösung einen zugänglichen Vertragspool, zumeist als browserbasiertes Web-Frontend im Intranet, das per VPN-Zugang auch externen Personen wie einer Rechtsanwaltskanzlei bereitsteht. Dabei sollten umfangreiche Suchfunktionen, z.B. nach Vertragspartner, Ablaufdatum und Vertragsart, zur Verfügung stehen, darüber hinaus Exportmöglichkeiten in Microsoft Excel (z.B. eine Liste aller Dienstleistungsverträge, die im 1. Quartal des kommenden Jahres kündbar sind).

Für die Dateneinpflege der Verträge ist ein zwei- oder mehrstufiger Freigabe-Workflow denkbar, sodass ein Vier-Augen-Prinzip die Qualität der vorgehaltenen Daten sicherstellt.
Eine besonders effiziente Funktionalität für die Benutzer sind konfigurierbare automatische Notifier für die Benachrichtigung bei Erreichen von Kündigungsfristen. So müssen Benutzer nicht proaktiv nach zu kündigenden Verträgen suchen, sondern werden automatisiert vom System benachrichtigt. Z.B. möchte ein Einkäufer zwei Wochen vor Erreichen des nächsten Kündigungsdatums eines Vertrages per E-Mail informiert werden.

Ein Einführungsprojekt für eine Vertragsdatenbank ist mit ca. 6-12 Monaten als mittelfristiger Zeitraum zu sehen. Der größte Arbeitsaufwand neben der technischen Implementierung ist die einmalige Zusammenstellung aller relevanten Verträge aus ihren bisherigen Quellen und die manuelle Übertragung in die Datenbank. Ist diese Initialaufgabe erledigt, wird das Verwalten der Verträge zukünftig entscheidend vereinfacht.

Für die konkrete Softwarelösung bietet sich auf der einen Seite eine Stand-Alone-Plattform an, die u.a. von der AP Design GmbH entwickelt und vertrieben wird. Für Unternehmen mit SAP im Einsatz kann ein entsprechendes Modul über die Fa. top flow GmbH bezogen werden.

Beispielhaft können wir zu diesem Thema die nachstehenden Anbieter, Dienstleister oder Literatur empfehlen. Hier finden Sie bei Bedarf kompetente Unterstützung und aussagekräftiges Informationsmaterial.

Anbieter / Dienstleister / Informationsmaterial

Vertragsdatenbank Stand-Alone:
AP Design GmbH, www.apdesign.de

Vertragsdatenbank in SAP:
top flow GmbH,
www.top-flow.de/produkte/top-xrm-akten-in-sap/vertragsakte-top-contract-rm

Welchen Nutzen bringt die Änderung (Prozessoptimierung / Kostensenkung / ROI, Pro/Contra)?

| ROI | nicht prognostizierbar | 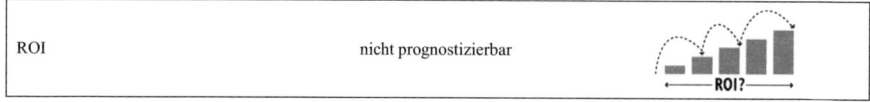 |

Aus Erfahrung ergibt sich der größte Nutzen für die Abteilungen Recht, Einkauf und IT. Neben der schnellen Verfügbarkeit und Einsichtnahme der Verträge für berechtigte Benutzer ergibt insbesondere die automatische Benachrichtigung für die rechtzeitige Einhaltung von Kündigungsfristen einen immanenten Vorteil für Unternehmen. Resultierend daraus eröffnet sich die Chance, Konditionen rechtzeitig vor automatischer Vertragsverlängerung nach zu verhandeln und so Kosten zu senken.

Ein ROI ist ggf. mit der Gegenüberstellung von Software- und IT-Kosten sowie dem einmaligen Personalaufwand zu der Ersparnis durch über die Datenbank initiierte Vertragsverhandlungen kalkulierbar.

BVW	mittel		IT-Prozesse / Technologie

Schulungsserver im Unternehmen integrieren

Mit Hilfe eines Schulungsservers hausinterne Kurzschulungen durchführen und betriebliches Wissen sinnvoll teilen

Was möchte ich ändern?

Bei der Erweiterung von Teams und z.B. auch bei der jährlichen Integration von neuen Auszubildenden im Unternehmen stellt sich automatisch die Frage, wie man das nötige Basiswissen am besten weitergeben kann. Lose und oftmals alte Zettelsammlungen bieten sich dafür nicht mehr an, weil es modernere und effektivere Lösungen dafür gibt. Z.B. der Aufbau eines eigenen werksinternen Schulungsservers, der viele Daten bevorratet und auch die Umsetzung von einer Schulung nachhalten kann.

Wie möchte ich es ändern (inkl. Umsetzungsdauer kurz-/mittel-/langfristig)?

Die Nutzung und auch die Einsatzmöglichkeiten von einem Schulungsserver im Intranet einer Firma sind vielschichtig, denn man kann ihn z.B. für hausinterne Kurzschulungen nutzen. Vorteil: Es ist synchron zum Tagesgeschäft ohne große Störungen abbildbar, eine schnelle Lernaufnahme ist ebenfalls möglich. Ein zusätzlicher Vorteil ist die freie Zeiteinteilung und auch der Einsatz verschiedener Medien ist leicht umsetzbar (z.B. Filme, Word, Excel, PPT, fachliche Hörbücher etc.). Man kann fertige Schulungen kaufen und von anderen Firmen bei Zustimmung auch übernehmen, z.B. aus dem eigenen Lieferantennetzwerk oder aber auch anderen seriösen Quellen.

Ein solcher Server mit entsprechendem Portal kann auch ideal zum Einsatz im Bereich von Weiterbildungen der Mitarbeiter im IT-Sektor genutzt werden. Ebenso ist ein automatisierter Test zur Erfolgskontrolle technisch durchführbar (z.B. 14 Tage nach der Schulung als Multiple Choice Test). Auch bei betrieblichen Sicherheits- und Datenschutzunterweisungen, Verfahrensanweisungen, Messverfahrenseinführungen, Vertriebsschulungen im Bereich des Umgangs mit Kunden, Netiquette etc. ist der Einsatz von diesem Verbesserungsvorschlag unschlagbar hilfreich.

Man kann auch eine allgemeine Wissensdatenbank auf dem Schulungsserver anlegen, wo z.B. Fachwissen über SAP bereichsübergreifend angeboten wird (Beispiele: SAP Bestellungen anlegen, SAP Rechnungen erfassen, SAP Lieferscheine erstellen). Ein Schulungsserver dient als Wissensmultiplikator, der u.a. auch Auszubildende stetig schult und übergreifendes Wissen innerhalb des Betriebes teilt.

Ein derartiger virtueller Schulungsserver ist dank OpenSource-Plattformen wie „Moodle" kostenlos sowie schnell aufzubauen und im Unternehmen zu integrieren.

Beispielhaft können wir zu diesem Thema die nachstehenden Anbieter, Dienstleister oder Literatur empfehlen. Hier finden Sie bei Bedarf kompetente Unterstützung und aussagekräftiges Informationsmaterial.

Anbieter / Dienstleister / Informationsmaterial
Moodle eLearning Plattform, www.moodle.de

Welchen Nutzen bringt die Änderung (Prozessoptimierung / Kostensenkung / ROI, Pro/Contra)?

ROI	nicht prognostizierbar	

Neben dem Wissenstransfer hat der Schulungsserver auch eine Kontrollfunktion für die Arbeitgeber und natürlich auch allgemein für die jeweilige Führungsebene, damit sichergestellt werden kann, ob alle Mitarbeiter ausreichend Basisinformationen zum Start ihrer jeweiligen Tätigkeit erhalten haben. Dieses kann vor gravierenden Handhabungsfehlern (z.B. im Brandschutz etc.) schützen und lebensnotwendig sein.

Auch der sichere Umgang mit IT-Systemen kann ideal automatisiert mit einem solchen Schulungsserver erfolgen. Diese Lösung ist produktiv, da beim Vermitteln von Wissen weniger Fehler entstehen und auch, weil Mitarbeiterarbeitszeit von Dritten somit bestmöglich anderweitig eingesetzt werden kann. Gleichzeitig kann die inhaltliche Wiederholung vom Schulungsteilnehmer stetig erfolgen, ohne Scheu davor zu haben, nochmal die Kollegen das Gleiche zu fragen und somit ggf. als lernschwach wahrgenommen zu werden.

KVP		mittel		Projektmanagement

Einführung von Projektmanagement

Einheitliche Prozesse bei der Planung, Umsetzung und Überwachung von Projekten und Aufträgen sparen Zeit und Kosten.

Was möchte ich ändern?

Viele Unternehmen agieren bei Projekten und Aufträgen, die nicht dem Standard entsprechen und individuell zu sehen sind, nach der Methode „Die Arbeit zeigt den Weg". Dieses Verfahren birgt viele nicht abzusehende Risiken und Wendungen und erlaubt keine seriöse Zeit- und Budgetplanung.

Zu bedenken ist in diesem Kontext, dass die Märkte, der Wettbewerb und der Innovationsdruck immer schneller werden. Des Weiteren möchten Entscheider und Auftraggeber permanent über den Status auf dem Laufenden gehalten werden.

Wie möchte ich es ändern (inkl. Umsetzungsdauer kurz-/mittel-/langfristig)?

Bei der Einführung von Projektmanagement in einem Unternehmen geht es nicht zwingend darum, sich für ein Audit und eine Zertifizierung fit zu machen. Vielmehr sollen Best Practices als standardisierte Abläufe etabliert werden, damit die Aufträge und Projekte reibungsloser durch die Instanzen gehen.

Dabei kann man sich sehr gut an den Vorgaben von renommierten Instituten wie PMI orientieren. Konkret gefasst sollte ein unternehmensinternes Handbuch die bei jedem Projekt, ob groß oder klein, ob intern oder durch Kundenauftrag, vorzunehmenden Prozesse auflisten und beschreiben und so als Leitfaden für alle Mitarbeiter dienen. Dabei sollten Projekte immer zielgetrieben sein.

Ein wesentlicher Bestandteil einer Projektplanung ist die Definition eines Projektstrukturplans (PSP, auch Work Breakdown Structure genannt). In diesem werden die vorzunehmenden „Arbeitspakete" (AP), die thematisch zusammenhängende Einzelaufgaben von bis zu 40 Stunden Gesamtaufwand zusammenfassen, in sinnvoll gegliederte Teilprojekte (TP) organisiert. Für die folgenden Planungsschritte wie Kostenkalkulation und Zeitplanung inkl. Definition von Meilensteinen ist dieser PSP Grundlage.

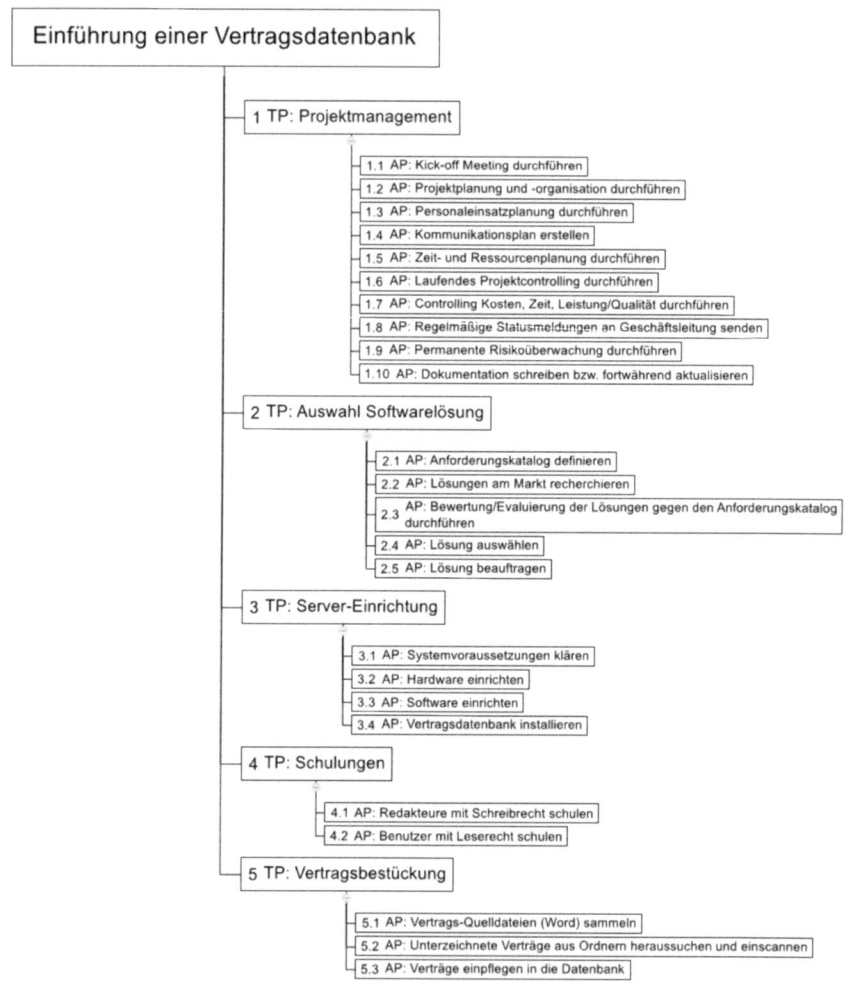

Abbildung: Beispielhafter PSP für die Einführung einer Vertragsdatenbank

Es ist im Rahmen von Projektmanagement nicht zwingend erforderlich, dass der Projektleiter Fachkompetenz in der zu erledigenden Aufgabe besitzt. Bei ihm stehen vielmehr Methodenkompetenz, Kommunikationsgabe und die Soft Skills eine Rolle, denn er muss das fachliche Projektteam mit Aufgaben bewirtschaften, überwachen und stetig motivieren. Dabei ist es hilfreich, wenn er mit ausreichender Personalverantwortung ausgestattet wird, und wenn es eingeschränkt nur für den Projektzeitraum der Fall ist.

Beispielhaft können wir zu diesem Thema die nachstehenden Anbieter, Dienstleister oder Literatur empfehlen. Hier finden Sie bei Bedarf kompetente Unterstützung und aussagekräftiges Informationsmaterial.

Anbieter / Dienstleister / Informationsmaterial
Buchempfehlung: Projektmanagement: Leitfaden zum Management von Projekten, Projektportfolios und projektorientierten Unternehmen, Gerold Patzak / Günter Rattay, ISBN 3714302662
Projektmanagement-Institute/-Verbände: PMI, www.pmi.org GPM, www.gpm-ipma.de

Welchen Nutzen bringt die Änderung (Prozessoptimierung / Kostensenkung / ROI, Pro/Contra)?

ROI	nicht prognostizierbar	

Wer in Projekten, Teilprojekten und Arbeitspaketen „denkt", wer eine sinnvolle Zeit-/Kosten- und Ressourcenplanung vornimmt, wer laufend im Projektteam und zum Auftraggeber kommuniziert, wird schnell erkennen, dass Projektmanagement die Abläufe weitestgehend optimiert, ohne dabei kreative Prozesse, z.B. im Rahmen von Produktentwicklung, einzuschränken.

Dabei sollte man sich nicht in Normen „verfangen", sondern die für sich und sein Unternehmen am besten passenden Bausteine heraus nehmen und nutzen.

Zwar haben derartig gemanagte Projekte zunächst einen höheren Planungsaufwand (aus Erfahrung ca. 10-20% des Umsetzungsaufwands) gegenüber der Methode „Die Arbeit zeigt den Weg", allerdings lassen sich durch die aufgrund sauberer Planung wegfallenden Reaktionsaktivitäten erhebliche Zeiteinsparungen erreichen.

Darüber hinaus lassen sich Planabweichungen deutlich früher erkennen und die Auswirkungen auf Zeit und Budget besser in kontrollierbare Bahnen lenken.

Ein Erfolgsfaktor ist nicht zuletzt die Motivation der projektbeteiligten Mitarbeiter. Durch die ständige aufmerksame Kommunikation und den zentralen Teamgedanken im Projektmanagement fühlt sich jeder Mitarbeiter als wichtige Komponente und anerkannt.

KVP	mittel	Projektmanagement

Einsatz von Quality Gates in der Produktion

Durch ein Netz an Messpunkten die Qualität im Produktionsprozess sicherstellen

Was möchte ich ändern?

Produziert ein mittelständisches Unternehmen mit gleichen Maschinen unterschiedliche Erzeugnisse, ggf. auch je Auftrag individuell konstruierte, so ist ein unternehmensweit eingesetztes umfassendes und zu zertifizierendes Qualitätsmanagementsystem (QMS) nur schwer und mit hohem Aufwand einzuführen. Dennoch muss ein gegenüber seinen Kunden abgebenes Qualitätsversprechen im Rahmen einer Null-Fehler-Vorgabe voll erfüllt werden.

Wie möchte ich es ändern (inkl. Umsetzungsdauer kurz-/mittel-/langfristig)?

In dieser vorliegenden Situation verspricht die Einsetzung von Quality Gates eine pragmatische und effektive Abhilfe. Zwischen einzelnen Produktionsschritten werden Messpunkte anhand von spezifischen Qualitätskriterien definiert. Erst bei Erfüllung dieser ergebnisorientierten Kriterien dürfen Produktionserzeugnisse den nächsten Step im Fertigungsprozess erreichen. Somit agieren die Quality Gates wie eine Art „Schranke", die sich erst bei positiver Kontrolle öffnet.

Dabei sind die Quality Gates den etablierten Prozessen und Rahmenbedingungen angepasst. Die Kriterien sind im Idealfall allen relevanten Mitarbeitern, die im Produktionsprozess involviert sind, bekannt. Durch diese Transparenz wird die Qualität konkret messbar und beurteilbar. In der Praxis können Checklisten die genauen Prüfvorgänge an den Quality Gates dokumentieren.

Das Verfahren der Quality Gates lässt sich nicht nur in einer industriellen Produktion anwenden, sondern auch z.B. im Bereich der Softwareentwicklung und im allgemeinen Projektmanagement. Es handelt sich um ein Phasenmodell, das als qualitätsorientiertes Pendant zum der zeitlichen Komponente zugwandten Meilensteinplan angesehen werden kann.

Welchen Nutzen bringt die Änderung (Prozessoptimierung / Kostensenkung / ROI, Pro/Contra)?

ROI	nicht prognostizierbar	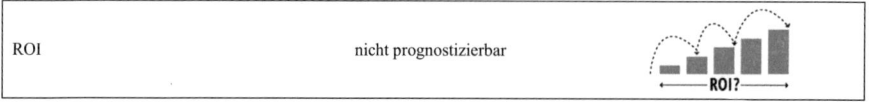

In erster Linie sind Quality Gates eine Sammlung von Werkzeugen, um die Qualität der hergestellten Produkte signifikant zu erhöhen.

Durch dessen Einsatz fallen Fehler frühzeitig auf und nicht erst bei der in vielen Unternehmen erst zum Ende des Produktionsprozesses stattfindenden Qualitätskontrolle. Das spart nicht zuletzt Kosten, denn frühzeitig im Gesamtprozess fehlerhaft produzierte Erzeugnisse durchlaufen nicht mehr die weiteren, i.d.F. unnötigen Produktionsschritte.

Dennoch verleihen Quality Gates dem Unternehmen eine ausreichende Flexibilität, denn sie können fallbezogen kurzfristig in einzelnen Produktionsschritten verändert werden, anders als ein zertifiziertes QMS.

| KVP |  | mittel | ⏱ | Projektmanagement |

Kommunikation fördern
Erfolgreiche Projekte durch gezielte und regelmäßige Kommunikation sicherstellen

Was möchte ich ändern?

Bei einer Befragung von Projektleitern und Entscheidern in Unternehmen gaben 36% an, dass Projekte insbesondere an Kommunikationsproblemen scheitern (lt. Studie Engel/Holm für GPM und PA Consulting Group). Missverständnisse oder auch nicht weiter getragene und somit fehlende Informationen erschweren eine optimale und zielorientierte Zusammenarbeit der Projektbeteiligten und führen in Folge zu inhaltlichen Versäumnissen, Konflikten und Zeitverlust.

Wie möchte ich es ändern (inkl. Umsetzungsdauer kurz-/mittel-/langfristig)?

Die Bearbeitung eines Projektes bzw. einen Auftrags erfordert eine geordnete und ausreichende Kommunikation. Dazu sind folgende Bausteine anzuraten:

Regelmäßige Absprachen

Sowohl intern mit den projektbeteiligten Kollegen als auch mit dem Auftraggeber sollte stetig ein Austausch über den Stand der Dinge und offene Fragen stattfinden. Es bietet sich jeweils ein fester wiederkehrender Termin an, eine sogenannte „Jour-fixe".

Perspektiven

Ein oft auftretendes Problem in der Kommunikation ist eine unterschiedliche Sichtweise der Beteiligten, in der Tiefe wie in der Breite. Der Sender einer Information hat möglicherweise eine ganz andere Bedeutung im Sinn als im Verständnis des Empfängers ankommt. Gerade ein Projektleiter ist angehalten, mit der nötigen Empathie zu agieren und vorher zu überlegen, wie er Informationen gegenüber unterschiedlichsten Zielgruppen so verständlich wie möglich und ohne Interpretationsspielraum transportiert. Auch der Faktor, dass Informationen sowohl in der Sach- als auch in der Beziehungsebene von unterschiedlichen Personen aufgenommen werden können, sollte im Rahmen eines bewussten Perspektivwechsels Berücksichtigung finden.

Informationsfluss

Darüber hinaus sollte festgelegt werden, welche Person oder Personengruppe welche Informationen in welcher Form (z.B. per E-Mail, Intranet, vis-á-vis) in welchem Turnus bzw. zu welchen Zeitpunkten erhalten soll. Dabei bietet es sich an, die Ebene der Kommunikation in den folgenden Abstufungen zu regeln:

- Wer erstellt die Dokumenten/Informationen?
- Wer erhält die Informationen als Themenverantwortlicher/Entscheider?
- Wer ist zu auf jeden Fall informieren?
- Wer hat Zugang zu den Informationen (bei Bedarf)?

Bezogen auf KVP bedeutet dies, ein Unternehmen sollte initial für seine Mitarbeiter feste Kommunikationsregeln, -mittel und -zeitpunkte als Leitfaden an die Hand geben, deren Zusammenspiel zielführend ist. Durch stetige Weiterentwicklung und Qualifikation neuer und bestehender Mitarbeiter sollte ein kontinuierlicher Ausbau dieses Vorgehens vonstattengehen.

Beispielhaft können wir zu diesem Thema die nachstehenden Anbieter, Dienstleister oder Literatur empfehlen. Hier finden Sie bei Bedarf kompetente Unterstützung und aussagekräftiges Informationsmaterial.

Anbieter / Dienstleister / Informationsmaterial
Kommunikation im Projekt: Schnell, effektiv und ergebnisorientiert informieren, Tomas Bohinc, ISBN 978-3869365589
Professionelle Projektkommunikation: Mit sechs Fallbeispielen aus unterschiedlichen Branchen, Katja Nagel, ISBN 978-3714302301

Welchen Nutzen bringt die Änderung (Prozessoptimierung / Kostensenkung / ROI, Pro/Contra)?

Effizienzsteigerung

Gute Kommunikation ist ein wesentlicher Erfolgsfaktor in Projekten und Aufträgen. Wenn man die Projektkommunikation kontinuierlich fördert und damit optimiert, profitieren alle Beteiligten. Aus dieser Sicht handelt es sich um eine obligatorische Maßnahme für jedes Unternehmen jeder Größe.

| KVP  | mittel | Projektmanagement |

Verantwortlichkeiten klar definieren

Mit Organigrammen und der RACI-Methode für Transparenz im Projekt sorgen

Was möchte ich ändern?

In vielen Projekten ist nicht eindeutig bekannt, welcher Beteiligte welche Rolle hat, wer für welchen Fachbereich verantwortlich zeichnet und welche Personen in Entscheidungen einzubeziehen sind. Besonders problematisch ist es dann, wenn in einem Projekt Mitarbeiter mehrerer Abteilungen involviert sind. Dann gibt es disziplinarisch vorgesetzte Abteilungsleiter, die in Konkurrenz zum Projektleiter stehen, der womöglich nur die fachliche Weisungsbefugnis, limitiert auf das Projekt, besitzt.

In diesem Fall ist ein Mitarbeiter „Diener zweier Herren" und in der Regel verunsichert, wessen Anweisungen er im Zweifel Folge zu leisten hat.

Wie möchte ich es ändern (inkl. Umsetzungsdauer kurz-/mittel-/langfristig)?

Um derartige Unklarheiten präventiv zu vermeiden, sollte im Rahmen der Planung eines Projektes eine klare und eindeutige Rollenverteilung sowie Befugnisvergabe festgelegt und schriftlich transparent dokumentiert werden.

Für den übergeordneten Blick sollte ein Projekt-Organisationsdiagramm angefertigt werden, das die Hierarchie darstellt. Dieses muss durch die Geschäftsleitung genehmigt werden, womit es einen offiziellen Charakter erhält.

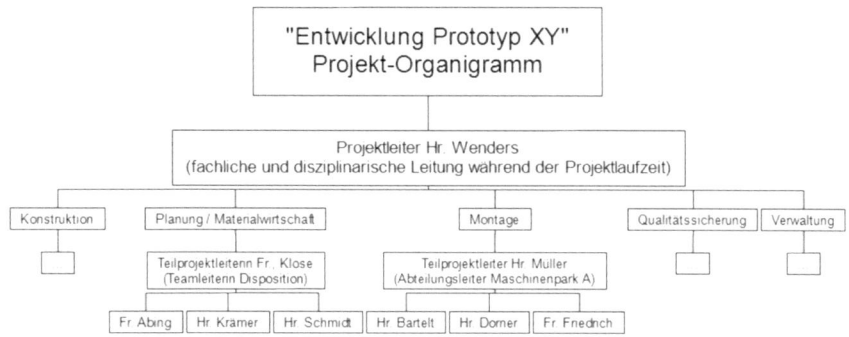

Abbildung: Beispielhaftes Projekt-Organigramm

Im Detail sollte in Folge auf Teilprojektebene ein sogenanntes RACI-Diagramm erstellt werden. Die einzelnen zu verteilenden Befugnisse werden dabei wie folgt definiert:

Responsible

Wer ist verantwortlich für die Durchführung des Arbeitspaketes? Dies kann z.B. ein Teilprojektleiter sein oder auch in kleinen Projektteams der mit der Umsetzung beauftragte Mitarbeiter.

Accountable

Wer genehmigt die Kosten für die Durchführung des Arbeitspaketes? In der Regel eine Person aus der Leitungsebene.

Consulted

Wer ist fachlich zu konsultieren bzw. beratend zu involvieren, allerdings ohne aktive Durchführung und ohne Entscheidungsbefugnisse?

Informed

Welche Personen sind über das Ergebnis zu informieren bzw. dürfen auf Nachfrage informiert werden?

Arbeitspaket	Hr. Müller	Hr. Meier	Hr. Schulze	Fr. Muster
1.1 Steuergerät montieren	R	A	C	I

Abbildung: Beispielhaftes RACI-Diagramm

Dieser Vorschlag als Verbesserungsprojekt richtet sich insbesondere an Projektleiter, die das Verfahren selbst einsetzen können und auch im gesamten Unternehmen etablieren möchten.

Welchen Nutzen bringt die Änderung (Prozessoptimierung / Kostensenkung / ROI, Pro/Contra)?

Effizienzsteigerung	⏱

Der optimierte Prozess ist nicht erst die schriftliche Dokumentation der Verantwortlichkeitsstruktur sowie die Kommunikation an die relevanten Mitarbeiter, sondern in erster Linie die von der Unternehmensleitung gestützte klare Entscheidung, wer im Projekt wem gegenüber weisungsberechtigt ist.

Das Unternehmen profitiert sukzessive durch immer „runder" laufende Projekte und weniger Konflikte im Bereich Weisungskompetenzen und Ressourcenverteilung.

| KVP |  | mittel | | Projektmanagement |

Vertragsstruktur für das Unternehmen aufbauen

Mit Hilfe von Geheimhaltungsvereinbarungen, Einkaufs- und Verkaufsbedingungen vertragliche Grundlagen für die Zusammenarbeit mit Lieferanten schaffen

Was möchte ich ändern?

Damit bei Lieferantenkontrakten und Dienstleisterbeauftragungen klare Spielregeln vorhanden sind, sollte in jedem gut aufgestellten Unternehmen eine plausible und übersichtliche Vertragsstruktur vorhanden sein. Diese beinhaltet u.a. die Vorlage einer Geheimhaltungsvereinbarung zum gegenseitigen Schutz von Daten und Know-how, die Vorlage von einem Vertrag für die Einkaufsbedingungen, als auch für die Verkaufsbedingungen in gesonderter Form.

Wie möchte ich es ändern (inkl. Umsetzungsdauer kurz-/mittel-/langfristig)?

Mit der Hilfe eines guten Wirtschaftsjuristen kann man in wenigen Wochen eine individuelle Vertragsstruktur für die eigene Firma aufbauen und z.B. auf der Unternehmenswebsite veröffentlichen. Ist ein Unternehmen jedoch noch relativ klein und kann nur mit eingeschränkten Budgets arbeiten, könnten auch allgemeine Vorlagen für solche Verträge passend sein. Derartige allgemeine Muster-Vorlagen findet man u.a. auch bei der Industrie- und Handelskammer (IHK). Ob hierbei jedoch alle individuellen Vertragsinhalte enthalten sind und ob diese allgemeinen Vorlagen somit ausreichend sind, muss ein Unternehmer i.d.R. immer selbst beantworten und in letzter Konsequenz auch ebenso selbst verantworten.

Beispielhaft können wir zu diesem Thema die nachstehenden Anbieter, Dienstleister oder Literatur empfehlen. Hier finden Sie bei Bedarf kompetente Unterstützung und aussagekräftiges Informationsmaterial.

Anbieter / Dienstleister / Informationsmaterial

Musterverträge der IHK Frankfurt a. M., www.frankfurt-main.ihk.de/recht/mustervertrag/ihk/

Bundesverband der Wirtschaftsjuristen e. V. (WJFH), www.wjfh.de

Welchen Nutzen bringt die Änderung (Prozessoptimierung / Kostensenkung / ROI, Pro/Contra)?

| ROI | nicht prognostizierbar | 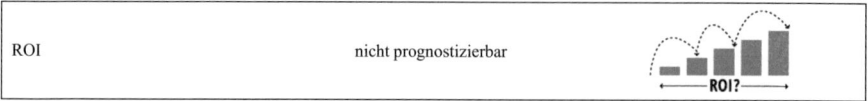 |

Durch die Einführung und Integration einer Vertragsstruktur werden allseitig klare Regeln und Vereinbarungen getroffen, die im täglichen Berufsleben zwischen Kunden und Lieferanten eingehalten werden müssen. Hierbei sorgen Verträge sowohl für die Einhaltung gegenseitiger Vereinbarungen im Umgang mit vertraulichen Daten wie z.B. technischen Zeichnungen, als auch über geschäftliche Rahmeninhalte durch Einkaufs- und Verkaufsbedingungen eines Unternehmens. Sofern eine Zusammenarbeit reibungslos, kooperativ und kulant funktioniert, benötigt man eine solche Vertragsstruktur häufig nur in der Theorie. Wendet sich allerdings der gegenseitige Umgang innerhalb einer Geschäftsbeziehung ins Negative, so ist eine klare vertragliche Struktur bzw. ein komplettes Vertragswerk unschätzbar wertvoll.

Anmerkung für die betriebliche Praxis:
Veröffentlicht man diese Verträge auf der eigenen Firmenwebseite, so kann jeder Interessent diese schnellstmöglich und automatisch abrufen und verwenden. Im Alltag kann z.B. somit ein neuer Lieferant die firmeneigene Geheimhaltungsvereinbarung schnell ausdrucken, unterzeichnen und übersenden.

Möchte man für das Unternehmen die Abrufbarkeit dieser Verträge auf der Unternehmenswebseite noch schneller gestalten, kann man sog. Verlinkungen erstellen, die man dann den jeweiligen Lieferanten oder auch Kunden nennt. Zum Beispiel:
www.musterfirma.de/geheimhaltungsvereinbarung
www.musterfirma.de/einkaufsbedingungen
www.musterfirma.de/verkaufsbedingungen

Ebenso kann man sich bei z.B. Bestellungen an Lieferanten direkt auf diese Links beziehen, ohne alle Inhalte nochmal einzeln in jeder Bestellung nennen zu müssen. Beispielformulierung: „Wir bestellen gemäß unserer aktuellen Einkaufsbedingungen. Diese finden Sie unter www.musterfirma.de/einkaufsbedingungen".

KVP	mittel	Projektmanagement

Ziele SMART formulieren

Konkrete und messbare Zielvorgaben ermöglichen eine optimale Erfüllung.

Was möchte ich ändern?

Oftmals haben im betrieblichen Kontext definierte Ziele in erster Linie „gefühlte" Ergebniswerte. Ein Beispiel: „Das Projekt hat das Ziel, die Rüstzeit der Maschine spürbar zu reduzieren". Dieses Ziel ist sehr unkonkret. Für den einen ist „spürbar" eine halbe Sekunde, der andere interpretiert dies mit zehn Minuten. Darüber hinaus sind keine Details angegeben, unter welchen Rahmenbedingungen dieses Ziel vorgegeben wird. Sollen die Rüstzeiten generell verkleinert werden oder bei bestimmtem Erzeugniswechsel? Gelten Ausnahmen bei Individualproduktion? Derart „schwammig" formulierte Ziele erlauben keine objektive Erfolgskontrolle und erschweren durch ihre Unklarheit die Umsetzung für die beteiligten Mitarbeiter und auch die Koordinierung durch den Projektleiter.

Wie möchte ich es ändern (inkl. Umsetzungsdauer kurz-/mittel-/langfristig)?

Ganz gleich, ob es sich um Projektziele, um übergeordnete Unternehmensziele oder auch individuelle Zielvereinbarungen mit Mitarbeitern bei Einstellung oder im Jahresgespräch handelt, so sollten die Ziele stets folgende Kriterien nach dem etablierten SMART-Modell erfüllen:

Spezifisch
Präzise und nicht interpretationsfähige Anforderungen begünstigen die Erarbeitung eines Ziels.

Messbar
Durch exakt vorgegebene Ergebniswerte muss eine genaue Erfolgskontrolle ermöglicht werden.

Anspruchsvoll bzw. Attraktiv
Für die Motivation der Beteiligten muss das Ziel einen Anreiz bzw. eine Herausforderung darstellen und darf nicht auf dem Niveau einer Alltagsaufgabe liegen.

Realistisch

Die Erreichung des Ziels muss mit den eingesetzten Ressourcen grundsätzlich möglich sein.

Terminiert

Es muss unmissverständlich und konkret angegeben sein, in welchem Zeitraum das Ziel erfüllt werden soll.

Auch in laufenden Projekten und Vorhaben sollte man sich stets hinterfragen und reflektieren, ob die definierten Ziele entsprechend „SMART" formuliert sind.

Auf das genannte Beispiel bezogen sollte das Ziel daher eher lauten: „Das Projekt hat das Ziel, die durchschnittliche Rüstzeit der Maschine bei Serienproduktion innerhalb eines Zeitraums von zwei Wochen um mindestens 15% zu reduzieren."

Ein betrieblicher Verbesserungsvorschlag könnte die sukzessive Anwendung dieser Methode über einen internen Arbeitskreis mit Mitgliedern strategischer Unternehmensbereiche anstoßen, sodass zukünftige Projekt- und anderweitige Ziele immer spezifischer und messbarer werden, bis eine flächendeckende Etablierung im Unternehmen gegeben ist.

Welchen Nutzen bringt die Änderung (Prozessoptimierung / Kostensenkung / ROI, Pro/Contra)?

Effizienzsteigerung	

Je konkreter, messbarer und realistischer Ziele definiert sind, umso besser können diese aktiv erreicht werden und auch auf positive Umsetzung geprüft werden. Gerade das ausführende Personal profitiert von klaren Vorgaben, von denen sie sich je nach Ziel in der Projektlaufzeit oder in dem Geschäftsjahr leiten lassen können.

Ein unternehmensweiter Leitfaden in diesem Zusammenhang kann eine gute Orientierungshilfe für die bestehende Belegschaft als auch neue Mitarbeiter darstellen. Da die Einführung des genannten Prinzips keine externen Kosten generiert und einen hohen Nutzen aufweist, kann sie als nahezu obligatorisch für jede Unternehmensgröße angesehen werden.

| KVP  | mittel | Personalmanagement |

Aktive Talentförderung durch Mentoren

High Potentials durch Begleitung eines Mentors halten und als Führungskräfte aufbauen

Was möchte ich ändern?

Gerade der aufstrebende Mittelstand „verschläft" es in der Regel, kompetente Nachwuchsführungskräfte aus der eigenen Belegschaft aufzubauen. Dies betrifft insbesondere die Ebene Abteilungsleiter, Teamleiter und Projektleiter. Drohen dann Teile der Führungskräfte in absehbarer Zeit in den Ruhestand zu gehen, folgt oftmals eine panikartige und kostenintensive Rekrutierung externer Führungskräfte, die dann auch erst eine langwierige Einarbeitungszeit benötigen. Viele High Potentials, die im eigenen Unternehmen ausgebildet wurden, in einer Anstellung waren oder ein Praktikum als Trainee/Werksstudent absolviert haben, haben dieses dann bereits aufgrund fehlender Karriereperspektiven verlassen.

Wie möchte ich es ändern (inkl. Umsetzungsdauer kurz-/mittel-/langfristig)?

Nehmen wir beispielhaft an, ein junger Mitarbeiter aus dem Bereich Produktionsplanung / AV hat durch gute Leistungen und ein überdurchschnittliches Engagement Aufmerksamkeit erregt. Darüber hinaus wird er von Kollegen jeden Alters als Ansprechpartner respektiert und geschätzt. Idealerweise ist er dabei, sich nebenbei fachlich weiterzubilden, z.B. als Techniker, oder hat dies bereits erfolgreich absolviert.

So ein Mitarbeiter ist für das Unternehmen „Gold wert". Erkennt man dies nicht und lässt ihn jahrelang in seiner bestehenden Position, wird er möglicherweise zu einem anderen Unternehmen wechseln, das ihm angemessene Karrierechancen offeriert.

Hier ist es sinnvoll, eine permanente bewusste Identifizierung von High Potentials in der Belegschaft einzuführen und diesen Mitarbeitern einen erfahrenen Mentor beratend und begleitend zur Seite zu stellen. Dieser Mentor kann dem Talent neutral einen optimalen Weg vom Kollegen zum Vorgesetzten ebnen, sodass die Nachwuchsführungskraft nicht „in das kalte Wasser geschmissen wird".

Dabei muss der Mentor nicht zwingend aus dem gleichen Fachbereich stammen, nehmen doch übergreifende Methodenkompetenz und Soft Skills einen hohen Stellenwert in Führungspositionen ein.

Ein derartiger Mentor kann als Ansprechpartner in allen Belangen der Führungskompetenz dienen. Dabei können auch Coaching-Elemente eine Rolle spielen, z.B. zur Vorbereitung auf die ersten Zielvereinbarungsgespräche als Vorgesetzter.

Ein betrieblicher Verbesserungsvorschlag in diesem Kontext sollte bereits konkrete Ideen bieten, welche Personen im Unternehmen sich aus welchen Gründen als Mentor eignen würden. Des Weiteren ist der Prozess der unternehmensindividuellen Talenterkennung zu beschreiben, sodass der BVW-Ausschuss alle notwendigen Informationen für eine Einführung des Programms zur Verfügung hat.

Beispielhaft können wir zu diesem Thema die nachstehenden Anbieter, Dienstleister oder Literatur empfehlen. Hier finden Sie bei Bedarf kompetente Unterstützung und aussagekräftiges Informationsmaterial.

Anbieter / Dienstleister / Informationsmaterial

Mentoring: Das Praxisbuch für Personalverantwortliche und Unternehmer, Nele Graf / Frank Edelkraut, ISBN 3658021691
Führen, Fördern, Coachen: So entwickeln Sie die Potenziale Ihrer Mitarbeiter, Elisabeth Haberleitner / Elisabeth Deistler / Robert Ungvari, ISBN 3492253431

Welchen Nutzen bringt die Änderung (Prozessoptimierung / Kostensenkung / ROI, Pro/Contra)?

Effizienzsteigerung

Mithilfe des Einsatzes von eigenen Personalressourcen, ohne Generierung externer Kosten, lassen sich die Führungskräfte von Morgen aufbauen. Mittelfristig gesehen profitiert ein Unternehmen durch Reduktion von Rekrutierungskosten und die Sicherstellung einer gleichbleibenden Arbeitsqualität auf hohem Niveau nach den eigenen Maßstäben.

Insofern ist ein solches Programm nahezu obligatorisch für Unternehmen in der mittelständischen Industrie, die immer häufiger mit großen Konzernen um die Gunst von talentiertem Personal „kämpfen" müssen.

| BVW | niedrig |  | Personalmanagement |

Azubi-Patenschaften entwickeln und Gruppendynamik nutzen

Durch die Integration von sog. Azubi-Paten innerhalb der Ausbildung eine bessere Gruppendynamik erzielen und Wissen zielgerecht weitergeben

Was möchte ich ändern?

Falls in großen Firmen die Anzahl der neuen Auszubildenden hoch ist, hat der Ausbildungsleiter sehr viele Aufgaben zu erfüllen. Um dies zu optimieren, bietet es sich an, im Unternehmen sog. Azubi-Patenschaften zu integrieren. Gemeint ist damit die Zuordnung von einem z.B. 3. Lehrjahr-Azubi zu einem Ausbildungsanfänger. Der Neuling hat dann neben seinem Ausbildungsleiter einen festen Ansprechpartner, der bereits viele Tätigkeiten, Abläufe und Kollegen im Unternehmen persönlich kennt.

Insofern schafft dieses für alle neuen Berufsanfänger Vertrauen, da „von Azubi zum Azubi" gefragt, i.d.R. deutlich weniger Berührungsängste vorhanden sind. Des Weiteren wird der Ausbildungsleiter spürbar entlastet und der bereits erprobte Auszubildende im 3. Lehrjahr bekommt Verantwortung seines Betriebs übertragen, was sehr motivierend wirken kann.

Wie möchte ich es ändern (inkl. Umsetzungsdauer kurz-/mittel-/langfristig)?

Ist die Integration von sog. Azubi-Patenschaften erfolgreich im Unternehmen umgesetzt, kann dies ein fester Bestandteil der Ausbildungsstrategie des jeweiligen Arbeitgebers werden. Dort, wo gefördert, motiviert, entlastet und Vertrauen geschenkt wird, ist ein guter Nährboden für die nächste Generation der Fachkräfte gegeben.

Beispielhaft können wir zu diesem Thema die nachstehenden Anbieter, Dienstleister oder Literatur empfehlen. Hier finden Sie bei Bedarf kompetente Unterstützung und aussagekräftiges Informationsmaterial.

Anbieter / Dienstleister / Informationsmaterial

Hilfe, ein Azubi kommt! Was Azubibetreuer wissen müssen: Ein Wegweiser für Ausbildungsbeauftragte, Sabine Bleumortier, ISBN 386522833X

Welchen Nutzen bringt die Änderung (Prozessoptimierung / Kostensenkung / ROI, Pro/Contra)?

Effizienzsteigerung

Betrachtung der wesentlichen Nutzungsvorteile:

- Übergabe von Verantwortung an ältere Auszubildende (Vertrauen geben).
- Erhöhung der Gruppendynamik.
- Entlastung der eigentlichen Ausbilder.
- Wohlfühlen für neue Auszubildende steigern.
- Firmenzugehörigkeitsgefühl steigern.
- Kontaktbarriere für Berufsanfänger senken (von Azubi zum Azubi gesprochen).

| BVW | mittel |  | Personalmanagement |

Betriebliche Zutrittskontrolle durch Transpondertechnik

Mit Transponderanwendungen und Zahleneingabeeinheiten Bereichszutritte steuern

Was möchte ich ändern?

In einem wirtschaftlich wachsenden Unternehmen wachsen nicht nur neue Strukturen, sondern auch Räumlichkeiten (Hallen, Tore) etc. Hierbei wird es immer wichtiger, aus Sicherheitsgründen Bereichszutritte gezielt steuern und regeln zu können. Dies hilft dabei, ungewollten innerbetrieblichen und außerbetrieblichen Zutritt durch Personen zu regeln und auch zu verwalten. Einerseits ist das eigene Unternehmen dafür verantwortlich, externe Menschen vor Unfällen auf seinem Gelände zu schützen und ebenso wichtig ist es andererseits, Know-how und Firmeneigentum fachgerecht und bestmöglich zu sichern.

Wie möchte ich es ändern (inkl. Umsetzungsdauer kurz-/mittel-/langfristig)?

Durch die Integration von Transponder-Erkennungseinheiten an jedem Tor und an jeder äußeren Zugangstür können Eintrittsmöglichkeiten perfekt gesichert werden. Der jeweilige Zugang öffnet sich nur bei positiver Transpondererkennung. Zusätzlich kann man in einem zentralen System bei Transponderverlust gezielt und schnell einzelne Transponderchips sperren lassen. Dies ist ein unschätzbarer Wert, den man mit einem normalen Standardschlüssel nicht gewährleisten könnte.

Ebenso kann man als Firma auch mit Zahleneingabeeinheiten arbeiten. Der Vorteil hieran ist, dass sich die Mitarbeiter mit einem speziellen Code und dessen Eingabe Zutritt verschaffen können. Jedoch ist dieser von sog. Dritten schnell bei der Eingabe zu erkennen und insofern keine sichere Grundlage für eine sorgsame Unternehmenszutrittskontrolle.

Beispielhaft können wir zu diesem Thema die nachstehenden Anbieter, Dienstleister oder Literatur empfehlen. Hier finden Sie bei Bedarf kompetente Unterstützung und aussagekräftiges Informationsmaterial.

Anbieter / Dienstleister / Informationsmaterial

ABUS Seccor, www.abus-seccor.de

Welchen Nutzen bringt die Änderung (Prozessoptimierung / Kostensenkung / ROI, Pro/Contra)?

| ROI | nicht prognostizierbar | 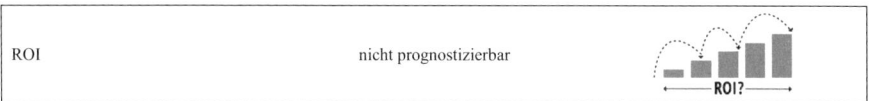 |

Die Implementierung von Zutrittskontrollen in Unternehmungen sichert geistiges und materielles Firmeneigentum vor dem Zugriff von unberechtigten Dritten. Ebenso kann man mit Transpondern, Chips, Sonderschlüsseln oder auch Zahleneingabeeinheiten bewusst in der Firmenleitung steuern, welche Mitarbeiter in welche Firmenbereiche gelangen dürfen. Dieses Konzept verlangt sicher im ersten Umsetzungsschritt ein gewisses Grundinvestment, jedoch sollte es mittelfristig zu einem deutlich höheren Sicherheitsstandard führen, der für renommierte und wachsende Unternehmen ein „Muss" bedeuten sollte.

| BVW | mittel |  | Personalmanagement |

Dienst-E-Bikes als win/win nutzen

Finanziell attraktiv für Unternehmen und Arbeitnehmer, umweltbewusst, gesundheitsorientiert

Was möchte ich ändern?

Es ist in Unternehmen des Mittelstands gängige Praxis, leistungsfähige Mitarbeiter mit einem Dienstwagen zu belohnen, selbst wenn diese nicht im Außendienst tätig sind. Dabei ist ein Firmenwagen nicht nur ein Vorteil für den Mitarbeiter, der den geldwerten Vorteil mit einer 1%igen Pauschale versteuert und dafür durch diese Gehaltsumwandlung einen höheren Gegenwert erhält, sondern stellt auch für den Arbeitgeber eine finanziell lohnende Alternative zur Auszahlung von entsprechend mehr Bruttogehalt dar. Dennoch ist die Anzahl der Dienst-PKW aus Budgetgründen begrenzt und nicht jeder verdiente Mitarbeiter kann in den Genuss dieses Benefits kommen.

Des Weiteren ist zu überlegen, ob PKWs zwingend notwendig sind. Ist der Standort des Unternehmens im Stadtzentrum, wohnen viele der Mitarbeiter in unmittelbarer Nähe zum Unternehmen, möchte man als umweltbewusste Firma wahrgenommen werden?

Wie möchte ich es ändern (inkl. Umsetzungsdauer kurz-/mittel-/langfristig)?

Seit einer Entscheidung der Landesfinanzminister zum Ende des Jahres 2012 ist es auch möglich, Fahrräder und E-Bikes / Pedelecs als Dienstfahrzeuge zu deklarieren. D.h. hier gelten die gleichen gesetzlichen Privilegien wie bei den Dienst-PKWs, die E-Bikes erhalten volle Anerkennung als Firmenfahrzeuge mit privater Nutzung.

Würde ein Arbeitgeber seinen Mitarbeitern als Teil des Gehalts ein E-Bike zur Verfügung stellen, hat der Mitarbeiter lediglich die 1%-Versteuerung zu tragen. Das Unternehmen kann die E-Bikes bequem über spezialisierter Anbieter leasen. Die beiderseitigen finanziellen Vorteile, die man aus dem PKW-Bereich kennt, gelten auch hier in gleicher Weise.

Dazu kommen die nicht zu vernachlässigenden Aspekte, dass sich ein Arbeitgeber über PR ein positives Image durch die Maßnahme aneignen kann. Umweltbewusstsein und gesundheitliche Förderung der Mitarbeiter erfahren eine positive Assoziierung in Öffentlichkeit und Belegschaft.

Die Mitarbeiter werden animiert, mit dem Rad zur Arbeit zu fahren und so fit zu bleiben. Entgegen der landläufigen Meinung erfordern auch elektronisch unterstützte Fahrräder kontinuierliches Treten und somit belastungsausgleichende Bewegung. Durch diese Form der Mobilität fällt nicht zuletzt die Parkplatzsuche in hoch frequentierten Ortsteilen vollständig weg. Der Umweltfaktor wird durch Neutralisierung des CO_2-Ausstosses sowie Verzicht auf Treibstoffe bedient.

Final ist der Faktor nicht zu unterschätzen, dass man mit Dienst E-Bikes weitaus mehr Mitarbeiter motivieren kann, als das mit Dienst-PKWs möglich und gewollt wäre.

Über einen betrieblichen Verbesserungsvorschlag, der die genannten Faktoren und Vorteile benennt, kann ein entsprechendes Programm im Unternehmen eingeführt werden. Die Firma müsste lediglich einen Rahmenvertrag mit einem der nachfolgend beispielhaft genannten Anbieter abschließen und die Kommunikation innen und außen steuern.

Beispielhaft können wir zu diesem Thema die nachstehenden Anbieter, Dienstleister oder Literatur empfehlen. Hier finden Sie bei Bedarf kompetente Unterstützung und aussagekräftiges Informationsmaterial.

Anbieter / Dienstleister / Informationsmaterial

LeaseRad GmbH, www.jobrad.org
Leasing eBike, www.leasing-ebike.de

Welchen Nutzen bringt die Änderung (Prozessoptimierung / Kostensenkung / ROI, Pro/Contra)?

ROI prognostiziert	1 – 3 Jahre	

Eine positive Reputation nach außen, gesunde, fitte und motivierte Mitarbeiter, umweltschonendes Verhalten – und das bei für beide Seiten lohnenswerter, da subventionierter Finanzierung. Etwaige Nachteile sind an dieser Stelle nicht feststellbar.

BVW	mittel		Personalmanagement

Digitale Kommunikation in betrieblichen Lärmumgebungen

Optimale Team-Kommunikation ermöglichen bei bestmöglichem Gehörschutz

Was möchte ich ändern?

In industriellen Betrieben und auch im Handwerk sind Produktionsmitarbeiter vielfach großem Lärm ausgesetzt. Dies ist auf der einen Seite eine hohe Belastung für die Gehörgänge und auf der anderen Seite wird Kommunikation mit Kollegen und Vorgesetzten erheblich erschwert. Setzen die Mitarbeiter Ohrenstöpsel oder Kopfbügel mit Gehörschutzkapseln ein, müssen diese abgenommen werden, wenn z.B. der Vorarbeiter Anweisungen übermitteln möchte. Während dieser Zeit sind die Gehörgänge gänzlich ungeschützt.

Wie möchte ich es ändern (inkl. Umsetzungsdauer kurz-/mittel-/langfristig)?

Professionelle Headset-Systeme kennt man aus dem Call-Center Segment. Für Mitarbeiter im Kundenservice und der Telefonakquise ist dies ein etabliertes Hilfsmittel der telefonischen Kommunikation.

Mehr und mehr findet dieses Prinzip Einzug in Produktionsbereiche, denn die großen Hersteller bringen immer mehr Modelle auf den Markt, die ideal für den Einsatz in staubigen, feuchten und heißen Umgebungen sowie allgemein unter erschwerten Arbeitsbedingungen geeignet sind. Dabei gibt es sowohl Varianten mit Kopfbügel als auch In-Ear-Modelle, die je nach Anwendung hohen Komfort versprechen.

Neben dem Gehörschutz gegen laute Maschinengeräusche ist insbesondere die digitale Kommunikationsmöglichkeit hervorzuheben. Die Produktionsleitung kann sämtliche Mitarbeiter aktiv ansprechen, ohne direkt vor Ort zu sein, und die Mitarbeiter können sich untereinander sauber und verständlich austauschen.

Beispielhaft können wir zu diesem Thema die nachstehenden Anbieter, Dienstleister oder Literatur empfehlen. Hier finden Sie bei Bedarf kompetente Unterstützung und aussagekräftiges Informationsmaterial.

Anbieter / Dienstleister / Informationsmaterial

3M Peltor, www.comhead.de/headsets-fuer-industrie-und-handwerk/3m-peltor-headsets/

Welchen Nutzen bringt die Änderung (Prozessoptimierung / Kostensenkung / ROI, Pro/Contra)?

| ROI prognostiziert | 4 – 6 Jahre | |

In einer modernen Industrieunternehmung trägt der Einsatz eines solchen Systems zum optimalen Ablauf von Prozessen erheblich bei.

Sicherlich ist die Einführung mit einer hohen Anfangsinvestition verbunden, möchte man alle Produktionsmitarbeiter mit Headset-Systemen ausrüsten, allerdings kann man im Rahmen einer Return-of-Invest-Rechnung die regelmäßigen Ausgaben für nur einmal verwendbare Ohrenstöpsel gegenrechnen.

| KVP | mittel | Personalmanagement |

Einführung einer Qualifikationsdatenbank

Warum hohe Kosten für externe Dienstleister generieren, wenn unter vorhandenen Mitarbeitern ungeahntes und damit ungenutztes Wissen existiert?

Was möchte ich ändern?

Viele Unternehmen sind schnell dabei, externe Dienstleister oder Trainer zu beauftragen, wenn etwa für die Abwicklung eines Auftrags oder die Erledigung neuer Aufgaben bisher nicht vorhandene Fachkompetenz erforderlich ist.

Als Beispiel sei hier genannt: Ein neuer Kunde eines metallverarbeitenden Betriebes mit 150 Mitarbeitern, der aus der Medizin-Branche kommt, die bisher nicht im Kundenportfolio enthalten war, fordert im Rahmen der Beauftragung eine Beratung an zu besonderen Hygiene- und Reinigungsvorschriften der metallischen Erzeugnisse. Sowohl die zuständige Sachbearbeiterin als auch der Konstruktionsplaner des metallverarbeitenden Betriebes weisen keine Kenntnisse in diesem Feld auf und können so den Kunden nicht kompetent bedienen.

Wie möchte ich es ändern (inkl. Umsetzungsdauer kurz-/mittel-/langfristig)?

Würde der metallverarbeitende Betrieb eine Qualifikationsdatenbank einsetzen, die sämtliche Fachkompetenzen, Detailkenntnisse und Erfahrungswerte aller Mitarbeiter des Unternehmens enthält, könnte die zuständige Sachbearbeiterin nun über die Personalabteilung ermitteln lassen, ob irgendein Mitarbeiter aus vorherigen Positionen oder der aktuellen Tätigkeit Erfahrungen mit Medizintechnik sowie den entsprechenden Vorgaben und Normen besitzt. Wird jemand gefunden, können die Ressourcen möglicherweise intern für die angeforderte Beratung des Kunden Einsatz finden und es ist kein Einkauf von externem Know-how erforderlich.

In der Praxis wäre der Datenbestand dieser Lösung recht pragmatisch über ein Selbsterklärungsformular der Mitarbeiter ermittelbar. Ob die Kompetenzen tatsächlich ausreichend für die Anforderungen vorhanden sind, ist dabei erst im konkreten Fall zu überprüfen. Die Chancen überwiegen gegenüber den Risiken.

Welchen Nutzen bringt die Änderung (Prozessoptimierung / Kostensenkung / ROI, Pro/Contra)?

ROI prognostiziert	4 – 6 Jahre	

Als Unternehmen nutzt man in dem angesprochenen Fall die internen Wissensressourcen bestmöglich aus, bevor Kosten für externe Dienstleister entstehen. Darüber hinaus ergibt sich ggf. als Zusatznutzen eine hohe Motivation für betreffende Mitarbeiter, wenn ihre Kenntnisse in anderen Bereichen des Unternehmens Anerkennung finden. Womöglich ergeben sich sogar bislang nicht voraussehbare Karrierewege für Mitarbeiter, falls ihre Fachkompetenz durch eine Qualifikationsdatenbank erstmals erkannt wird. Und Unternehmen können ggf. vakante Stellen intern ohne Rekrutierungskosten besetzen, auch wenn sie die betreffenden Mitarbeiter auf den ersten Blick „nicht auf dem Papier hatten".

Ein weiterer Faktor ist der Multiplikatoreffekt: Insbesondere bei Software-Kenntnissen können kompetente Mitarbeiter ihre Kollegen schulen und so als Key User agieren, ohne dass externe Trainer beauftragt werden müssen. Auch dies kann über eine Qualifikationsdatenbank nachgehalten werden: Wer kommt als Trainer/Key-User in Frage?

Eine weitere Anwendungsmöglichkeit wäre es, durch Erhebung aus den vorhandenen Daten Qualifizierungsbedarf für die Mitarbeiter ganzer Abteilungen zu ermitteln.

Zu beachten sind bei Einführung einer Qualifikationsdatenbank die gesetzlichen Vorgaben zum Datenschutz. Es empfiehlt sich eine entsprechende Betriebsvereinbarung, ein Muster kann unter www.hrexperten24.de heruntergeladen werden.

BVW	mittel		Personalmanagement

Einführung eines Unternehmensleitfadens

Eine Orientierungshilfe für neue und bestehende Mitarbeiter schaffen

Was möchte ich ändern?

In vielen in ihren Strukturen gewachsenen mittelständischen Unternehmen gibt es zahlreiche „ungeschriebene Gesetze", die bei langjährigen Mitarbeitern bekannt sind, doch nirgendwo schriftlich oder zentral dokumentiert sind. Neue Mitarbeiter, die ohnehin beim Start im Unternehmen mit vielen neuen Begebenheiten konfrontiert sind, stehen dem hilflos gegenüber und können tlw. erst nach vielen Monaten erahnen, welche Regeln in der Firma in welcher Form gelten.

Wie möchte ich es ändern (inkl. Umsetzungsdauer kurz-/mittel-/langfristig)?

Es ist sinnvoll, einen zentralen Unternehmensleitfaden zu formulieren und als offizielles Dokument an alle Mitarbeiter zur Verfügung zu stellen. Ein solcher dient gleichermaßen als Orientierungshilfe und als verbindliche Arbeitsanweisung. Gerade neue Mitarbeiter können sich mithilfe eines Leitfadens optimal in die Strukturen und Regeln des neuen Arbeitgebers einfinden.

Denkbare und sinnvolle Themenblöcke in einem Unternehmensleitfaden sind:
- Wie melde ich mich am Telefon (einheitliche Begrüßung)
- Dresscode für verschiedene Unternehmensbereiche
- Regeln für Heizung / Klimaanlage / Lüften
- Was tun bei Konflikten mit Kollegen (Schlichtungsstelle)
- Verhalten gegenüber Auszubildenden
- Ablauf der ersten Tage für neue Mitarbeiter (Produktschulungen, Sicherheitsunterweisungen)
- Regeln für Vertretung im Krankheits- und Urlaubsfall
- Wie werden Kunden empfangen?
- Regeln für Besprechungen
- Formvorschriften für Protokolle
- Nutzungsvorgaben im Corporate Design

- Ordnung am Arbeitsplatz
- Organigramm / Weisungsbefugnisse
- Rücksichtnahme auf Kollegen
- Urlaubsregelungen / Genehmigungsvorschriften
- Prozessbeschreibungen für Beschaffungsanträge etc.
- Hinweise IT-Netzlaufwerke
- Lautstärke / Musik am Arbeitsplatz
- Private Telefonbenutzung
- Rauchen an vorgesehenen Standorten
- Parkplatznutzung, z.B. Frauenparkplätze
- Einnahme von Nahrung am Arbeitsplatz
- Arbeitsschutzmaßnahmen
- Dienstfahrten / Regelungen Poolfahrzeuge
- Buchung von Besprechungsräumen
- ...

Dabei ist ein Unternehmensleitfaden nicht zu verwechseln mit einem Unternehmensleitbild. Zwar orientiert sich der Leitfaden an dem Selbstverständnis des Unternehmens, das im Leitbild dokumentiert wurde, geht allerdings sehr ins Detail einzelner Arbeitsabläufe und Verhaltensregeln und ist dabei, anders als ein Leitbild, nur für internen Gebrauch bestimmt.

Initiiert durch einen betrieblichen Verbesserungsvorschlag, könnte ein Leitfaden im besten Fall durch einen Arbeitskreis, bestehend aus langjährigen und mit den undokumentierten aber vorhandenen Regeln vertrauten Mitarbeitern, als Entwurf erstellt werden. Die Geschäftsleitung sollte auf der vorgeschlagenen Basis ihre Änderungen oder Verfeinerungen durchführen und den Unternehmensleitfaden dann zeitnah offiziell einführen.

Welchen Nutzen bringt die Änderung (Prozessoptimierung / Kostensenkung / ROI, Pro/Contra)?

ROI	nicht prognostizierbar	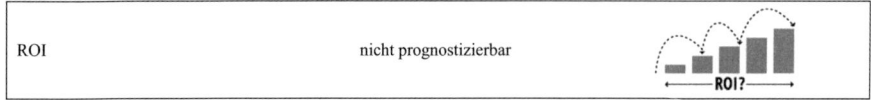

Wie bereits beschrieben, profitieren alle Mitarbeiter, ob neu oder bestehend, von dieser klaren und unmissverständlichen Vorgabe. Das Unternehmen kann aus seiner Perspektive die Einhaltung der nun offiziell deklarierten Regeln gegenüber seiner Belegschaft einfordern und damit gewisse Prozesse und Abläufe qualitativ aufwerten.

| BVW ●———○ | mittel |  | Personalmanagement |

Einkaufsbündelungen für Mitarbeiter arrangieren

Durch die Einkaufsbündelungen und Firmenrabattlösungen von Lieferanten und Dienstleistern vor Ort steuerfreie Mehrwerte für die Belegschaft ermöglichen.

Was möchte ich ändern?

Große Firmen haben zwangsläufig eine nennenswerte Anzahl von Mitarbeitern. Im Rahmen der Erstellung von Einkaufsbündelungen können Mehrwerte für die Belegschaft arrangiert werden. Wenn umliegende reizvolle Einkaufsquellen (Restaurants, Fitness-Center, Wäschereien, Friseure etc.) den Umsatz zu sich lenken möchten, kann ein Unternehmen im offenen Dialog wahrscheinlich einen fairen Rabatt für die gesamte Belegschaft erzielen.

Wie möchte ich es ändern (inkl. Umsetzungsdauer kurz-/mittel-/langfristig)?

Nach einer ausführlichen Bedarfsplanung kann man eine Auswahl von regionalen Dienstleistern und Lieferquellen ausfindig machen. Wenn man im Anschluss alle Quellen kontaktiert, entsteht ein regionaler Mix aus Einkaufsmöglichkeiten für die Belegschaft inklusiver reizvoller Rabattierung. Es ist ein steuerfreier Mehrwert für jeden Mitarbeiter, wenn er z.B. 5% beim Friseur spart, 10% im benachbarten Baumarkt und ggf. auch 20% im gegenüberliegenden Restaurant.

Der Vorteil bei den Lieferquellen selbst ist, dass man ein direktes Umsatzplus erwarten kann und somit wird auch die regionale Wirtschaft gestärkt bzw. die lokale Infrastruktur am Leben erhalten wird. Jeder einzelne Mitarbeiter hätte keine bzw. kaum Nachfragemacht und würde nur selten alleine Rabatte dieser Art erzielen können. Insofern ist die Bündelung dieser Einkaufsoptionen durch eine große Firma eine bessere Stellschraube für derartige Mitarbeiter-Einkaufsbündelungen.

Beispielhaft können wir zu diesem Thema die nachstehenden Anbieter, Dienstleister oder Literatur empfehlen. Hier finden Sie bei Bedarf kompetente Unterstützung und aussagekräftiges Informationsmaterial.

Anbieter / Dienstleister / Informationsmaterial
Naked Economics: Entdecken Sie Ihre Liebe zur Ökonomie, Charles Wheelan / Isabel Lamberty-Klaas, ISBN 3527506128

Welchen Nutzen bringt die Änderung (Prozessoptimierung / Kostensenkung / ROI, Pro/Contra)?

ROI prognostiziert	1 – 3 Jahre	

Pro-Argumente

- Motivationssteigerung in der Belegschaft.
- Zugehörigkeitsgedanke zur Firma wird gefördert.
- Steigerung des allgemeinen Teamgedankens.
- Einsparpotenzial für Mitarbeiter wird geschaffen.
- Indirekter Einkommensmehrwert für die Belegschaft.
- Regionale Wirtschaft kann zusätzlich gestärkt werden.
- Erhalt der regionalen Infrastruktur wird gefördert.

| KVP |  | hoch | ⏱ | Personalmanagement |

Employer Branding aktiv betreiben

Der Kampf um die besten Köpfe ist im vollen Gange. Mittelständische Unternehmen sollten sich nicht nur gegenüber Kunden, sondern auch potentiellen Mitarbeitern als wertige Marke darstellen.

Was möchte ich ändern?

Gab es früher einen großen Überhang an fachlich geeigneten Bewerbern auf vakante Stellen, so hat sich die Gewichtung inzwischen oftmals um 180° gedreht. Gerade in technischen Bereichen wie im Ingenieurswesen und in der Informatik wird es zunehmend schwieriger, qualifiziertes Personal über konventionelle Wege wie Zeitungsannoncen zu finden. Externes Recruiting als Alternative ist oftmals sehr kostenintensiv, Vermittlungsgebühren von einem halben Jahresgehalt sind keine Seltenheit. Die meisten Absolventen „stürzen" sich auf die großen Konzerne wie z.B. Audi und BMW und würden meist keine Initiativbewerbungen im Mittelstand forcieren.

Wie möchte ich es ändern (inkl. Umsetzungsdauer kurz-/mittel-/langfristig)?

Der Schlüssel für eine mittelfristige Positionierung als attraktiver Arbeitgeber, mit entsprechender Reputation und Bekanntheit in der Zielgruppe, ist aktives Employer Branding (= Markenpositionierung als Arbeitgeber). Plattformen und soziale Medien wie XING erlauben es Unternehmen, ihre Alleinstellungsmerkmale und ihr attraktives Jobumfeld sowie die Karrierechancen aktiv zu kommunizieren und mit potentiellen Bewerbern ins Gespräch zu kommen. Des Weiteren sollte ein Karrierebereich auf der Website der Unternehmen nicht nur die Vakanzen aufführen, sondern auch die Leistungen, die das Unternehmen neuen Mitarbeitern zu bieten hat, und auch das Produkt- und Kundenportfolio.

Ferner sollten sich die Human Resources-Abteilungen darauf einstellen, stetig Bewertungen von Mitarbeitern und zu Vorstellungsgesprächen eingeladenen Bewerbern auf Plattformen wie Kununu zu verfolgen und bei kritischen Rezensionen den öffentlichen Dialog zu suchen. Wer es mit Einwandbehandlung geschickt anstellt, kann z.B. aus einer negativen Bemerkung eines ehemaligen Mitarbeiters einen positiven Eindruck für externe Besucher formen, indem er sachlich, authentisch und mit Empathie reagiert.

Abbildung: Karriereseite einer Kommunikationsagentur (Quelle: leonex.de)

Welchen Nutzen bringt die Änderung (Prozessoptimierung / Kostensenkung / ROI, Pro/Contra)?

ROI prognostiziert	1 – 3 Jahre	

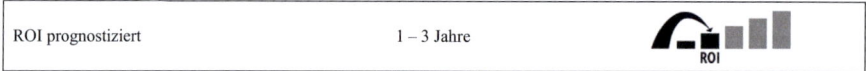

Der Nutzen von Maßnahmen im Bereich Employer Branding lässt sich sicherlich nicht umgehend messen. Allerdings wird man mittelfristig feststellen, dass mehr qualifizierte Bewerbungen auf ausgeschriebene Vakanzen eingehen als vorher und die Mitarbeiterbindung erhöht wird bzw. die Fluktuation sinkt. Voraussetzung dafür ist selbstverständlich, dass man generell neuen und auch bestehenden Mitarbeitern ein angemessenes Umfeld bietet, einen kooperativen Führungsstil, Anerkennung für Leistung und nicht zuletzt Möglichkeiten der individuellen Weiterentwicklung.

Im Übrigen sind die Kosten für die genannten Maßnahmen, abgesehen vom Personaleinsatz, im Vergleich zu nur einer samstäglichen ¼-Seite im Stellenmarkt der Tageszeitung außerordentlich gering.

KVP 	mittel	Projektmanagement

Kontrollinstanz schaffen durch Scannen der einzelnen Fertigungsschritte

Durch Kontrolle von Effizienz im Betrieb nachhaltig Aufträge besser bewerten und kalkulieren

Was möchte ich ändern?

Durch das Scannen von einzelnen Fertigungsschritten (Rückmeldung an das System bei Fertigstellung von einzelnen Teilprozessen in der Produktion) nachhaltig Aufträge besser bewerten zu können, kann ein Ziel sein, die Wirtschaftlichkeit für aktuelle und auch zukünftige Aufträge besser steuern und bewerten zu können. Dies kann für ein herstellendes Unternehmen ein elementarer Schritt für die zukünftige Ausrichtung darstellen.

Wie möchte ich es ändern (inkl. Umsetzungsdauer kurz-/mittel-/langfristig)?

Durch eine Integration von spezieller Fertigungsstandkontrollsoftware ist es für eine Firma möglich, die genaue Effizienz besser bewerten zu können. Fehleinschätzungen bei zukünftigen Angeboten werden damit vermieden und Nachkalkulationen werden zusätzlich erleichtert.

Beispielhaft können wir zu diesem Thema die nachstehenden Anbieter, Dienstleister oder Literatur empfehlen. Hier finden Sie bei Bedarf kompetente Unterstützung und aussagekräftiges Informationsmaterial.

Anbieter / Dienstleister / Informationsmaterial

BleTec Software GmbH, www.bletec.de/loesungen/technik/fertigungszeiterfassung

Welchen Nutzen bringt die Änderung (Prozessoptimierung / Kostensenkung / ROI, Pro/Contra)?

ROI prognostiziert	1 – 3 Jahre	

Der Hauptnutzen liegt in der Transparenz in der Wirtschaftlichkeit einzelner Fertigungsaufträge. Dies spiegelt sich wieder in folgenden Eckdaten:

- Erfassung der IST-Fertigungszeit über ein Scannersystem.

- Eine Nachkalkulation ist systemtechnisch hiermit leicht darstellbar und umzusetzen.

- Fertigungsmaterial kann automatisiert gesteuert werden.

- Chargennummern können hinzugebucht werden.

- Tagesarbeitszeiten und auch Wochenarbeitszeiten sind zum jeweiligen Team oder Projekt automatisiert steuerbar.

- Mehrere Positionen von Aufträgen können automatisch zusammengefasst und bewertet werden.

- Fertigungszeichnungen können mit der Software ebenso projektbezogen angezeigt werden.

- Terminübersichten mit Restfertigungsaufwand in Zeiteinheiten sind möglich.

- Kostenstellenstatistiken mit geplanten Fertigungsständen und realen Fertigungsständen sind abrufbar und vergleichbar.

BVW	mittel		Personalmanagement

Maschinenpaten für Maschinen ernennen und Verantwortung definieren

Mittels einer Maschinenpatenernennung klare Zuständigkeiten schaffen und Anlagenzustände optimieren

Was möchte ich ändern?

Maschinen benötigen permanente Wartung und auch eine pflegliche Behandlung, damit diese langfristig im Einsatz bleiben können. Der Sinn einer Maschinenpatenernennung erschließt sich ggf. nicht sofort. Erklärt man dies in Kurzform, liegt der Vorteil darin, dass pro Maschine bzw. pro technischer Anlage ein sogenannter Maschinenpate ernannt wird. Vom Betrieb wird dann eine Art Steckbrief erstellt und an jeder Anlage angebracht.

Wie möchte ich es ändern (inkl. Umsetzungsdauer kurz-/mittel-/langfristig)?

Bringt man an jeder Maschinen den Steckbrief der Maschinenpatenschaft an, sieht jeder Mitarbeiter genau, wer für welche Anlage und dessen Zustand verantwortlich ist.

Der Aufbau des Steckbriefs kann z.B. wie folgt sein:

Maschinentyp:	XYZ007
Interne Maschinennummer:	MA007
Seriennummer:	000815007

Abbildung: Maschinen-Steckbrief

Darunter kann eine Anmerkung als kurzer Satz stehen, der z.B. wie folgt lt.: „Verantwortlich für die Wartung und Sauberkeit dieser Maschine und des umliegenden Arbeitsplatzes ist unser Kollege Max Mustermann".

Auch ist es denkbar, ein Foto von dem jeweiligen Mitarbeiter im Steckbrief zu integrieren, ggf. ein Bild, auf dem der jeweilige Mitarbeiter direkt vor der Maschine steht o.ä.

Möchte man hier noch einen Bezug zum Wert der Anlage herstellen, kann auch im Steckbrief genannt werden, wann die Anlage angeschafft wurde und welchen Wert diese Maschine bei dem Ankauf hatte. Ein Beispielsatz wie: „Diese Anlage hat bei Neuanschaffung rund 250.000

EUR gekostet. Diese Anlage ist pfleglich zu behandeln und sichert unsere Arbeitsplätze sowie Wettbewerbsfähigkeit.".

Welchen Nutzen bringt die Änderung (Prozessoptimierung / Kostensenkung / ROI, Pro/Contra)?

Effizienzsteigerung	

Einerseits zeigt man damit in der Geschäftsleitung, dass man dem einzelnen Mitarbeiter hohe Verantwortung für eine teure und komplexe Anlage überträgt und anderseits kann auch der direkte Zustand einer jeweiligen Maschine einem klaren Verantwortlichen zugeordnet werden.

Durch diese Maßnahme entsteht mit der Zeit eine feste Verbindung des Mitarbeiters zum eigenen Arbeitsbereich und zur persönlich zugeordneten Maschine. Ein Ziel dieser Umsetzung ist das gefühlte Betriebserlebnis, dass man sein Arbeitsgerät ernst nimmt sowie wertschätzt und ebenso die Geschäftsleitung diese Wertschätzung an die Mitarbeiter transportiert.

Wird ein solcher Vorschlag erfolgreich und konsequent umgesetzt, ist davon auszugehen, dass die Motivation bei den ausgewiesenen Mitarbeitern steigen wird, eine festere Verbindung zwischen Arbeitsplatz und Mitarbeiter entsteht, die Anlagen in einem optimierten Wartungszustand und Pflegezustand sind und aus Sicht des Arbeitsgebers die Maschinen länger und störungsfreier im Einsatz bleiben können, was die Wirtschaftlichkeit belegbar erhöht.

| KVP |  | mittel | ⏱ | Personalmanagement |

Mitarbeitergespräche mit Zielvereinbarungen führen

Durch die Führung von Mitarbeitergesprächen mit klaren und messbaren Zielvereinbarungen Ziele erreichen und Mitarbeiter spürbar mehr motivieren und fördern

Was möchte ich ändern?

Mitarbeitergespräche im Unternehmen sollten als fester Standard integriert werden, welcher darauf abzielt, klare Zielvereinbarungen zu treffen, um gemeinsamen Unternehmenserfolg voranzubringen. Dieser höhere Standard an Mitarbeitergesprächen soll die häufig sehr einfachen und kurzen Monologe, welche in vielen Firmen als Austauschgespräch mit Personal verwendet werden, kurzfristig ersetzen. Es bringt beiden Seiten im Unternehmen eine höhere Motivation und eine faire messbare Bewertungsgrundlage für individuelle Ziele.

Welche Mehrwerte kann man hiermit u.a. schaffen?
- Eine bessere strategische Ausrichtung im eigenen Unternehmen.
- Bessere Zielidentifikation im Team.
- Ergebnisorientierteres Arbeiten.
- Mitarbeitermotivation steigt deutlich.
- Kreativität der Mitarbeiter wird gefördert und Potenziale werden genutzt.

Wie möchte ich es ändern (inkl. Umsetzungsdauer kurz-/mittel-/langfristig)?

Führt man das Steuerungsinstrument der Zielvereinbarungen kreativ und motivierend in einem Unternehmen ein, schafft man Offenheit und viel Klarheit, da eine faire bewertbare Grundlage für alle Mitarbeiter entsteht. Die Übernahme von Verantwortung stärkt die Zugehörigkeit und das eigene Selbstwertgefühl aller Teammitglieder. Ob man diese Zielvereinbarungsgespräche mit den Mitarbeitern nun pro Quartal führt, halbjährlich oder einmal pro Jahr, ist abhängig von der Unternehmensphilosophie, Mitarbeiterstärke und der Komplexität der Firmenziele.

Bei der Implementierung von Zielvereinbarungen sind diverse Rahmenbedingungen zu beachten:

- Ziele sollten SMART sein (spezifisch, messbar, anspruchsvoll/attraktiv, realistisch und terminiert).
- Bonusanreize sind dienlich (materielle oder immaterielle Anreize).
- Mitarbeiterschulungen sollten geboten werden.
- Volle Unterstützung und Einbringung auf allen Entscheidungsebenen.
- Gründlich Konzeptphase vor dem Start der Implementierung in der Firma.

Da häufige Fehler bei der Implementierung bekannt sind, sollten auch diese Punkte im Vorfeld bedacht werden:
- Konsequente Nachverfolgung von Zielen fehlt und wird nicht kontrolliert.
- Abgleichung und Abstimmung erfolgt nicht in der gesamten Firmenleitung.
- Ziele passen nicht zur Unternehmensausrichtung der nächsten Jahre.
- Ziele werden einseitig und/oder nicht im friedlichen Miteinander vereinbart.
- Maßnahmen werden vereinbart, sollen dann aber unbedacht Ziele ersetzen.

Beispielhaft können wir zu diesem Thema die nachstehenden Anbieter, Dienstleister oder Literatur empfehlen. Hier finden Sie bei Bedarf kompetente Unterstützung und aussagekräftiges Informationsmaterial.

Anbieter / Dienstleister / Informationsmaterial

Zielvereinbarungen und Jahresgespräche, Hailka Proske / Eva Reiff, ISBN 3648035061

Welchen Nutzen bringt die Änderung (Prozessoptimierung / Kostensenkung / ROI, Pro/Contra)?

Effizienzsteigerung

Der Nutzen dieser Mitarbeitergespräche mit Zielvereinbarungen ist kurzum gesagt in den folgenden wesentlichen Punkten zu finden:
- Der Informationsfluss wird verbessert.
- Der Kommunikationslevel von themenrelevanten Belangen wird gestärkt.
- Das Potenzial der Mitarbeiter kann aktiv gefördert und genutzt werden.
- Die Unternehmensmarktposition kann gestärkt, gehalten und ggf. ausgebaut werden.
- Die Zielerreichung wird oftmals beschleunigt.

| KVP |  | hoch | | Personalmanagement |

Mitarbeitermotivation in der Produktion

Durch strategische Werkzeuge in der Personalentwicklung die Zufriedenheit und Leistungsbereitschaft der Mitarbeiter steigern

Was möchte ich ändern?

Insbesondere Mitarbeiter, die in einer Serienproduktion in der verarbeitenden bzw. herstellenden Industrie eingesetzt werden, sind einer überdurchschnittlichen Monotonie ihrer Aufgaben mit wenig bis keiner Abwechslung ausgesetzt. Neben einer möglicherweise zu einseitigen körperlichen Belastung führt dies in vielen Fällen zu einer Demotivation und damit in Folge zu proportional abnehmenden Leistungswerten, was nicht im Sinne des Unternehmens sein kann. Bspw. kann an dieser Stelle der Bediener einer Maschine genannt werden, der täglich die exakt gleichen Handgriffe in hoher Anzahl durchführen muss.

Wie möchte ich es ändern (inkl. Umsetzungsdauer kurz-/mittel-/langfristig)?

Es existieren im Bereich der Personalentwicklung drei zu empfehlende Instrumente, um genau dieser Problematik effektiv zu begegnen:

Job-Rotation (Wechsel)
Eine simple Methode, für Abwechslung in den Arbeitsaufgaben zu sorgen, ist die Rotation. Hier werden die Aufgaben in regelmäßigen Zeiträumen gewechselt, um einen Belastungsausgleich herbeizuführen. Im Beispiel des Maschinenbedieners wäre vorstellbar, dass er einen halben Tag an seiner „Stamm-Maschine" agiert und die andere Tageshälfte an einer anderen Maschine, die abweichende Handgriffe erfordert und bestenfalls eine andere körperliche Haltung mit sich bringt. Bei dem Bediener der zweiten Maschine entsprechend umgekehrt.

Job-Enlargement (Verbreiterung)
Hierbei werden dem Mitarbeiter andere Arbeitsschritte anvertraut, die auf dem gleichen Qualifikationsniveau wie die Haupttätigkeit liegen. In unserem Beispiel könnte dem Maschinenbediener zusätzlich die Aufgabe gegeben werden, das Rüsten der Maschinen bei

Erzeugniswechsel durchzuführen. Das Ziel dieses Werkzeugs ist die Reduktion der Eintönigkeit, in physischer wie auch in psychischer Hinsicht.

Job-Enrichment (Bereicherung)
Mit diesem Instrument lassen sich Mitarbeiter, denen man anspruchsvollere Aufgaben zutraut, in erheblichem Maße motivieren. Es ist gekennzeichnet durch eine Arbeitsbereicherung bedingt durch ein höheres Niveau der Aufgaben. Diese werden interessanter und verantwortungsvoller. Der Maschinenbediener im genannten Beispiel könnte je nach Kompetenz zusätzliche Aufgaben wie etwa die CNC-Maschinenprogrammierung erhalten. Dieses Werkzeug lässt sich nur dann einsetzen, wenn der Mitarbeiter dem Anspruch der höheren Aufgaben gewachsen ist.

In allen drei Fällen ist zu beachten, dass die Vorgaben aus dem Arbeitsschutzgesetz und anderer Rechtsquellen, z.B. zu den Arbeitszeiten, eingehalten werden.

Je nach Mitarbeiteranzahl in den betreffenden monotonen Bereichen lassen sich diese Methoden mittel- bis langfristig durchführen. Sie sind in Produktions- und Ressourcenplanung entsprechend einzubeziehen.

Welchen Nutzen bringt die Änderung (Prozessoptimierung / Kostensenkung / ROI, Pro/Contra)?

Effizienzsteigerung	⏱

Unternehmen, die sich gezielt und individuell diesen drei Instrumenten bedienen, werden nach aller Erfahrung positive Veränderungen in den Produktivitätskennzahlen messen können. Dies lässt sich aus einer höheren Motivation der eingesetzten Mitarbeiter ableiten. Darüber hinaus ist eine langfristige Reduktion von krankheitsbedingten Ausfällen wahrscheinlich, zumindest im Kontext von berufsbedingt stark strapazierten Bereichen wie der Hals- und Lendenwirbelsäule.

Besonders das Job Enrichment dient dazu, das Bedürfnis von Mitarbeitern nach Anerkennung optimal zu befriedigen.

| BVW | mittel |  | Personalmanagement |

Selbstleuchtende Flucht- und Notausgangsschilder

Die betriebliche Sicherheitsausstattung für den Fall von akuten Notfällen optimieren

Was möchte ich ändern?

Flucht- und Notausgangsschilder wie auch Rettungspläne werden in vielen Fällen nicht in allen Unternehmen ausreichend angebracht. Hierbei ist eine ausführliche Begehung der Räumlichkeiten zu empfehlen, bei denen man alle Kennzeichnungen auf den aktuellsten Stand bringen kann, bzw. im ersten Schritt einen aktuellen Status feststellt.

Wie möchte ich es ändern (inkl. Umsetzungsdauer kurz-/mittel-/langfristig)?

Im Nachgang einer solchen Statusfeststellung können dann Maßnahmen ergriffen werden, die einem aktuellen gesetzlichen und zeitgemäßen Stand entsprechen. In diesem Kontext ist zu empfehlen, dass man selbstleuchtende Varianten von Beschilderungen verwendet, denn diese laden sich tagsüber durch das Tageslicht auf und geben am Abend und in der Nacht die Leuchtkraft ohne externen Energiegeber wieder zurück.

Beispielhaft können wir zu diesem Thema die nachstehenden Anbieter, Dienstleister oder Literatur empfehlen. Hier finden Sie bei Bedarf kompetente Unterstützung und aussagekräftiges Informationsmaterial.

Anbieter / Dienstleister / Informationsmaterial
EverGlow® GmbH Sicherheitsleitsysteme, www.everglow.de
BRADY GmbH SETON Division, www.seton.de/Notausgangschilder
WESA Software GmbH, www.wesa-software.de
HNC-Datentechnik GmbH, www.hnc-datentechnik.de

Welchen Nutzen bringt die Änderung (Prozessoptimierung / Kostensenkung / ROI, Pro/Contra)?

| ROI | nicht prognostizierbar | 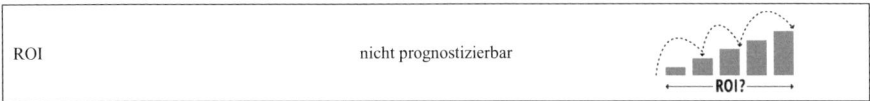 |

Bei diesem Verbesserungskonzept steht der Mitarbeiterschutz im Vordergrund. Jeder Unternehmer wird wollen, dass bei akuten Notfällen (Brandgefahr, allgemeine Rauchentwicklung etc.) jeder Mitarbeiter unbeschadet und schnellstmöglich das Werksgelände verlassen kann.

| KVP | ~~~ | mittel | | Personalmanagement |

Unternehmensleitbild entwickeln und festlegen

Durch die Implementierung eines Unternehmensleitbildes eine klare Struktur und Wertekultur in die Unternehmung einbringen

Was möchte ich ändern?

In einem Unternehmensleitbild findet man eine klare Richtung für Umgangsformen, Unternehmensvorgaben für das Miteinander, aber auch für eine klare Marschroute im Sektor „Go´s" und „No-Go´s" für jeden Mitarbeiter, planbar und ersichtlich. Ein Leitbild in einer Unternehmung kann zwar auch bürokratisch, starr und z.T. etwas unaufrichtig für einen externen Betrachter wirken, jedoch bietet es auch sehr viele Chancen für ein generell besseres Miteinander.

Wie möchte ich es ändern (inkl. Umsetzungsdauer kurz-/mittel-/langfristig)?

Möchte man ein individuelles Unternehmensleitbild aufstellen, benötigt dieses etwas Zeit zur Entwicklung. Diese wird benötigt, um hausintern festlegen, wofür man steht, was man möchte und was man nicht dulden wird. Wie viele Freiheiten soll es geben, aber auch wie viele Grenzen muss es geben, damit eine grundsätzliche faire Arbeitsbasis stets vorhanden bleibt. Aufgrund der Vielschichtigkeit kann man keine festen Punkte vorgeben, die zu jeder Firma passen können, jedoch sollen hiermit ein paar Beispielrichtlinien eines Unternehmensleitbildes genannt sein:

- Wir sorgen für den Erfolg unserer Kunden
- Wir leben Qualität und sorgen für stetige Verbesserung.
- Wir streben partnerschaftliche Lieferantenbeziehungen an.
- Wir sind nachhaltig erfolgreich.
- Wir verbinden Ökonomie mit Ökologie.
- Wir verbessern das Unternehmen stetig und jeder Mitarbeiter ist ein Teil dieses Prozesses.
- Wir verbessern und hinterfragen alle Prozesse zum Wohl des Unternehmens und zum Wohl unserer Mitarbeiter.
- Wir kritisieren nur konstruktiv und Kommunikation wird offen, aber respektvoll gelebt.
- Verbindlichkeit ist stets ein MUSS.

Beispielhaft können wir zu diesem Thema die nachstehenden Anbieter, Dienstleister oder Literatur empfehlen. Hier finden Sie bei Bedarf kompetente Unterstützung und aussagekräftiges Informationsmaterial.

Anbieter / Dienstleister / Informationsmaterial

Corporate Identity. Unternehmensleitbild – Organisationskultur, Waldemar F. Kiessling / Peter Spannagl, ISBN 3934214606

Welchen Nutzen bringt die Änderung (Prozessoptimierung / Kostensenkung / ROI, Pro/Contra)?

| ROI | nicht prognostizierbar | 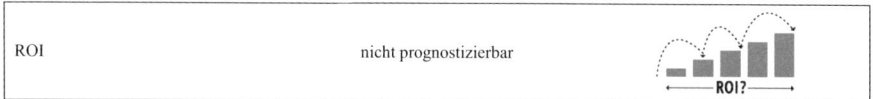 |

Pro-Argumente
- Klare Leitkultur.
- Faire und offene Rahmenbedingungen.
- Gute und transparente Wertestruktur zur Orientierung im Unternehmen.

Contra-Argumente
- Ggf. für trendige und junge Unternehmen zu starr.
- Inhaltlich könnten diese Punkte bei Nichteinhaltung auch gegen das Unternehmen genutzt werden.

| BVW | mittel |  | Außendarstellung |

Einführung eines einheitlichen und hochwertigen Corporate Designs
Für eine professionelle Außenwirkung und Kundenwahrnehmung sorgen

Was möchte ich ändern?

Viele mittelständische Unternehmen haben ihr äußeres Erscheinungsbild in Bezug auf Schriftzüge am Gebäude, Briefbögen, Visitenkarten, Websites etc. bislang mit geringer Priorität behandelt, was sich in unterschiedlich auftretenden Logo-Varianten, nicht einheitlichen Schrifttypen und nicht zeitgemäßen Werbematerialien ausdrückt. Liefen die Geschäfte bis dato zufriedenstellend, so gab es keinen Handlungsdruck, etwas zu verändern.

Oft hört man in diesem Zusammenhang „Unsere Kunden kennen uns.". Das mag grundsätzlich je nach Branche stimmen, doch Wachstum ist in vielen Fällen und zukünftig vermehrt nur dann möglich, wenn neue Kundensegmente akquiriert werden. Und ein bestehender technologischer oder qualitativer Vorsprung kann heutzutage sehr schnell schwinden. Dann geht es für potentielle Kunden in ihren Auswahlkriterien neben der real vorhandenen Kompetenz auch um die Außenwirkung der Unternehmen, denn diese lässt, ähnlich Kleidung und Verhalten eines Außendienstmitarbeiters, auf Professionalität schließen.

Wie möchte ich es ändern (inkl. Umsetzungsdauer kurz-/mittel-/langfristig)?

Das Selbstverständnis eines Unternehmens sollte sich in seiner Außenwirkung spiegeln. Das Design trägt erheblich zur Markenbildung bei, so etabliert man sein Unternehmen in den Köpfen der Kunden und der Wiedererkennungswert sowie die Unverwechselbarkeit, gerade auch in Bezug zum Wettbewerb, steigen. Ein weiteres wichtiges Merkmal ist, dass ein professionelles Erscheinungsbild rein psychologisch höhere Preise als bei Marktbegleitern rechtfertigt, da dem Unternehmen ein höheres Produkt- oder Dienstleistungsniveau zugetraut wird und eine höhere Glaubwürdigkeit besteht.

Dabei spielt es keine Rolle, ob es sich um ein kleines, mittleres oder großes Unternehmen handelt. Auch ein Handwerksbetrieb mit drei Mitarbeitern kann durch ein überzeugendes Bild nach Außen Professionalität und Kompetenz transportieren.

Grundsätzlich sollte ein Corporate Design an jeder Stelle in jeder Publikation eines Unternehmens Anwendung finden. Dazu gehören Logo, Schriftart und -stil, Farben und auch eine Bildsprache. Beispiele für Anwendungsfälle sind:

- Gebäudebeschriftung, Stelen
- Briefbogen, Schriftverkehr, Rechnungen
- Visitenkarten
- Image- und Produktbroschüren
- Messestand
- Website, Microsites
- E-Mail-Signatur
- Firmen-PKWs, Montagefahrzeuge
- Bekleidung der Mitarbeiter (z.B. gestickte Hemdkragen und Poloshirts in der Produktion)
- Anzeigen
- Präsentationen
- Geschäftsberichte
- Produktverpackungen
- Werbemittel / Give-aways

Um die Einhaltung der festgelegten Gestaltungslinie zu fördern und zu unterstützen, ist die Erstellung eines sogenannten Corporate Design Handbuchs, auch als „CD-Manual" betitelt, anzuraten. Hier sind sämtliche Vorgaben und Einschränkungen textlich und bildlich definiert, die neuen Mitarbeitern und zusätzlichen Werbeagenturen einen Leitfaden bieten sollten.

Eine konkrete Maßnahme als Ergebnis eines betrieblichen Verbesserungsvorschlags wäre es, eine auf Corporate Design spezialisierte Kommunikationsagentur mit der Bewertung des vorhandenen Erscheinungsbildes und Vorschlägen für eine zeitgerechte Neuausrichtung zu beauftragen. Die Seriosität der Agentur ist, als Ratschlag, dann vorhanden, wenn diese nicht gleich neu gestaltete Logos präsentiert, sondern Sie erst einmal im Rahmen eines Workshops umfassend danach befragt, welche Unternehmensziele Sie verfolgen, welche Zielgruppen Sie haben, wie Sie bei Ihren Kunden wahrgenommen werden möchten. Diese strategische Ausrichtung ist bereits Teil der Corporate Identity und wichtige Grundlage für das erst in zweiter Instanz entstehende Corporate Design.

Beispielhaft können wir zu diesem Thema die nachstehenden Anbieter, Dienstleister oder Literatur empfehlen. Hier finden Sie bei Bedarf kompetente Unterstützung und aussagekräftiges Informationsmaterial.

Anbieter / Dienstleister / Informationsmaterial
SDSt – Selbständige Design-Studios e.V., www.sdst.info

Welchen Nutzen bringt die Änderung (Prozessoptimierung / Kostensenkung / ROI, Pro/Contra)?

ROI	nicht prognostizierbar	ROI?

Selbstverständlich ist die Erstellung eines Corporate Designs mit all seinen Einzelmedien eine sehr kostenintensive Angelegenheit. Und in erster Linie ist es nicht möglich, ein konkretes Return-of-Invest zu berechnen. Allerdings ist mittel- und langfristig gesehen der Aufbau eines professionellen und dem gewünschten Image des Unternehmens angemessenen Corporate Designs alternativlos. Die Wahrnehmung als etablierte Marke, assoziiert mit positiven Eigenschaften wie modernster Technologie, höchsten Qualitätsansprüchen und bestem Kundenservice, ermöglicht eine erfolgreiche Zukunft für ein mittelständisches Unternehmen und eine deutliche Abgrenzung von den Mitbewerbern.

BVW	mittel		Außendarstellung

Microsites als obligatorische Komponente bei Anzeigenkampagnen
Erst Lead-Generierung und Erfolgsmessung legitimieren die Investition in Anzeigen.

Was möchte ich ändern?

Schaltet man Print-Anzeigen, um z.B. auf Produktinnovationen, Messetermine oder allgemein auf das Unternehmen aufmerksam zu machen, ist im Normalfall keine Überprüfung der Wirksamkeit der Anzeige und damit auch keine Return-of-Invest-Rechnung der Anzeigenkosten möglich. Es erfolgt eine unkontrollierte Streuung der Werbung ohne Erkenntnisse über die Zielerreichung.

Maximal erfährt man auf Nachfrage beim persönlichen Kundenkontakt, wie dieser aufmerksam auf das Unternehmen wurde. In den seltensten Fällen wird dies übergeordnet nachgehalten, um eine sogenannte Response-Messung der Anzeige vorzunehmen.

Wie möchte ich es ändern (inkl. Umsetzungsdauer kurz-/mittel-/langfristig)?

Durch Verbindung von Print-Anzeigen mit einer kleinen Website lassen sich ideal Leads generieren und Rückläufer der Anzeige messen. Konkret würde man eine sogenannte Microsite gestalten und programmieren lassen, die unter einer bestimmten sinnhaften Domain erreichbar ist. Im besten Fall bezieht sich die Domain auf das zu pushende innovative Produkt oder Thema, das auch Gegenstand der Anzeige ist.

Diese Microsite ist somit losgelöst von der eigentlichen Unternehmens-Website und kann gesondert auf die Alleinstellungsmerkmale des Anzeigenthemas hinweisen. Es handelt sich darüber hinaus in der Regel um eine „One-Page-Website", d.h. sämtliche Informationen sind auf einer Seite komprimiert zusammengestellt und erlauben dem Betrachter einen optimalen Überblick. Des Weiteren ermöglicht ein kurzgehaltenes Kontaktformular eine schnelle Anfrage nach weiteren Informationen oder nach einem Rückruf. Die hier auflaufenden „Leads" lassen sich dann in einer Datenbank oder einem CRM-System sammeln und für die weitere Bearbeitung durch den Vertrieb vorhalten.

Abbildung: Beispielhafter Aufbau einer Microsite

Die Messung der Konversion, also der Rückläufer aufgrund der Anzeige, lässt sich mithilfe der Einbindung eines WebControlling-Dienstes wie eTracker oder Google Analytics vornehmen. Hier kann eine zeitraumbasierende Analyse der Aufrufe und deren Herkunft (Anzeige, Google etc.) vorgenommen werden.

In der Print-Anzeige selbst sollte die Microsite dann über die Nennung der Domain sowie der Platzierung eines dorthin verweisenden QR-Codes verbunden werden.

Ein Zusatznutzen ist, dass die Microsite auch in Google auffindbar ist und damit ggf. auch außerhalb der Anzeige speziell für die in der Kampagne fokussierte Thematik zur Akquise von Kunden beiträgt.

In einem betrieblichen Verbesserungsvorschlag sollte darauf hingewiesen werden, Print-Anzeigen oder auch TV-/Radio-Spots und Großflächenkampagnen stets mit einer Microsite aus den genannten Gründen zu verknüpfen.

Beispielhaft können wir zu diesem Thema die nachstehenden Anbieter, Dienstleister oder Literatur empfehlen. Hier finden Sie bei Bedarf kompetente Unterstützung und aussagekräftiges Informationsmaterial.

Anbieter / Dienstleister / Informationsmaterial

eTracker WebControlling, www.etracker.de
Google Analytics, www.google.com/analytics

Welchen Nutzen bringt die Änderung (Prozessoptimierung / Kostensenkung / ROI, Pro/Contra)?

ROI prognostiziert	1 – 3 Jahre	

Wie bereits beschrieben erlaubt die Microsite eine konkrete Messung des Erfolgs einer Anzeige in Form von Interessenten und Kontaktanfragen. Sukzessive werden damit Werbekampagnen inklusive deren eingesetzte Budgets immer zielgerichteter und damit lohnenswerter.

Die Kosten für die Erstellung einer Microsite liegen in der Regel im niedrigen vierstelligen EUR-Bereich und damit deutlich unter den üblichen Anzeigengebühren in Fachzeitschriften. Der monetäre Einsatz ist durch die Konversionsmessung und den Rückschluss auf erzielte Neukundenumsätze exakt im ROI berechenbar.

KVP	mittel		Außendarstellung

Social Media als gewichtiger Baustein von Marketing und Kundenkommunikation

Facebook, Twitter, YouTube & Co. zur Reputationssteigerung nutzen

Was möchte ich ändern?

Viele Unternehmenslenker und Entscheider werden immer häufiger mit sozialen Medien wie Facebook konfrontiert. Industrie- und Handelskammern, Branchenverbände und kommunale Wirtschafsförderer schreiben dazu in ihren Mitgliedsblättern, es werden vermehrt Seminare und Vorträge zu diesem Thema angeboten.

Dennoch stellt sich die Frage, insbesondere für reine B2B-Unternehmer: Warum sollte ich nach bisher einseitiger Werbeaktivität zum Kunden nun eine bidirektionale Werbekommunikation eingehen? Möchte ich überhaupt mit einem Endkunden in den Dialog treten? All das sind neue und ungewohnte Überlegungen. Sinnvoll und ernsthaft angegangen, kann ein Engagement in sozialen Medien zu einer positiven Unternehmensreputation beitragen und das Image steigern.

Wie möchte ich es ändern (inkl. Umsetzungsdauer kurz-/mittel-/langfristig)?

Der richtige initiale Schritt ist nicht etwa, wie es zu vermuten wäre, erst einmal eine kostenfreie Facebook-Fanpage, einen Twitter-Account oder einen YouTube-Channel anzulegen. Korrekt ist, ein zielorientiertes Konzept für eine angemessene Social Media-Strategie zu verfassen.

Soziale Medien dienen nicht nur dazu, Neuigkeiten über das Unternehmen und innovative Produktneuheiten, zu verbreiten. Es geht primär um die Interaktion mit seiner Zielgruppe. Diese kann sehr unterschiedlich ausgeprägt sein:

- Ein beispielhafter Hersteller von LEH-Produkten, die im Supermarkt erhältlich sind, kann über soziale Medien z.B. an Gewinnspielen teilnehmen lassen, zu Produktvorschlägen aufrufen („Croudsourcing") und die sozialen Plattformen als Service-Anlaufstelle für Konsumenten sehen. In diesem Anwendungsfall, in dem man es mit dem Endverbraucher zu tun hat, ist ein sensibler Umgang mit kritischen Stimmen notwendig. Beschwert sich ein Kunde z.B. auf der Facebook-Seite über eine Eigenschaft des erworbenen Produktes, so sollte der vorgesehene Redakteur der Social Media-Kanäle rhetorisch in der Lage sein, mit Einwandbehandlung so auf die Kritik einzugehen, dass sich der Kunde und auch alle öffentlich mitlesenden Benutzer ernst genommen fühlen und im besten Fall Hilfestellung für das konkrete Problem leisten kann.

Hat man dies optimal im Griff, ist man in der Lage, aus einem Malus, der Beschwerde eines Kunden, einen Bonus zu erzeugen. Das höchste erreichbare Ziel wäre es, wenn nicht der Redakteur des Unternehmens auf eine Beschwerde eingehen muss, sondern andere „Fans" Partei für das Unternehmen oder das Produkt ergreifen. Dies wäre ein Höchstmaß an Reputation in den sozialen Medien.

- Eine gänzlich andere Zielgruppe hätte ein Zulieferbetrieb im Automotive-Sektor. Seine einzelnen Produkte in Form von Komponenten sowie sein Markenname sind dem Konsumenten möglicherweise nicht bekannt. Mit seinen Kunden, deren Anzahl überschaubar ist, spricht er permanent. In diesem Szenario könnte der Sinn von Social Media-Aktivitäten in gegenseitigem Kontakt mit jungen Menschen liegen, denen eine Ausbildung, ein duales Studium oder Praktika im Unternehmen vorgestellt werden soll.

Dies ist eine wichtige Einordnung von geplanten Social Media-Maßnahmen und sollte die konkreten Ziele und Umsetzungsschritte ableiten.

Abbildung: Facebook-Fanpage von RWE (Quelle: facebook.com/vorweggehen)

Die eigentliche Arbeit, das initiale Anlegen von Social Media-Kanälen, die grafische Gestaltung, das Verfassen wertigen Contents und die permanente redaktionelle Betreuung können zwar grundsätzlich inhouse durch zu schulende Mitarbeiter vorgenommen werden, allerdings ist zumindest das Hinzuziehen einer spezialisierten Agentur anzuraten. Diese könnte bei der strategischen Ausrichtung der Aktivitäten und den ersten Bewegungen mit wertvollen Praxisratschlägen unterstützen.

Für das Einstellen von Inhalten, das Beantworten von Kommentaren in mehrere Plattformen wie Facebook, Twitter, Google Plus und YouTube bietet es sich an, ein sogenanntes „Engagement Tool" einzusetzen. Hierbei handelt es sich um Software-Werkzeuge, die eine gleichzeitige Arbeit in mehreren Kanälen in nur einer Oberfläche vereinen und auch Annehmlichkeiten wie vorab geplante Beitragsveröffentlichungen ermöglichen.

Möchte man, gerade als B2C-Vermarkter, die laufende Betreuung seiner Konsumentenkommunikation in den sozialen Medien auslagern, so ist hier möglicherweise die personelle und inhaltliche Bündelung mit einem After-Sales-Service per Telefon ratsam. Ein beispielhafter renommierter Dienstleister in diesem Segment ist im Folgenden genannt.

Beispielhaft können wir zu diesem Thema die nachstehenden Anbieter, Dienstleister oder Literatur empfehlen. Hier finden Sie bei Bedarf kompetente Unterstützung und aussagekräftiges Informationsmaterial.

Anbieter / Dienstleister / Informationsmaterial

Engagement Tools:
SocialCom®, www.socialcom.de
HootSuite, www.hootsuite.com/de
Outsourcing Social Media-Betreuung:
buw digital GmbH, Teil der buw Unternehmensgruppe, www.buw-digital.de

Welchen Nutzen bringt die Änderung (Prozessoptimierung / Kostensenkung / ROI, Pro/Contra)?

ROI	nicht prognostizierbar	

Je nach Entscheidung für eine Umsetzung durch einen Dienstleister oder eine interne Lösung können jährliche Kosten im vier- bis fünfstelligen EUR-Bereich anfallen. Eine Return-of-Invest-Rechnung ist in erster Linie nicht berechenbar, da es keinen unmittelbaren und in Zusammenhang stehenden Mehrumsatz geben wird.

Allerdings sollte der Part Social Media als fester Bestandteil im Marketingbudget eingeplant werden, um die entsprechende Imagesteigerung und -festigung auf professioneller Basis durchführen zu können.

BVW	mittel		Weitere

Anschaffung von Kaffee- und Snackautomaten für Mitarbeiter und Kunden/Lieferanten

Durch die Bereitstellung von Snacks und Heißgetränken bietet ein Unternehmen seinen Mitarbeitern einen greifbaren und schnell akzeptierten Vorteil für die Pausen

Was möchte ich ändern?
Nicht in jedem Unternehmen ist genug Potenzial und Nutzen für eine eigene Werkskantine vorhanden. Insofern sucht man ggf. hausintern nach Alternativen, die auch vorhanden sind. Zum Beispiel durch die Anschaffung von Snackautomaten und Getränkeautomaten, welche durch kompetente Dienstleister aufgestellt und aufgefüllt werden können.

Hierbei soll ein grundsätzlicher Besucherservicestandard geboten werden und auch den Mitarbeitern eine zusätzliche Versorgungsquelle geboten werden. Dies ist sowohl als Motivationsgrundlage dienlich, als auch ein Zeichen von Wohlfühlatmosphäre und guter Wertschätzung für die Team-Mitglieder.

Wie möchte ich es ändern (inkl. Umsetzungsdauer kurz-/mittel-/langfristig)?
Hochwertige und leistungsstarke Kaffeevollautomaten sind in der Anschaffung und allgemeinen Unterhaltung nicht sonderlich günstig. Schnell gibt man zwischen 2.000 bis 5.000 EUR für ein Profigerät aus. Falls dies nicht in das jeweilige Firmenbudget passt und man dadurch auch ggf. die Entscheidungsträger nicht für das Projekt verschrecken möchte, gibt es die Überlegung eines Leihgerätes mit Wartungs- und Servicevertrag.

Hierbei sind die hohen Fixkosten bei der Anschaffung nicht mehr vorhanden, im Gegenzug jedoch eine monatliche Mietkostenpauschale.

Die gleiche Betrachtung gilt auch für einen Snackautomaten. Hierbei gibt es zahlreiche Dienstleister, die solche Automaten an die Firmen vermieten und stetig neu befüllen. Ebenso wird hierbei die fachgerechte Automatenwartung abgedeckt.

Die Umsetzung ist denkbar einfach, denn man muss nur einen Servicedienstleister kontaktieren, der dann in einem Telefonat oder auch Vor-Ort-Gespräch eine umfangreiche Beratung bieten kann. Ob ein Snackautomat, eine Snackbox oder auch ein Getränkeautomat angeschafft werden soll, kann im Nachgang beim Unternehmen geklärt werden. Der Aufsteller übernimmt i.d.R. alle Kosten für den Automaten und für die stetige Wiederauffüllung.

Beispielhaft können wir zu diesem Thema die nachstehenden Anbieter, Dienstleister oder Literatur empfehlen. Hier finden Sie bei Bedarf kompetente Unterstützung und aussagekräftiges Informationsmaterial.

Anbieter / Dienstleister / Informationsmaterial

Kaffee Partner Automatenservice, www.kaffee-partner.de
Klix Automatenservice, www.klix-kaffeeautomaten.de/getraenkeautomaten/snackautomat/
Automatenservice HERDA, www.automaten-herda.de

Welchen Nutzen bringt die Änderung (Prozessoptimierung / Kostensenkung / ROI, Pro/Contra)?

ROI prognostiziert	1 – 3 Jahre	

In der Nutzenbetrachtung zeigt sich häufig ein guter Mehrwert für die Mitarbeiter, denn in den Pausen können Snacks, Kaltgetränke und Heißgetränke gegen Geldeinwurf im Automaten entnommen werden. Zusätzlich unterstreicht es auch, dass dem Unternehmer das Wohlbefinden des Teams wichtig ist. Ein kleiner Zusatzbaustein in einer konsequenten Motivationsförderung in Firmen.

KVP	niedrig		Weitere

youneo initiative als Wissensplattform im Unternehmen nutzen

Gerade bei kleineren bzw. startenden Unternehmen vermehrt auf externe Wissensmultiplikatoren setzen

Was möchte ich ändern?

Wissensplattformen für betriebswirtschaftliche Prozess- und Projektoptimierungen können hilfreiche Begleiter für wachsende kleine und mittlere Unternehmen sein. Hier wird im Beispiel der „youneo initiative" gezielt auf den Wissenstransfer per Video-Tutorials gesetzt. Dieser ist gratis und kann sowohl für den Entscheidungsträger wie auch für den gerade eingestiegenen Auszubildenden eine wertvolle Hilfe sein. Es können bei der youneo initiative gezielte Fragen zu betriebswirtschaftlichen oder auch kommunikationsbedingten Knotenpunkten gestellt werden, die dann als Projekt dort intern und kostenfrei ausgearbeitet werden und als Video-Tutorial namensneutral und allgemein gehalten veröffentlicht werden.

Wie möchte ich es ändern (inkl. Umsetzungsdauer kurz-/mittel-/langfristig)?

Aus den neuen Möglichkeiten der modernen Kommunikationstechnik erwuchs auch die youneo initiative, die aus betriebswirtschaftlich und technisch orientierten Mitgliedern besteht und zahlreiche Themenvideos erstellt hat. Zusätzlich ist „youneo" auch eine neutrale Möglichkeit, Fragen über Konflikte und sonstige betriebswirtschaftlich relevante Optionen zu stellen. Diese werden von einem kompetenten Team aus mehreren aktiven Mitgliedern und Gast-Referenten erörtert und als YouTube-Videos im Rahmen der Beantwortung von Leserfragen veröffentlicht. Natürlich wird hierbei stets Datenschutz beachtet und maximal ein Vorname des Fragestellers genannt.

Ebenso greift man auf das bekannte Prinzip zurück, einen versierten Menschen um speziellen Rat fragen zu können, der wertvoll sein kann, aber in jedem Fall hier kein Geld kostet. Diese positive Anonymität macht es oftmals jungen und weniger erfahrenen Menschen leichter, Fragen zu stellen um anschließend neutrale und konstruktive Antworten dazu zu erhalten. Ein mancher Berufsanfänger und/oder neuer Kollege scheut sich, in seinem Betrieb unvorbereitet gar den Vorgesetzten oder den Betriebsrat zu fragen, da die eigene Angst vorherrscht, man könnte als teamunfähig, schwierig oder zu kompliziert eingestuft und bewertet werden.

Gerade hierbei hat sich das youneo-Team aus Melle und Umgebung mit seiner kostenfreien Wissensplattform unter www.youneo.de bewährt. Zahlreiche Leserfragen gingen dort bereits ein und wurden bestmöglich und schnell beantwortet. Trotz der eigentlich regional gestarteten Initiative erfreuen sich sowohl das ehrenamtliche Redaktionsteam von youneo, als auch viele Zuschauer der Videos und Besucher der informativen Website über eine so gute breite Themenvielfalt und eine deutschlandweite Resonanz. Natürlich könnte man hierbei im Rahmen eines Verbesserungsvorschlags im betrieblichen Vorschlagswesen des eigenen Arbeitgebers vorschlagen, diese Plattform zu nutzen. Es wäre einfach zu erreichen, indem man z.B. in der Betriebszeitung diese Initiative nennt und dadurch positive Signale in die Entwicklung des eigenen Betriebsklimas sendet.

Beispielhaft können wir zu diesem Thema die nachstehenden Anbieter, Dienstleister oder Literatur empfehlen. Hier finden Sie bei Bedarf kompetente Unterstützung und aussagekräftiges Informationsmaterial.

Anbieter / Dienstleister / Informationsmaterial
youneo initiative, www.youneo.de
Blog Betriebliches Vorschlagswesen, www.betrieblichesvorschlagswesen.de
eBooks der Buchautoren, www.buchportfolio.de

Welchen Nutzen bringt die Änderung (Prozessoptimierung / Kostensenkung / ROI, Pro/Contra)?

Effizienzsteigerung	

Die Vorteile von der Nutzung der youneo-Leistungen ist, dass man als junges, agiles oder auch wachsendes Unternehmen kostenfrei Unterstützung erhält, wenn es um konkrete betriebliche Problemstellungen geht. Dies kann auch bei der Prozessverbesserung, bei konkreten Projektfortschritten und auch individuellen betriebswirtschaftlichen Herausforderungen dienlich sein.

Ebenso kann man hier mit anonymen Leserfragen auch als Mitarbeiter bei eigenen betrieblichen Knotenpunkten konkrete Fragen stellen und einen gezielten Lösungsvorschlag über eine Videoantwort im YouTube-Channel der Initiative erhalten.

6. Strategische Verhandlungsführung als wichtige Stellschraube

Vorbereitung

In dem Kapitel Vorbereitung werden Sie wichtige Informationen finden, welche zu beachten sind, bevor man eine strategisch sinnvoll überdachte Verhandlung angehen kann.

Dies betrifft sowohl die Begriffserklärung, welche hinter dem Wort Verhandeln steckt, als auch wichtige Facetten der gezielten Gesprächsvorbereitung.

Ebenso wird erklärt, wie man es schaffen kann, seinen Gesprächspartner besser bewerten und einschätzen zu können.

Die verschiedenen wichtigen Verhandlungsstrategien werden definiert und es wird empfohlen, wann man welche Art der Strategie wählen sollte, um das jeweilige Verhandlungsziel bestmöglich zu erreichen.

Besonderheiten zu Verhandlungsorten und Sitzordnungen werden ebf. erläutert. Der Vorteil von Tagesordnungspunkten wird herausgearbeitet und mit der Erklärung zu einer jeweiligen Raumatmosphäre abgerundet.

Begriffserklärung des Wortes „Verhandeln"

Verhandeln bedeutet, dass man in der Lage ist, mit dem Gegenüber einen Dialog zu führen, bis eine beidseitige Einigung erzielt wurde.

Hierbei ist es elementar, dass man seine Position überdurchschnittlich gut kennt und auch in der Lage ist, diese dem jeweiligen Gesprächspartner sachlich und konstruktiv zu nennen.

Im Umkehrschluss ist es ebenso wichtig, zuhören zu können, um auch die Meinung und Haltung meines Gegenübers aufnehmen und bewerten zu können.

Im Wort „verhandeln" steckt bereits das Wort „handeln". Dies ist kein Zufall, denn es gilt an diesem Punkt mit Verschwiegenheit und Geschick festzulegen, was jeder Seite das Wichtigste in diesem Austausch ist. Nur so kann eine Grundlage entstehen, die auf Vertrauen, Offenheit und Ehrlichkeit basiert.

Lügt man, um sich einen Vorteil zu verschaffen, kann das gegenseitige Vertrauen sehr schnell zerrüttet sein, was keine Basis für eine zukünftige Zusammenarbeit darstellt.

Daher gehört in eine professionelle Verhandlung auch kein rhetorischer Zweikampf, welcher mit unfairen Rahmenbedingungen abläuft.

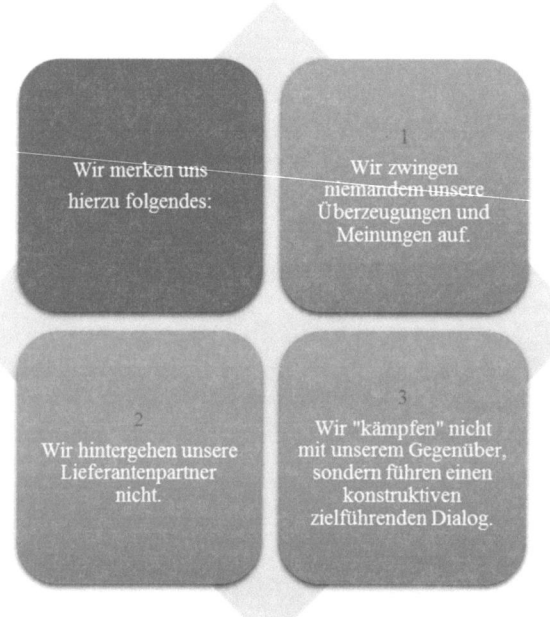

Wortbedeutung Führung und Führen

Wenn wir im täglichen Miteinander von Führen sprechen, beschreibt dies, in Kurzform gesagt, ein beidseitig gewolltes, koordiniertes Lösen von Problemen und Erreichen eines definierten Ziels zu einer angedachten Fertigstellungszeit durch bewusstes, kontrolliertes Lenken und Steuern.

Hierdurch werden Ziele bewusst steuernd gesetzt sowie Aufgaben und Beziehungsstrukturen geplant und umgesetzt.

Win-/Win-Situationen

Das bekannte Win-/Win-Prinzip beschreibt den Willen, bei Verhandlungen durch beidseitige Zugeständnisse ein Ergebnis zu erreichen, aus dem beide Parteien als Gewinner hervorgehen und somit ein Ergebnis erzielt wurde, welches für beide Seiten gute und dienliche Mehrwerte bietet.

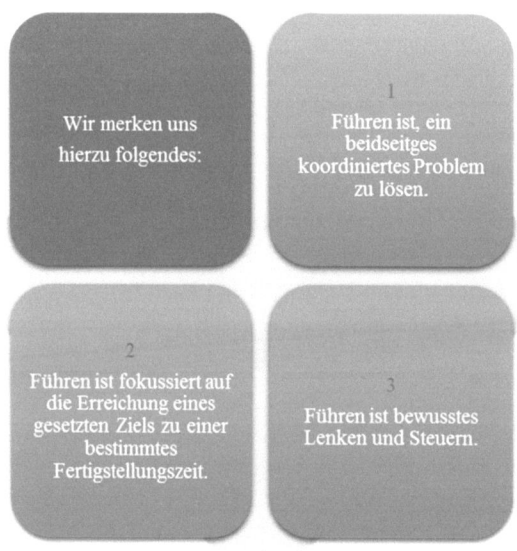

Wichtige Facetten von Vorbereitungen und Zielsetzungen

Verhandlungsziele im Vorfeld vor der eigenen Verhandlung zu definieren, ist sehr wichtig. Dies liegt daran, dass ich den „Weg kennen muss, um die Reiseroute" bestmöglich planen und kalkulieren zu können.

Möchte man also die Ziele für eine geplante Verhandlung definieren, sollten wir diese schriftlich fixieren und dafür jeweils klare Prioritäten vergeben: eher Unwichtiges nach oben, wichtige Punkte nach unten.

Gesprächsinhalte, bei denen man entgegenkommend reagieren möchte, sollten hausintern vorab mit dem Fachvorgesetzten abgeklärt sein. Es empfiehlt sich, ein Mindestziel, ein Wunschziel und auch das jeweilige ideale Ziel zu definieren. Die vermuteten Verhandlungsziele Ihrer Gesprächspartner können hierbei ebf. im Vorfeld von Ihnen aufgeschrieben und priorisiert werden.

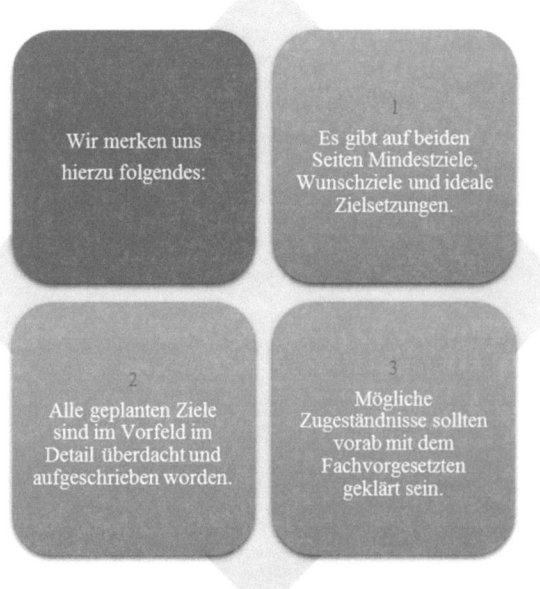

Betrachten wir die möglichen Zielsetzungen von Verhandlungen genau, werden folgende Beispielfragen zu den jeweiligen Zielen stetig vorkommen.

- Wie bewerten wir in unserem Unternehmen einen guten Vertragsabschluss und mit welchen Ergebnissen wäre unser Unternehmen einverstanden?
- Befinde ich mich in der Position, selbständig Zugeständnisse zu machen und selbst zu bewerten, was ein akzeptables Ergebnis für unser Unternehmen darstellt?
- Hat mein Gegenüber die Befugnis von seinem Unternehmen erhalten, uns Zugeständnisse machen zu dürfen?
- Was möchte mein Gesprächspartner vermutlich als Ziel erreichen und welche Strategie verfolgt er damit voraussichtlich?
- Kennen wir in unserem Unternehmen unsere wesentlichen Stärken und Schwächen?
- Wie wichtig ist der Gegenseite der Vertrag mit unserem Unternehmen?
- Gibt es Probleme aus der Vergangenheit, die bei der laufenden neuen Verhandlung Einfluss nehmen könnten?
- Gibt es kulturelle Unterschiede und ebenso große Differenzen in den jeweiligen Gewohnheiten?
- Gibt es rechtliche Einschränken und/oder betriebsbedingte Besonderheiten, welche elementar sein könnten?

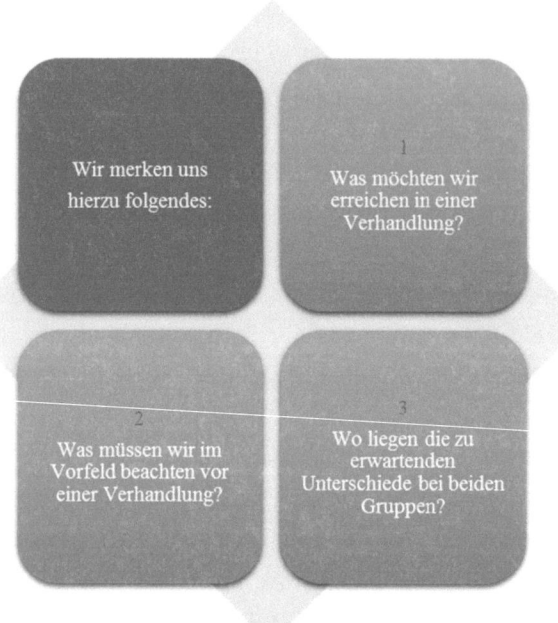

Fachwissen nutzen und stetig ausbauen

Ein altes Sprichwort unbekannter Herkunft sagt, dass Verbindungen, Netzwerke und Wissen nur dem schaden, der sie nicht besitzt.

Allerdings baut sich Wissen i.d.R. nicht von alleine auf. Um viel über einen Lieferanten, den eigenen Arbeitgeber und genauer gesagt über einen Verhandlungsgegenstand wissen zu können, benötigt man ausreichend Vorbereitungszeit, um den Faktor Wissen als Erfolgsgaranten für gut geplante Verhandlungen gezielt nutzen zu können.

Es empfiehlt sich, stetig Informationen von wichtigen Bereichen (Stahlmarktentwicklung, Strompreisentwicklungen usw.) zu sammeln und in einer zentralen Datenbank gut strukturiert abzulegen, damit eine stetige Griffbereitschaft zur faktischen Argumentationsuntermauerung gegeben ist.

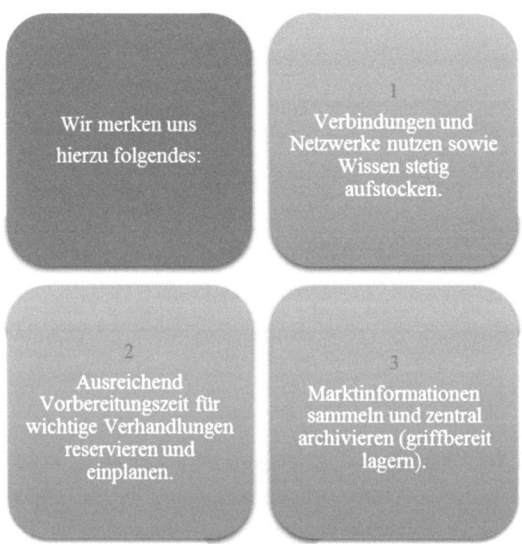

Gute Vorbereitung auf Vertragsverhandlungen planen

Unser gegenübersitzender Lieferantenpartner wird sicherlich von uns wertgeschätzt, insofern sollten vor einem Dialog wissen, welches Portfolio er bedient und seit wann die Zusammenarbeit mit unserem Unternehmen besteht.

Ebenso kann man sich als Vorbereitung eine Vielzahl an eigenen Rückfragen stellen, die zu qualifizierten Antworten vor dem eigentlichen Austauschgespräch führen werden.

1) Welche internen und externen Gesprächsteilnehmer werden am Gespräch teilnehmen?
   Unser Umsatz mit dem Lieferanten im Verhältnis zum Jahresumsatz ist zu bewerten, um die strategische Wichtigkeit einschätzen zu können.

2) Die Mengen- und auch jeweiligen Preisentwicklungen der letzten 5 Jahre kennen.
   Welche Qualitätsansprüche wurden stetig vom Lieferanten eingehalten und angekündigten Preiserhöhungen sind uns bereits bekannt?

3) Wann fand die letzte Vertragsverhandlung statt und wie erfolgreich lief diese ab?
Welchen Nennwert können wir aus unserer Lieferantenbewertung ziehen, um dem Gegenüber eine Einschätzung dazu geben zu können?

4) Kostenanteile vom Bezugsprodukt kennen und bewerten können (Anteil Energiekosten, Lohnkosten etc.)
Indexentwicklungen für Preiserhöhungen sollten bekannt sein und belegen werden können. Verbände und Fachzeitschriften liefern hier häufig wertvolle und repräsentative Analysen. Ebenso auch z.B. die IG Metall, das Bundesamt für Statistik, das Bundesministerium für Wirtschaft und Technologie, diverse Einkaufsverbände, das ifo-Institut, die Deutsche Bundesbank usw.

5) Wettbewerbssituationen für das eigene Unternehmen und auch des Lieferanten kennen. Ziel: Trendentwicklungen, Wettbewerbsfähigkeiten, allgemeine Marktneuigkeiten zu kennen und berücksichtigen zu können.
Wie viele internationale und nationale Standorte hat der jeweilige Lieferant? Welche Vorteile können sich hieraus für unser Unternehmen ergeben?

6) Ist im laufenden Jahr bereits ein Gegenbesuch bei der jeweiligen Produktionsstätte des Lieferantenpartners durchgeführt worden? Ziele: Stichprobenhafte Produktionsüberwachung und Ausbau der gegenseitigen Partnerschaft
Welches Ausbauvolumen in der Zusammenarbeit kann angestrebt werden?

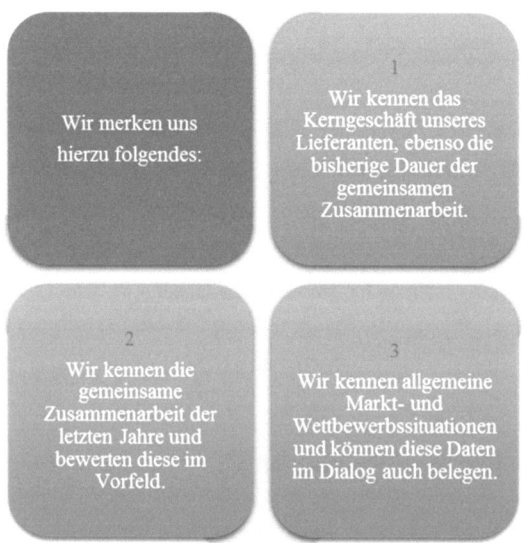

Zu beachtende Anmerkungen zur Verhandlungsvorbereitung

Allgemein gilt, dass Informationen zwar wichtig sind, allerdings von seriösem Ursprung, aktuell, nachprüfbar und vor allem stimmig sein sollten. Argumentiert ein Einkäufer mit vermeintlichen Fakten, die der jeweilige Gesprächspartner sofort wiederlegen kann, sind unsere Informationen in diesem Fall weniger wert, als wenn wir unvorbereitet in ein Gespäch gegangen wären.

Möchten wir Informationen über unseren Lieferanten erhalten, ist das Internet ein guter Ratgeber. Hierbei ist neben der Firmenwebseite auch z.B. ein jeweiliger Pressebericht oder Jahresbericht von großem Nutzen für eine Verhandlung. In diesem Kontext ist auch zu beachten, dass unser Gegenüber ebenfalls diese Möglichkeiten hat und ggf. nutzen wird, um unseren Standpunkt zu entkräften. Die Menge an Daten ist nicht ausschlaggebend, sondern die Qualität dieser Unterlagen ist zu fokussieren. Hierbei darf Kreativität genutzt werden.

Betrachten wir sehr häufig verwendete Argumente der Verkaufsseite, lassen sich einige Beispiele wie folgt nennen:

Die Kosten für Löhne sind stark gestiegen, die Stromkosten sind elementar und werden immer höher, die Beschaffungspreise für unsere Rohware (Metall, Chemie etc.) sind „durch die Decke gegangen" usw.

Genau diese Gegenargumente werden fast immer genutzt, um eine von uns gewünschte Preisreduzierung abzulehnen und damit zu rechtfertigen. Doch wenn wir den Markt kennen und bewerten können, ist eine erfolgreiche Widerlegung dieser normierten Verkäuferargumente leicht durchzuführenn. Geben Sie sich nicht zu schnell geschlagen, sondern nutzen Sie die Vorbereitung genau dafür, um perfekt gewappnet zu sein.

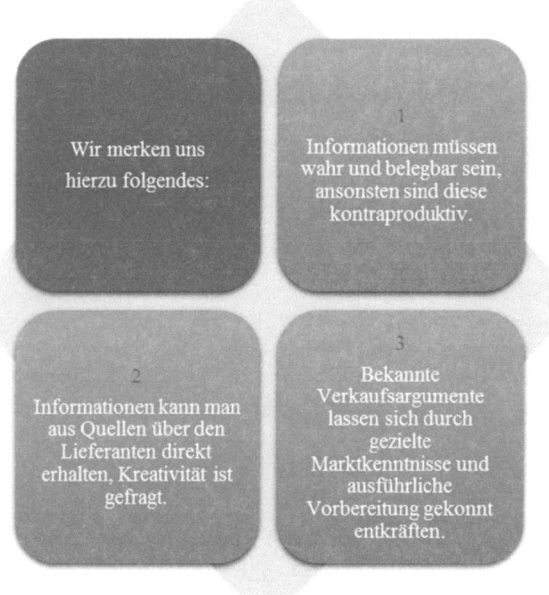

Unseren Gesprächspartner bewerten und einschätzen können

Die immer gleiche Herangehensweise für alle Verhandlungen und jeden unterschiedlichen Gesprächspartner gibt es nicht. Dies ist damit zu begründen, dass Menschen sehr verschieden sind und auch unterschiedliche Charaktereigenschaften aufweisen. Genau daher ist es wichtig, die Gegenseite richtig einschätzen zu können, um sich gezielt und optimiert darauf einzustellen. Aus der Erfahrung hat sich hervorgetan, dass hierbei z.B. die folgenden Charaktertypen relativ häufig auftreten:

- Der Allwissende
- Der Positive
- Der Streitsüchtige
- Der Redselige
- Der Schüchterne
- Der Dickfellige
- Der Ablehnende
- Der Erhabene
- Der Ausfragende

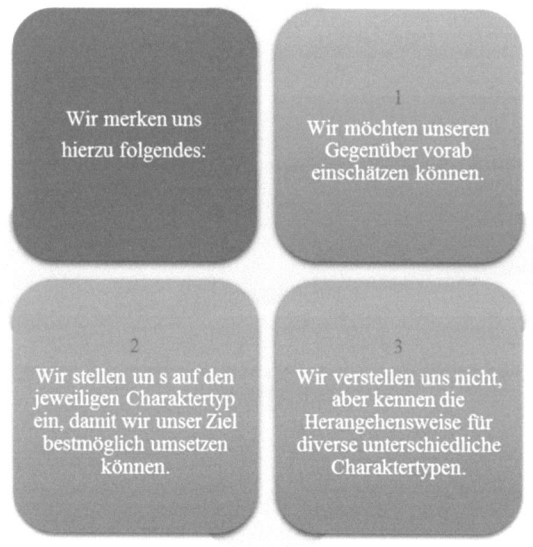

Wie begegnen wir unterschiedlichen Charaktertypen?

Es empfiehlt sich aus der Praxis folgender Umgang mit unterschiedlichen Typen:

1) Sehr selbstsicherer Typ

Wir bleiben auf der sachlichen Ebene, sind freundlich, verzichten auf langatmige Erklärungen, kommunizieren auf der Sachebene und übertreiben nicht im Gespräch.

2) Aggressiver Typ

Wir bleiben ruhig und beständig in der Kommunikation. Wir dehnen den Dialog nicht unnötig aus, versuchen weniger zu bewerten, dafür aber deutlich zuzuhören. Wir zeigen uns offen und behalten einen ruhigen Tonfall.

3) Sehr schüchterner Typ

Wir sind offen und zuvorkommend. Dies wird von einer ruhigen und freundlichen Gesprächsführung begleitet. Wir kritisieren wenig und verzichten auf Ratschläge. Grundsätzlich wird versucht, einem schüchternen Typus auf einer positiv „emotionalen Ebene" zu begegnen.

4) Rechthaberischer Typ

Wir bleiben ruhig und sachlich, verwenden geschlossene Fragen und bleiben mit sogenannten Ich-Botschaften bei uns selbst. Diskussionen werden hier tunlichst vermieden.

5) Angeberischer Typ

Wir versuchen mit Ruhe und Sachlichkeit zu agieren, bewahren einen angemessenen Gesprächston, halten uns inhaltlich falls möglich weitgehend zurück, sind jedoch zuvorkommend und angemessen.

6) Gleichgültiger Typ

Wenn unser Gegenüber etwas sagt, hören wir gezielt hin und greifen es für den weiteren Dialog konstruktiv auf. Schweigende Phasen sind bei diesen Gesprächspartner nutzbar, jedoch nur bis zu einer gewissen Grenze. Im Extremfall ist eine vorsichtige Rückfrage zum Verhalten durchaus angemessen.

7) Schweigsamer Typ

Mit kurzen Sätzen und offenen Fragen ist hier am besten zu agieren. Sein Schweigen muss nicht ablehnend gemeint sein, geben Sie ruhig eine positive Rückbestätigung, um das „Eis zu brechen". Notwendige Pausen im Gespräch ermöglichen unserem Gegenüber in diesem Fall, das Wort selbst zu ergreifen.

8) Vielredner-Typ

Mit Anerkennung im guten Maß ist hier zu punkten. Wir lassen unseren Gesprächspartner selbstverständlich aussprechen, erweitern jedoch seine Informationen mit unseren Anmerkungen und bleiben stets zielorientiert.

9) Typ „Liebling"

Wir hören gezielt zu, ergründen seine wahren Absichten und bringen unsere Sichtweise gezielt in den Dialog ein. Hierbei gehen wir bewusst nicht auf alle denkbaren Feinheiten im Gespräch ein.

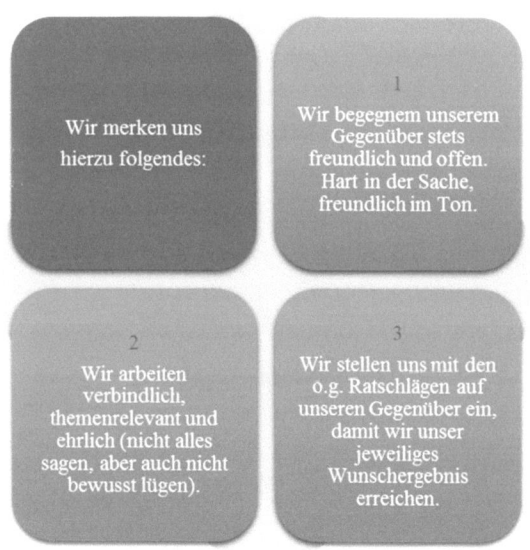

Verhandlungsstrategien: Wann kommt welche Art zum gezielten Einsatz?

Bei der Wahl einer möglichst idealen Herangehensweise bzw. der Findung der vermeintlich perfekten Verhandlungsstrategie sind folgende erprobte Varianten zu nennen:

1) Die Strategie mit kooperativem Verhalten

Wir setzen auf den Aufbau von beidseitigem Vertrauen und bleiben personenneutral, selbst wenn Probleme auftreten sollten. Die Verantwortlichkeit und der Wille zur Problemlösung stehen im Fokus, sind allerdings von beiden Seiten gezielt voranzubringen. Bei inhaltlichen Problemen, die eine schnelle Bewältigung verhindern, bietet es sich an, alle Rahmenbedingungen des Gegenübers erfragt zu haben. Nur wenn Sie die Sorgen und Ängste kennen, können Sie gezielt darauf eingehen und diese erfolgreich behandeln.

2) Die Strategie mit Kompromissbereitschaft

Wir gehen nur gut vorbereitet in Verhandlungsgespräche und kommunizieren offen, welche Ziele wir anvisieren. Fragen Sie auch nach den Zielen Ihres Gegenübers, zeigen Sie sich dabei offen und verhandlungsbereit, so dass ein gleichgewichtetes Machtgefüge im Dialog zu erkennen ist. Wir fokussieren uns hierbei nicht auf den Faktor Zeitdruck, sondern nehmen uns bewusst etwas mehr Zeit. Ein Kompromiss sollte zwar altbekannt mittig veranlagt sein, er muss allerdings nicht immer genau dort getroffen werden. Vertreten Sie positiv Ihren Standpunkt und versuchen Sie, den besten Kompromiss für Ihr Unternehmen partnerschaftlich kooperativ zu erzielen.

<u>Typen von Gesprächspartnern und ihre jeweilige Abgrenzung in den besonderen Eigenschaften</u>

1) Entscheider einer Verhandlung

Bei Sachfragen bestimmt der Entscheider. Dieser definiert auch auch den jeweiligen Verhandlungsführer und kann bei dem Gespräch vor Ort sein, muss es allerdings nicht zwingend sein (Beispiele für die Rolle: Geschäftsführer, Einkaufsleiter, Bereichsleiter, Werksleiter).

2) Verhandlungsführer einer Verhandlung

Ein Verhandlungsführer ist dafür verantwortlich, die Verhandlung gezielt vorzubereiten, er leitet ebenso die Verhandlung in die richtigen Bahnen, kann jedoch nicht selbst in letzter Konsequenz finale Entscheidungen treffen. Hier hat das letzte Wort i.d.R. der o.g. Entscheider einer Verhandlung.

Signifikante Wesensmerkmale von „guten und schlechten Spielern"

Wie anzunehmen, ist ein eingespieltes Vertriebsteam, welches bei Ihnen zu Gast ist, auch nicht immer homogen in den maßgeblichen Verhaltensmustern. Dies kann einerseits daran liegen, dass Ihre Gesprächspartner in der Verhandlung tatsächlich sehr unterschiedlich im Charakter und in der Herangehensweise sind, allerdings auch, dass fallbezogen unterschiedliche Motivationen bei den einzelnen Gästen vorliegen.

Diese Motivationsabweichungen können geprägt von der jeweils unterschiedlichen Position sein oder auch vom eigenen Erwartungsdruck angetrieben werden.

Häufig findet man jedoch auch Situationen vor, in denen vorab Absprachen getroffen wurden, wer der „gute Junge" und wer der „schlechte Junge" in dem heutigen Dialog sein sollen. Dies ist nüchtern betrachtet eine Strategie, die Antipathie beim „Bad Guy" erzielen soll und eine hohe Sympathie beim „Good Guy". Jedoch ist hier Vorsicht geboten, denn sobald die erhöhte Sympathie beim Gegenüber ersichtlich wird, könnte dieser versuchen, Ihnen mit einem charmanten und entgegenkommend wirkenden Verhalten genau seine Verhandlungsziele gekonnt und strategisch geplant „unterzujubeln".

Betrachten wir beide Varianten dieser Verhaltenstypen:

1) „Good Guy"

Natürlich kann der gute Junge hohes Wohlwollen transportieren und auch Verständnis für ihre Verhandlungsargumente gezielt untermalen sowie im ersten Moment stützen.

Doch diese Kompromissbereitschaft kann auch eine trügerische Sicherheit einbringen, die den eigentlichen eigenen Erwartungen der Verhandlung nicht standhalten werden.

2) „Bad Guy"

Der „böse Junge" fällt schon mehr auf, denn er torpediert gerne unsere Argumente, unterbricht unseren Redefluss, wirkt einschüchternd und versucht, unseren Standpunkt Stück für Stück zu entkräften.

Im „Zeitschinden" ist dieser Typ in der jeweiligen Rolle sehr aktiv, leider jedoch nicht in der Kompromissfindung und auch nicht in der kooperativen Vereinbaren von Zielen.

Zwar ist er fokussiert auf Ziele, jedoch mehr auf die eigenen Zielsetzungen, insofern findet man einen solchen Bad Guy häufig zum Ende einer langen Verhandlungsphase eher in einer beobachtenden Position wieder. Selbst wenn diese Rolle gespielt war, wird er dieses „Rätsel" nicht durch finale völlige Äußerung von Zufriedenheit über den Ausgang der Verhandlung vor uns auflösen.

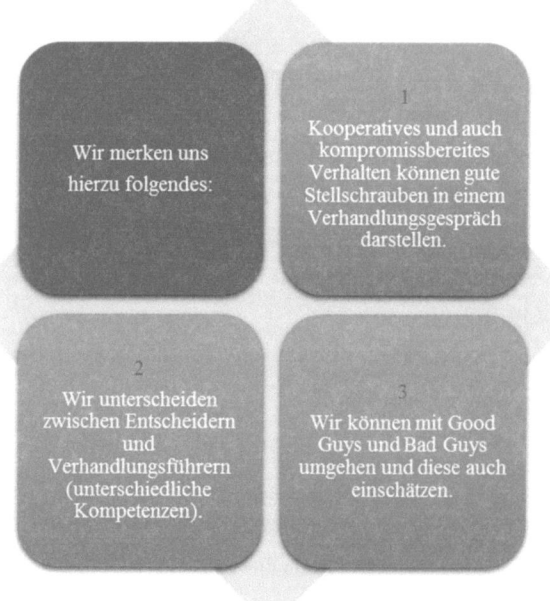

Verhandlungsorte, Sitzordnungen, allgemeine Tagesordnung, Raumatmosphäre

Gehen wir auf Faktoren wie Sitzordnung, Verhandlungsort, Tagesordnung und die allgemeine Raumatmosphäre ein, wird schnell ersichtlich, dass diese äußeren Bedingungen einen eigenen Verhandlungserfolg vorantreiben können, allerdings ebenso ein negatives Verhandlungsergebnis befördern könnten.

Warum ist die Wahl des Verhandlungsortes nicht unwichtig?
Gehen wir davon aus, dass man überall einen Tisch, Stühle und auch Beleuchtung hat, vermag man schnell denken, dass der Verhandlungsort komplett sekundär ist. Dies ist jedoch nicht korrekt, denn wir unterscheiden zwischen folgenden Möglichkeiten mit den jeweiligen aufgeschlüsselten Besonderheiten:

1) Der eigene Boden, im eigenen Unternehmen, am vertrauten Ort

Der vertraute eigene Boden bietet sich an, da man u.a. spontane Unterbrechungen organisieren und einbauen kann, in denen man neue Details direkt klärt und wieder für den folgenden Dialog verwendet. Das nicht direkt mitwirkende Backoffice-Team ist schnell greifbar und kann bei Besonderheiten unterstützen.

2) Der neutrale Boden an einem vertragsparteienbezogen unabhängigen Ort

Der neutrale Ort kann Vorteile im geteilten Anreiseweg haben, bietet jedoch bezogen auf die örtliche Vertrautheit keiner Partei signifikante Vorteile. Für den Fall von individuellem und nicht absehbarem Klärungsbedarf kann beidseitig nur bedingt Rat von nicht teilnehmenden Kollegen eingeholt werden und auch nicht ad-hoc auf spezielle Unterlagen / Daten zugegriffen werden.

3) Der fremde Boden, im fremden Unternehmen, am unbekannten Ort

Nutzt man fremden Boden und führt eine Vertragsverhandlung z.B. direkt am Werksstandort eines Lieferanten, so ergeben sich für uns bedingt spürbare Nachteile. Die fehlende Vertrautheit und Kontrollmöglichkeit kann ein Störfaktor sein, der das Gespräch zu unserem Nachteil bewegen kann. Ein kleiner Vorteil ist es, eine gewollte Verzögerungsargumentation verwenden zu können, in der man sagt, dass eine spezielle Besonderheit erst hausintern nach der Rückkehr zum eigenen Unternehmen geklärt werden kann. Insofern verschafft man sich Bedenkzeit und wird nicht ungewollt zu einem schnellen Abschluss gedrängt.

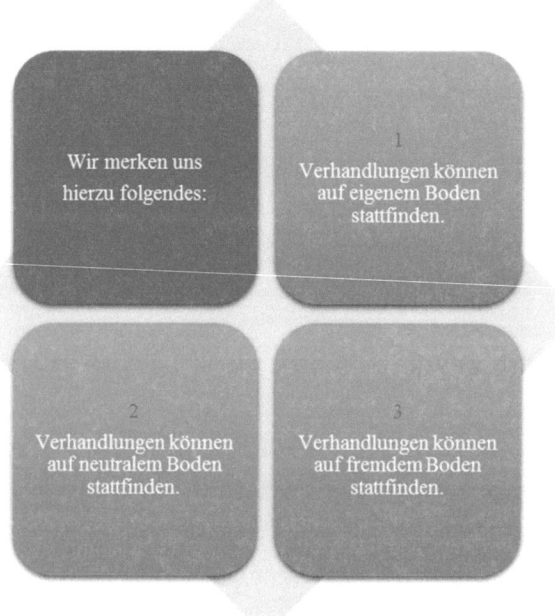

Was lässt sich über die Wahl der Sitzordnung sagen?

Allgemein sagt man, dass bei einem langen rechteckigen Tisch die beiden Plätze an den schmalen Seiten als Ehrenplatz verstanden werden können.

Ein guter Platz wird i.d.R. dadurch wahrgenommen, dass man den Blick zur Tür und den Rücken zum Fenster geneigt hat. Dies ist damit zu begründen, dass man sowohl „mit" dem Außenlicht sitzt, als auch jederzeit den Blick zum Raumeingang hat, um zusätzlich eintretende Personen wahrnehmen zu können.

Ein schlechter Platz ist i.d.R. dadurch gekennzeichnet, dass der Blick zum Fenster gerichtet ist, aber der Rücken zur Tür. So nimmt man erst relativ spät wahr, wer noch den Raum betritt und kann zusätzlich leicht durch die Sonne im Fenster geblendet werden.

Es gibt in dieser Betrachtung bei einer festen Sitzordnung folglich gute Plätze, Ehrenplätze und auch schlechtere Plätze in der menschlichen Wahrnehmung.

Wozu dient eine feste Tagesordnung in einer längeren Verhandlung?
Durch die Tagesordnung wird die Konzentration bewusst auf die jeweiligen Ziele gelenkt.

Ebenso kann man diese als Agenda im Vorfeld an alle Teilnehmer übersenden, damit eine allseitige gute Vorbereitung realisierbar ist. Eine Zeitplanung sollte in dieser Agenda ebenso eingearbeitet sein, damit diese allen Gesprächsteilnehmern transparent vorliegt. Sollten unsere Gäste Zusatzgesprächspunkte einbringen wollen, werden diese natürlich im Vorfeld mit in die neue Agenda übertragen und hierfür entsprechend Zeitpuffer eingeplant.

Ein nicht unwesentlicher Zusatzaspekt ist noch, dass somit ein konsequent gesetzter Zeitplan im laufenden Austauschgespräch nachgehalten und auch strikt eingehalten werden kann. Betreibt man diese Arbeitsweise als Standard, entwickelt man die Effizenz der täglichen Arbeitszeit auf einen Hochleistungslevel.

Warum ist eine Atmosphärenbetrachtung für Verhandlungsführung zu berücksichtigen?
Ob man nun Gastgeber oder auch Gast ist, bedeutet zwar gefühlt einen Unterschied, jedoch ist dies im Endergebnis oftmals in vielen Punkten vergleichbar.

Warum?
In beiden Positionen wird wahrgenommen, ob für eine Bewirtung gesorgt wurde, ein angenehmes Raumambiente geschaffen wurde und ob man sich generell gesagt einfach Wohlfühlen kann.

1) Betrachtung des Faktors Bewirtung
   Es gehört zum guten Ton, dass Kaffee und Tee bereitstehen (inkl. Milch und Zucker), auch Kaltgetränke und Gläser sollten im Raum vorhanden sein. Bei sehr langen Verhandlungen sollte man für einen Snack wie belegte Brötchen sorgen, als Beilage zum Kaffee ist gerne auch eine kleine Auswahl von Keksen üblich.

2) Betrachtung des Faktors Raumambiente

Zu einem Wohlfühlerlebnis innerhalb eines Besprechungsraums gehört eine angenehme Raumtemperatur. Die optimierte Ausleuchtung des Raums ist aus heutiger Sicht Standard, sollte allerdings dennoch bedacht werden, damit alle Teilnehmer einer Verhandlung entsprechend ihre Unterlagen sichten können. Auch wenn in den meisten Besprechungsräumen bereits hochwertige Beamer und/oder feste TV-Stationen vorhanden sind, um ein Notebook anzuschließen, soll auch dieser Aspekt hiermit erwähnt werden. Des Weiteren gehören auch Hilfsmittel wie Stifte, Flipcharts etc. dazu.

Anmerkung:

In früheren Zeiten hat man solche Impulse bewusst genutzt, um eine zusätzliche Verhandlungstaktik zu besitzen. In solchen Fällen wurde bewusst die Temperatur gesenkt und die komplette Bewirtung auf die sog. „lange Bank" geschoben, um indirekt Druck auf den Gesprächspartner auszuüben. Ob dies noch einem partnerschaftlichen Standard in einer heutigen Geschäftsbeziehung entspricht, bitten wir jeden Leser in diesem Fall für sich selbst zu bewerten.

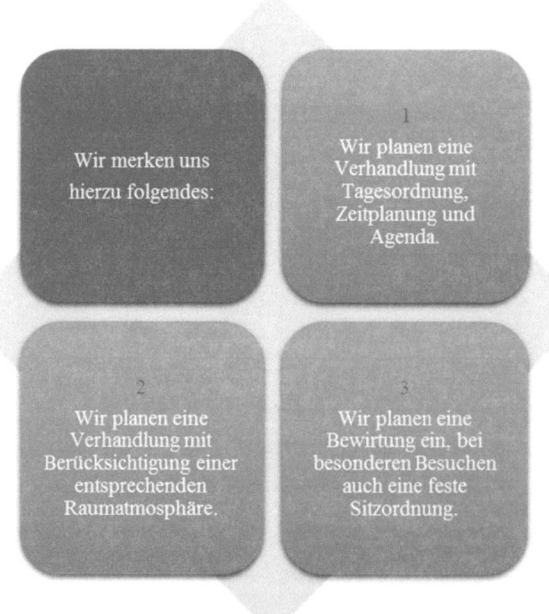

Strategische Verhandlungsführung

Die strategische Verhandlungsführung ist kein simpler Arbeitsschritt. Dies ist darin begründet, dass eine Vorbereitung, Durchführung und Nachbereitung komplex, vielschichtig und somit auch aufwendig ist.

Ein qualifizierter Verhandlungsaufbau besteht aus den folgenden wichtigen Elementen

1) Die Nutzung von gezielter Kommunikation

2) Die Verwendung einer guten und schlüssigen Argumentation

3) Die erprobte Anwendung von effizienten Verhandlungstechniken

Gezieltes Kommunizieren als strategische Grundlage im Dialog

Bei einer gezielten Kommunikation ist darauf zu achten, dass die Rahmenbedingungen für einen optimierten Dialog beachtet wurden.

Hierbei gibt es folgende Aspekte, die wichtig sind

1) Welche Worte benutze ich?
Ist ein Mensch rhetorisch nicht sonderlich bewandert, kann es möglich sein, dass meine gewählten Worte komplett im Inhalt falsch beim Gegenüber ankommen.

2) Was möchte ich damit genau zum Ausdruck bringen?
In einem zu sachlichen Sprachgebrauch kann der Inhalt von einer Aussage komplett irreführend ankommen.

3) Wie kommen meine Sätze beim Gegenüber an?
Zu wenig bedachte Sätze und Wortnutzungen können zu großen Fehlinterpretationen führen.

4) Was glaubt mein Gegenüber, was ich zum Ausdruck bringen möchte?
Voreingenommenheit ist nicht immer komplett zu verhindern. Bei Konflikten ist noch vorsichtiger zu formulieren, als bei neutralen und unvoreingenommenen Gesprächen.

5) In welcher Stimmlage kommuniziere ich, passt diese zu den Rahmenbedingungen?
Eine zur Situation und zum Umfeld angepasste Stimmlage ist elementar, diese ist im Einklang mit einer guten Körpersprache zu bewerten.

Vermeidung von Kommunikationsstörungen
Betrachtet man in diesem Fall die Sprache als steuerbare Stellschraube für einen Dialog, so werden unnötige Störungen in der Kommunikation vermieden. Daneben gibt es jedoch auch noch Techniken, die ebenso zu einem Austauschgespräch gehören:

1) Das Mittel der gezielten Fragestellung

Diese Technik dient sowohl als Lenkungswerkzeug, als vertrauensbildende Maßnahme, als Dialogförderer, als Informationsbringer, als Beilegungswerkzeug für vorhandene Konflikte, als Harmoniegeber innerhalb einer Gesprächsatmosphäre, als auch letztlich als Vermeidungsmittel für Stockung in Verhandlungen.

2) Das Mittel des bedachten Zuhörens

Diese Technik sorgt für eine basisorientierte positive Grundeinstellung zum jeweiligen Redner. In diesem Kontext wird selbst nur wenig gesprochen und der Gegenüber im Mittelpunkt gesehen, was nur funktioniert, wenn man sich darauf ohne Störungen von außen konsequent einlässt. Versteht man in diesem Fall wichtige Elemente aus dem Gesagten nicht, ist eine gezielte Rückfrage angemessen. Jedoch ist weiterhin darauf zu achten, dass man weniger wertet, was man hört, sondern bewusst versucht zu verstehen, was der Gesprächspartner wirklich sagen möchte.

Freies Sprechen und leichtes Lampenfieber

Das lockere freie Sprechen ist nicht leicht zu lernen, sondern hängt auch mit Erfahrung und Selbstvertrauen zusammen. Auch leichte Ängste sind vor wichtigen Dialogen bei den meisten Menschen normal.

Insofern hilft hier, wie so oft, nur üben, üben, üben.

Probt man also häufig, so lernt man auch mit leichten Ängsten oder Lampenfieber umzugehen und weiß, dass man diesen Moment positiv überwinden kann. Nutzt man die Zeit vor dem besagten Termin sinnig (Ruhepunkt), so kann auch dies persönliche Sicherheit geben. Bedenken Sie bei der Betrachtung von eigenen kleinen Schwächen auch Ihre vorhandenen Stärken und bereits erreichten Ziele innerhalb Ihrer Tätigkeit. Somit fokussiert man sich auf Positives, was immer anzuraten ist.

Gedanken steuern Worte, Worte steuern Gedanken und beides steuert die Körpersprache im gleichen Maße.

Einige Stichworte auf einem Handout sind in Ordnung und auch akzeptabel, jedoch wird i.d.R. ein merkbares reines Ablesen als negativ vom Gegenüber wahrgenommen, da man hierdurch wenig Ausstrahlung verbreitet.

Auch kleine Hänger im Austausch sind nicht tragisch, sollten allerdings z.B. mit neuen Ergänzungen, einer themenbezogenen kleinen Story oder einer umgestellten Satzwiederholung gefüllt werden, damit nicht der Eindruck eines kompletten Blackouts entsteht.

Ein regelmäßiger Augenkontakt, eine ruhige Stimme und eine authentische Darstellung lassen kleine Patzer im Dialog in den meisten Fällen als winzige Kleinigkeit in den Hintergrund rücken.

<u>Diskussionen zulassen und wissentlich steuern</u>
Unstimmigkeiten in Verhandlungsdialogen wird es immer geben, denn es bestehen von der Basissituation aus betrachtet stets Interessenkonflikte, die normal sind.

Beispiel:
Ein Verkäufer möchte für sein Produkt einen hohen Preis erzielen. Der gegenübersitzende Einkäufer, mag diesen Preis dafür nicht zahlen und erhofft sich einen günstigen Preis für das gleiche Produkt.

Durch die unterschiedlich gewichteten Interessen ergeben sich lange Diskussionen, die alle wesentliche Standpunkte beider Seiten verdeutlichen sollen und in der Praxis oftmals nur mit einem beidseitigen Kompromiss zum anvisierten zeitnahen Vertragsabschluss führen.

Sucht man hier nach Praxistipps und strategischen Stellschrauben, lässt sich generell sagen, dass durch eine offene Kommunikation ein Dialog beschleunigt wird, ebenso dass man besser auch nicht über nachweisliche Fakten Streit führen sollte. Je besser die eigenen Argumente vorbereitet sind, desto einfacher ist es, die eigene Ausgangslage zu stützen und die gesetzten Ziele zu erreichen. Unterschätzen Sie nie den Faktor der Körpersprache, denn diese sagt nicht selten mehr aus, als jeder gesprochene Satz. Unser Ziel sollte immer sein, dass jedes Austauschgespräch ein positives Ende findet, dass die gegenseitige Wertschätzung unterstrichen wird und man sich abschließend immer allseitig höflich verabschiedet.

Anmerkung:

„NO-GO's" in Sätzen: „Sie liegen hier wieder völlig falsch", „Sie haben doch auch keine schlagkräftigen besseren Argumente" etc.

„GO´s:": „ Ich kann Ihr Argument sehr gut nachvollziehen, möchte allerdings noch hinzufügen, dass…."

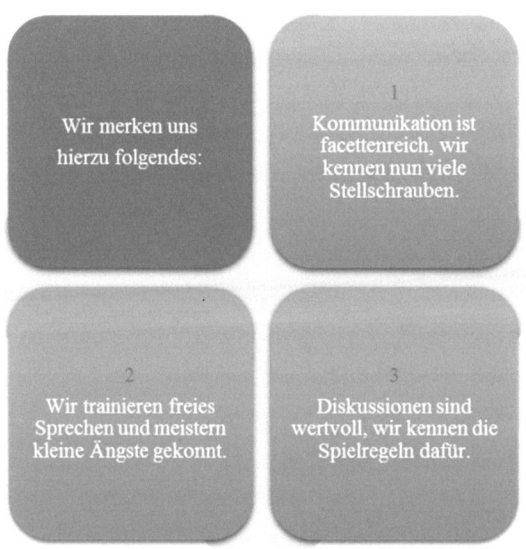

Gezieltes Argumentieren als ergänzende Grundlage im Dialog

Was ist eigentlich ein Argument?
Argumente verstärken die eigene Sichtweise im Dialog und können den finalen Erfolg und die gezielte Lenkung in einer Verhandlung bedeuten.

Somit sollte ein versierter Einkäufer neben einer stetigen ausführlichen Vorbereitung auch ein angepeiltes Ergebnisziel haben, ein hohes Maß an Empathie für sein Gegenüber besitzen und inhaltlich stimmige und ernstzunehmende Argumente in einem Austauschgespräch liefern können.

Sollten diese Maßnahmen in Einzelfällen nicht greifen, kann auch selbst im laufenden Gespräch hinterfragt werden, ob unser Gegenüber alle Informationen wirklich richtig verstanden hat. Hinsichtlich einer möglicherweise unkooperativen Haltung unseres Gesprächspartners kann im Umkehrschluss auch das beste Argument nicht weiterhelfen, denn wer sich für Fakten verschließt und einfach auf dem eigenen Standpunkt beharrt, zeigt sich gegen noch so perfekte Argumente immun. Der Regelfall ist jedoch ein Dialog mit einem Gesprächspartner auf sogenannter Augenhöhe Dies soll bedeuten, dass Sachlichkeit und Offenheit ein beidseitiges „Muss" sind.

Worauf basiert eine gute Argumentation?
Davon ausgehend, dass eine stimmige und gut ausgearbeitete Argumentationsgrundlage bereits 80-90% des Verhandlungserfolgs vor dem eigentlichen Verhandlungsgespräch bedeuten können, lässt sich hiermit die allgemeine Wichtigkeit einer guten Vorbereitung bereits deutlich aufzeigen.

Allgemein gilt, dass ein seriöser und erfahrener Gesprächspartner seine Argumente ausschließlich auf Zahlen, auf Daten und natürlich auf Fakten stützt. Ein Argument ist dann ein gutes, wenn es auch von sogenannten Dritten nachvollzogen und nachgeprüft werden kann.

Empfohlenes Verhalten bei der Äußerung der eigenen Argumentationskette

Wir verhalten uns sachlich, ruhig und versiert, das strahlt Ruhe und Souveränität aus. Ein versierter Rhetoriker spricht sowohl die Verstands- als auch die Gefühlsebene gekonnt an. Wir versuchen unsere Argumente kurz und lösungsorientiert zu nennen, verhalten uns auch bei Gegenargumenten fair und sportlich und haben im Einzelfall auch die Größe zugeben zu können, eine Rückfrage nicht direkt beantworten zu können, da diese erst z.B. hausintern geklärt werden sollte.

Welche unterschiedlichen Arten von Argumenten sollte man kennen?

1) Autoritätsargumente

Hier spielt die Position und die Persönlichkeit eine primäre Rolle. Auch die Erfahrung und der allgemeine Status sind hier einflussnehmend.

2) Gesetze, Normen, rechtliche Bestimmungen

Aktuelle Daten dieser Art (Gesetzestexte etc.) gelten als allseitig anerkannte Argumentationsbasis, sofern diese auf dem aktuellen Stand sind.

3) Faktenargumente

Neben der zwingenden Prüfbarkeit und der nötigen Aktualität sind Fakten in überschaubarer Menge eine sehr gute Stellschraube für eine Verhandlung.

4) Erfahrungsargumente / Erfahrungsbewertungen

Ein erfahrener Gesprächspartner ist i.d.R. sehr geschätzt und genießt ebenso ein hohes Maß an Vertrauen. Auf diesen Vorteil stützend, kann auch ein Erfahrungsargument durchaus greifbar und angebracht sein.

5) Analogische Argumente

Diese Argumentationsart stützt sich auf Vergleiche, die in Relation stimmig sind und insofern einen verwendbaren Rückschluss zulassen.

6) Argumente einer Logik

Hier basiert die Argumentstruktur auf einer Kette von logischen Einzelargumenten, die in Summe nachvollziehbar und schlüssig sind.

Die Anbringungsempfehlung für eine Argumentationsreihenfolge

Greift man auf einen ganzen Pool von Argumenten im Kopf zu, ist auch die Reihenfolge strategisch zu beachten. Aus der Erfahrung heraus empfiehlt sich, mit einem starken Argument zu beginnen. Zur Hälfte der Diskussion kann dann auch ein schwächeres stützendes Argument zusätzlich mit eingebracht werden. Abschließend sollte man dann erst zum Schluss der Begründungsphase das beste Argument liefern, um auch noch den letzten Zweiflern der Sachlage genügend Grund zum Einlenken bieten zu können.

Woraus entstehen gute Argumente?

Neben einer guten Erklärung der Argumentationsbasis besteht ein gutes Argument auch aus einer plausiblen Begründung. Genau diese Mischung macht ein wirkliches Spitzenargument erst richtig aus.

Warum sind viele Argumente nicht akzeptiert bzw. wirken unstimmig?

Falls ein Zusammenhang und die Begründung nicht zusammen passen oder aus anderen greifbaren Gründen unzulässig sind, entsteht ein Reaktanz-Verhalten bzw. Abwehrverhalten beim Gesprächspartner. Dies ist zu vermeiden und im Vorfeld daraufhin detailliert zu prüfen.

Wie kann ich meine Argumente bestmöglich nutzen und inhaltlich übertragen?

Eine erprobte unterstützende Wirkung erfahren gute Argumente, wenn man gezielt Schlüsselreize anspricht und versucht, bei der Gegenseite „Bilder im Kopf" zu erzeugen bzw. visualisiert darstellt. Schafft man es noch zusätzlich, erwartete Handlungsmotive des jeweiligen Gesprächspartners mit zu integrieren, werden Argumente bestmöglich übertragen und im Aufbau gestärkt.

Kritische Verhandlungstechniken und Verzicht auf schmutzige Tricks

Eine strategische Verhandlungsführung basiert darauf, seine Sicht und Verhandlungsposition zu stärken und zu einem bestmöglichen Ergebnis zu führen. Jedoch sind dafür keine Tricksereien nötig, da davon auszugehen ist, dass dies nicht dem Aufbau einer strategischen, langfristigen und partnerschaftlichen Lieferantenbeziehung dienlich sein können.

Dennoch sollten Einkäufer diese Tricks weitgehend kennen und auch bewerten können. Dies sind u.a. persönlicher Spott, ignorantes Verhalten, Beleidigungen, fehlender Takt als strategisches Instrument, Abstreiten von Kompetenzen, Angebote zur Bestechung und somit unangemessene Einflussnahme, gezielte Gesprächsstörungen usw.

Sollten Sie auf solches Verhalten treffen, empfiehlt es sich, nicht auf das gleiche Niveau zu wechseln, souverän und gelassen zu bleiben, einer gesetzten klaren Gesprächslinie zu folgen und im Zweifelsfall die Verhandlung zu unterbrechen bzw. zu vertagen.

Anmerkung:
Betrachtet man seine Lieferanten stets als wertvolle Geschäftspartner und im Umkehrschluss auch der Lieferant seinen Kunden mit einem sehr partnerschaftlichen Anspruch, so sollten diese o.g. negativen Verhaltensmuster nicht mehr in eine heutige professionelle Geschäftswelt gehören. Es ist anzuraten, den folgenden Leitsatz zu verinnerlichen: „Hart in der Sache, freundlich und fair im Ton und gegenseitigem Umgang".

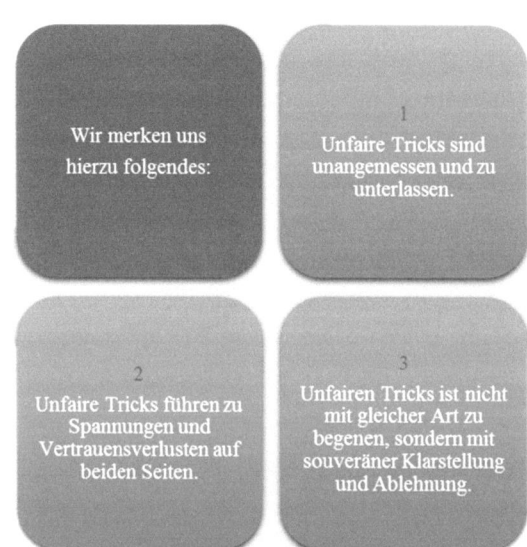

Durchführung von Verhandlungen mit der richtigen Strategie

Betrachtet man den Aufbau und somit die daraus folgende Durchführung von Verhandlungen, gibt es ebenso zahlreiche Dinge zu beachten. Diese sind im Folgenden näher ausgeführt.

1) Selbstsicherheit haben und passiv zeigen
Durch Körpersprache wird der wesentliche Eindruck von einem Gespräch begleitet. Insofern steuert dieser Bereich auch die Übertragung von Sympathie-Empfindungen als auch die Erzeugung von zu vermeidender Antipathie.

2) Aktives Führen in einem Gespräch
Ein weicher und verträglicher Ton empfiehlt sich, denn die Unfreundlichkeit in einem Tonfall zeigt weder Souveränität noch hohe Sachkenntnis. Widerstände beim Gegenüber sollten bestmöglich und aktiv durch gezieltes Führen von Gesprächen und Inhalten abgebaut werden, so dass es auf überdurchschnittliche Akzeptanz trifft, wenn man dennoch in der Sache sehr hart argumentieren muss.

3) Rhetorische Stellschrauben bewusst verwenden
Die Stellschrauben von gezielter Mimik, aussagekräftiger Gestik und die Einbindung einer anlassgemäßen Stimmlage werden häufig unterschätzt. Genau diese Stellschrauben sind allerdings, wenn man sie verinnerlicht hat, ein wesentliches Lenkwerkzeug in einer Verhandlungsführung und insofern auch zu beachten. Schlagkräftige Argumente auf Knopfdruck liefern zu können ist hingegeben nur schwer zu erlernen und nicht jedem Menschen von Geburt an in die Wiege gelegt worden. Wer gezielte Fragen stellt und diese zum spontanen Dialoginhalt passend formuliert, leitet Gespräche an und hat damit bereits die deutlich bessere Ausgangssituation.

<u>Typischer Gesprächsverlauf und die jeweiligen Phasen dieser Stationen</u>

1) Phase des ersten Kontakts
Sogenannter Smalltalk und allgemeiner Austausch. Ziel: Das Eis zu brechen und den offenen Dialog anschließend in den fachlichen Themensektor zu lenken.

2) Phase der höchsten Aufmerksamkeit

In diesem Teil wird der Fokus auf die Agenda gelegt und somit auf die zu erwartende Abarbeitung aller relevanten Gesprächsteile mit dem Ziel einer beidseitigen Einigung. Die zeitliche Planung sollte hier genau wie auch die einzelnen Gesprächspunkte im Detail vorgestellt werden.

3) Phase der Bestimmung von Einigungen und Uneinigkeiten

Thematisch richtig priorisiert und sortiert, werden alle Themen besprochen und man kommt zu Einigungen, allerdings auch zu einem Zwischenstand, bei dem im Optimalfall Uneinigkeiten herausgearbeitet werden konnten.

Anmerkung:

Es ist wichtig, im Vorfeld zu klären, ob aus Einkaufssicht in diesem Kontaktgespräch zum Lieferanten das reine Ergebnis wichtiger ist, oder die positive Beibehaltung einer Geschäftsbeziehung.

Die Wahrheit liegt in den meisten Fällen in der Mitte, jedoch ist der wirtschaftliche Druck in manchen Verhandlungen derart hoch priorisiert und das reine Resultat immens wichtig, sodass das finale Verhandlungsergebnis deutlich über der Beziehungsebene stehen „muss". Dass selbstverständlich dieser möglicherweise vorhandene Druck nicht zu Lasten der Wortwahl und Tonlage gehen sollte, ist in den vorherigen Kapiteln bereits verdeutlicht worden.

4) Phase der Schließung von Fazit und Beschlüssen

In dieser Phase wird ein finales Fazit besprochen und im besten Fall noch einmal dokumentarisch vorgetragen. Es gilt zu beachten, dass alle Punkte von beiden Seiten korrekt verstanden worden sind. Insofern ist es deutlich besser, eine Wiederholung von einzelnen Vereinbarungen in Kauf zu nehmen, als spätere Missverständnisse revidieren zu müssen.

Effizienzsteigerung im Einkauf durch breit aufgestellte Lieferantenkontaktmöglichkeiten

Ergänzend sind noch weitere Stellschrauben für die Durchführung von Preisverhandlungen zu nennen, die auf den ersten Blick effizient sind, da direkt eine Vielzahl von Lieferanten bearbeitet und kontaktiert werden kann. Oftmals bieten sich diese Methoden jedoch aus strategischer Beschaffungsbetrachtung nur primär für B und C-Lieferanten an.

Diese zusätzlichen Optionen wären zum Beispiel

1) Die Einberufung zu einem Lieferantentag

Ein Lieferantentag bietet sich an, um Informationen gewollt breit weiterreichen zu können, um kollektive Lösungen in der großen Gruppe von Lieferanten zu diskutieren und natürlich auch indirekten Wettbewerbsdruck gezielt für die eigenen wirtschaftlichen Interessen zu nutzen.

2) Die Nutzung von sogenannten Direkt- bzw. Liveauktionen

Bei dieser Variante hat man konkurrierende Lieferantenpartner zur gleichen Zeit in unterschiedlichen Besprechungsräumen und arbeitet mit einem Gesprächsvermittler, der die Informationen über weitere Nachlässe und Einigungspunkte an den jeweiligen Gesprächsführer übertragen kann. Diese Austauschform findet dann ein finales Ergebnis, wenn keine Seite mehr Zugeständnisse machen kann oder möchte.

3) Die Verwendung von umgekehrten Auktionen bzw. einer sogenannten „Reverse Auction"
Innerhalb eines festen Zeitraums kann ein breiter Anbieterkreis auf einem zu beschaffendem Produkt Angebote platzieren. Hierbei ist die Schlusszeit für die Bieter transparent und es kann so lange korrigiert und nachgelassen werden, bis die geplante Laufzeit der umgekehrten Auktion abgelaufen ist. Der Sieger der Auktion ist somit der Anbieter, der den besten Preis in der Gesamtbetrachtung dieser Auktionsphase vorgetragen hat.

Anmerkung:
Simpel betrachtet ist diese Vorgehensweise ein umgekehrtes Verfahren zur klassischen Onlineauktion, welche millionenfach in bekannten Portal durchgeführt wird.

Zusätzliche Effizienz lässt sich durch Sammel-Preisverhandlungsarten erzielen.

Monopolisten im Verhandlungsdialog

Den höchsten Herausforderungsgrad im Bereich von Vertragsverhandlungen weisen i.d.R. die sogenannten Monopollieferanten auf. Aufgrund der marktsteuernden bzw. nahezu marktbeherrschenden Stellung kennen genau diese Lieferanten ihre Macht und allgemeine Ausgangsposition für Verhandlungsdialoge.

Auch für diese Fälle gibt es Steuerungshebel, die man als versierter Einkäufer kennen und nutzen sollte.

Ursachenbetrachtung für die Entstehung von Monopollieferanten
Die Ursachen liegen nicht selten in einer Fehleinschätzung, da man im eigenen Einkauf keine zweite Quelle kennt. Des Weiteren kann die Monopoleinschätzung auch darin begründet sein, dass ein Lieferant einen sehr hohen Qualitätsstandard hat und aus diesem Grund kaum ein anderer Lieferant mithalten kann. Ebenso gibt es Erlebnisse, in denen ein Endkunde genau fixiert, z.B. welches Rohmaterial von welcher Lieferquelle verarbeitet werden darf. Sehr teure Produktionswerkzeugkosten erschweren in Ausnahmenfällen ebenso einen Lieferantenwechsel, was einen „gefühlten" Monopolisten entstehen lässt.

Optionale Gegenmaßnahmen aus Sicht eines Einkäufers
Das Machtverhältnis muss wieder ausgeglichener werden, was nur zu erreichen sein dürfte, wenn die Abhängigkeit relativiert werden kann.

Genau dies geschieht durch den Aufbau von qualifizierten alternativen Lieferquellen. Eine gezielte weltweite Beschaffungsmarktkontrolle kann im Rahmen von sehr ausführlichen Nachforschungen alternative Lieferanten aufzeigen, die dann z.B. im ersten Schritt als dualer Lieferant für einen derzeit monopolgesteuerten Produktbereich vorgesehen werden könnten.

Alternativ kann versucht werden, mit einer Direktverhandlung beim Bestandslieferanten ein gutes Entgegenkommen zu erzielen. Dies ist jedoch schwer zu argumentieren, kann allerdings mit einer sehr kooperativen partnerschaftlichen Herangehensweise versucht werden, oder auch mit einer ausgeprägt harten Verhandlungsweise, welche den beidseitigen Mehrwert z.B. von geplanten Mengensteigerungen oder auch greifbaren zusätzlichen Vermarktungswegen aufzeigt. Erkennt der Lieferant seinen Nutzen in diesem Argument, wird er i.d.R. auch versuchen, entgegenkommend zu reagieren. Unser stetiges Ziel bleibt es, mit gegenseitigem Respekt die partnerschaftliche Beziehung auch mit Monopollieferanten zu erweitern.

Anmerkung:
Ebenso ist dem Einkäufer anzuraten, trotz einer gewissen Lieferantenabhängigkeit souverän und mit hohem Selbstbewusstsein zu agieren, denn die Opferrolle ist stets kontraproduktiv für ein eigenes gutes Verhandlungsergebnis. Im Zweifelsfall kann eine deutlich höhere Instanz, z.B. die Geschäftsführung, zu Rate gezogen werden und spontan mit in eine sehr wichtige Vertragsverhandlungen integriert werden.

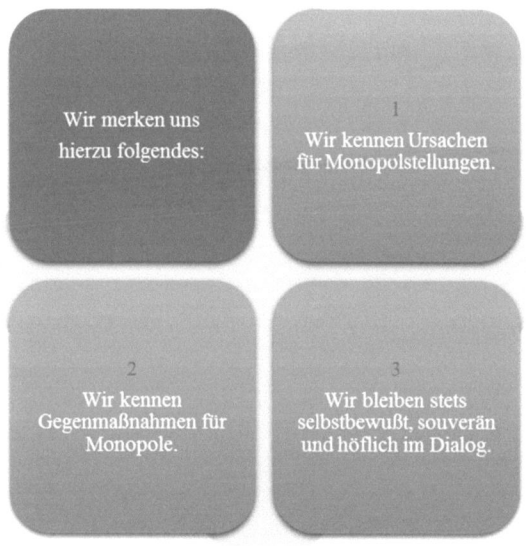

Nachbearbeitung von absolvierten Verhandlungen

Sobald die Hauptarbeit, konkret die erzielte Vertragsverhandlung, abgeschlossen wurde, ist noch ein wichtiger Randaspekt in der Tätigkeit eines versierten Einkäufers zu beachten.

Aus der Erfahrung heraus bietet es sich an, ein kurzes Gesprächsprotokoll zu verfassen, welches allen Gesprächsteilnehmer zur Verfügung gestellt wird. Auch eine genaue Beschreibung von wichtigen getroffenen Vereinbarungen sollte hier enthalten sein.

Sind Ergänzungstermine nötig, kann dies ebenso vermerkt werden und ggf. langfristig vorab terminiert werden, damit alle Teilnehmer die nötigen Zeiträume freihalten.

Sind offene ToDo-Punkte bis zu einer gewissen Frist abzuarbeiten, gehören auch diese transparent im Protokoll vermerkt, damit nichts in Vergessenheit geraten kann. Kleinere offene Rückfragen sollten zeitnah und verbindlich beantwortet werden.

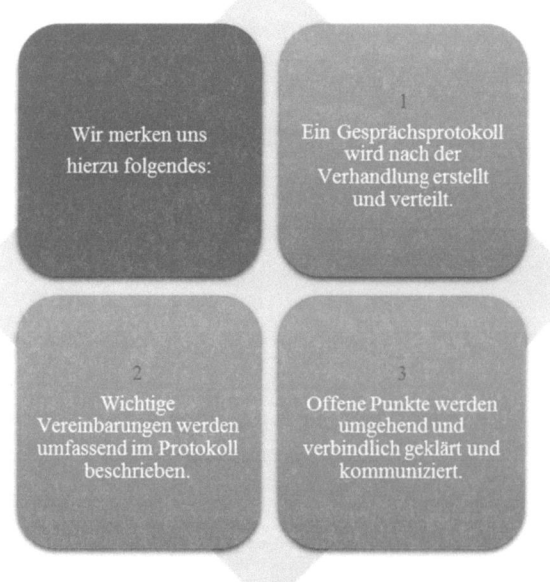

Autoritäten und Mehrwertschaffungen

In diesem Kapitel wird die Zusammenarbeit mit dem Co-Autor Mathias Weber in diesem Werk ersichtlich, denn es geht um die Verbindung zwischen Einkaufssicht und Verkaufssicht. Beide Blickwinkel flossen in das dritte und vierte Kapitel des vorliegenden Werks mit ein.

Wenden wir den Blick in Richtung Autoritäten, so erkennt man die Wichtigkeit dieser Eigenschaft, denn sie ist aus rein wirtschaftlicher Betrachtung in der Position einer Autoritätsperson zu sehen, oder auch in dem Wissen einer Autoritätsperson zu erklären. Autorität ist somit eine Eigenschaft, die hohen Lenkungseinfluss in Verhandlungsführungen aufweist.

Betrachten wir den Faktor der möglichen Mehrwertschaffungen in Verhandlungen, so erkennen wir eine Möglichkeit, seinem Gegenüber gezielte Mehrwerte anzubieten, die nicht unmittelbar mit dem eigentlichen Verhandlungsgrund in Verbindung stehen. Dies könnten neuen Märkte der Erschließung sein, neue direkte Kunden, Möglichkeiten der eigenen Kostensenkung beim jeweiligen Lieferanten usw.

Ist somit ein Lieferantenpartner in einer ursprünglich sehr machtvollen Verhandlungsposition gewesen, kann damit der versierte Einkäufer Argumente liefern, um den primären Verhandlungsgrund mit einlenkende Faktoren anzureichern. Dies könnten direkte Preisnachlässe, allgemeine Liefer- und Zahlungskonditionsverbesserungen oder auch sonstige wirtschaftliche Vorteile sein.

Anmerkung:
Dieses Kapitel ist zwar im Gesamtkontext zum Thema Verhandlungsführung ein sekundärer Bereich, dennoch wichtig in der Betrachtung, wenn man einen ganzheitlichen Eindruck zum Thema einer wirtschaftlicheren Verhandlungsführung gewinnen möchte.

Begriffserklärung Autorität und Praxisanmerkungen

Die generelle Betrachtung von Autorität beschreibt mit diesem Wort in Kurzform einen sozialen Status einer Person, der die jeweilige Position unterstreicht und auch die dazugehörige Anerkennung von sogenannten Dritten mit lenkt.

Bei sehr ausgeprägter Autorität wird somit das Handeln und Tun von einem Gegenüber beeinflusst, was z.b. bei äußerer Zustimmung und innerer Ablehnung eine Reaktanz (Abwehrverhalten) auslöst.

Beispiel:
Einerseits möchte niemand seinem Vorgesetzten mehrfach widersprechen. Auf der anderen Seite teilt man ggf. nicht sein Weisungs-, Werte- und Arbeitsverhalten, muss es allerdings dennoch hinnehmen, da die reinen disziplinarischen Positionsgewalten in einem Unternehmen dies vordiktieren.

Genau diese Situationen lösen bei Menschen mit geringem Selbstwertgefühl ein verstärkt negatives Bild aus, welches sowohl auf die jeweilige Führungsperson innerlich übertragen wird, als ebenso auf sich selbst. Insofern entsteht nicht selten ein Abwärtsstrom, der bis zum Jobwechsel führen kann.

Ein besserer Weg bei einem solchen ablehnenden Verhalten zu einer Führungsperson ist der offene, höfliche aber auch konstruktiv-kritische Weg eines Dialogs zur Problembehebung. Jedoch ist ein sehr unsicherer Mensch in den meisten Fällen nicht in der Lage, einer dominanten und sehr autoritären Person diesen Dialog vorzuschlagen.

Ebenso sind die Aussichten auf Erfolg eines solchen Dialogs im Vorfeld nicht genau einschätzbar, was den nachhaltigen beidseitigen Umgang entweder verbessern aber auch nachhaltig verschlechtern könnte.

In diesem Beispiel wird von einem inneren Spannungsproblem gesprochen, welcher nicht selten gegeben ist.

Ebenso kann dieser Gedanke auch auf ein externes Spannungsproblem übertragen werden. Dies entsteht z.B. bei Verhandlungen, in denen Gesprächspartner in vom Status und in der Autorität her sehr unterschiedlichen Machtverhältnissen entsprechen.

Zum Beispiel im Falle einer wichtigen Vertragsverhandlung die einerseits von einem Sachbearbeiter im Einkauf der beschaffenden Vertragspartei geführt wird und der Gesprächspartner von Seite des Lieferanten ein Mitglied der Geschäftsführung einer großen Unternehmung ist. In diesem Fall können die Argumente des Sachbearbeiters noch so nachvollziehbar und gut sein, aber das Machtverhältnis und die ausgestrahlte Dominanz wird nur in den seltensten Fällen zu einem guten Vertragsergebnis führen können. Insofern empfiehlt sich für wichtige Vertragsverhandlungen, ein solides und ausgewogenes Kräfteverhältnis im Vorfeld zu beachten. Dieses Kräfteverhältnis mag ggf. sogar im o.g. Beispiel vom Fachwissen gleich sein, allerdings ist die Positionsautorität der beiden Gesprächspartner so stark verschieden, dass gefühlt nicht auf sogenannter Augenhöhe verhandelt werden kann. Es gibt im Faktor Autoritäten sehr viele denkbare Möglichkeiten von Chancen und auch Risiken. Mit den o.g. Beispielen sollten wesentliche Facetten erklärt sein, jedoch lassen sich aus der eigenen Erfahrung heraus sicherlich auch noch andere denkbare Szenarien ableiten.

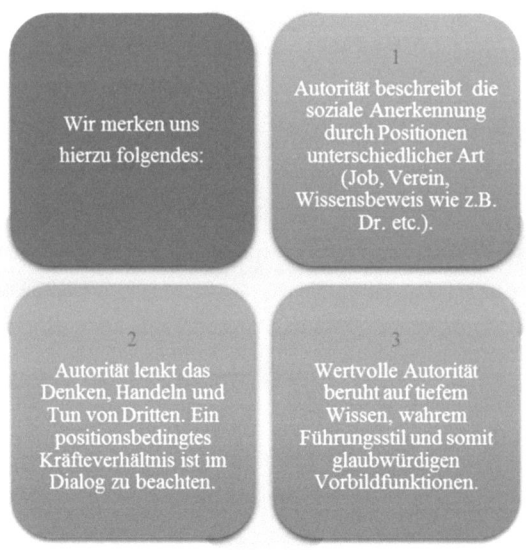

Wirtschaftlich wichtige Formen der Autorität

Neben einer Vielzahl von verschiedenen Autoritätsformen lenken wir in dieser Betrachtung die Sicht auf nur zwei unterschiedliche Arten, die lt. Joseph Maria Bocheński wie folgt zu unterscheiden sind:

1) Epistemische Autorität

Diese Form beschreibt, in Kürze genannt, die Autorität eines „Fachwissenden", dem man aufgrund seiner hohen Kompetenz zu gewissen Themen gerne und offen zuhören möchte. Insofern ist es eine beidseitig wertvolle Form der Autorität.

2) Deontische Autorität

Hier verbirgt sich die Autorität eines „Fachvorgesetzten", von dem man aufgrund seiner Position im Unternehmen Weisungen zum Verhalten und zu Aufgaben entgegennehmen muss.

Anmerkung:
Aus Sicht der Autoren ist eine Mischung beider Varianten die optimale Wahl bei der Besetzung einer Führungsposition in einem Unternehmen. Folgt man einem in früheren Zeiten etablierten Entscheidungsverhalten bei Besetzungen von signifikanten Unternehmenspositionen, war dies auf der Basis begründet, einen hausinternen Kandidaten zu priorisieren, den man gut kannte und welcher auch bereits lange im Unternehmen gearbeitet hat.

Aus heutiger und moderner Betrachtung möchte man bei der Besetzung einer leitenden Position viele Facetten beachten und ebenso erfüllt wissen. U.a. das Fachwissen aus theoretischer und praktischer Betrachtung, zusätzlich die Sozial- und Führungskompetenz, aber auch die persönliche und berufliche Entwicklungssicht des Kandidaten.

Beispiel:
Was hilft es einem Pferderennstall, wenn der Besitzer ein neues agiles und leistungsgewilltes Rennpferd einstellt, jedoch ansonsten nur sehr alte und ausgebrannte Rennpferde hat. Das Problem wird sein, dass man zwar wieder Siege durch das neue Rennpferd einfahren kann,

jedoch die anderen „altwürdigen und erprobten" Pferde genau dies nicht akzeptieren können und alles daran setzten werden, dem Neuling das Leben im Stall zu erschweren.

Hiermit ist bildlich gesprochen gemeint, dass bei elementaren und breiten Führungsproblemen in einem Unternehmen der Austausch einer einzelnen Führungsperson nicht ausreichend sein kann, um maßgeblich die gesamte Firmenentwicklung wieder zu verbessern und langfristig umzulenken. Die Ausnahme mag darin liegen, wenn dieser Wechsel in der obersten Geschäftsführungsebene stattfindet und somit der o.g. Neuling ausreichend Weisungskompetenz als Stellschraube verwenden kann. Allerdings ist auch dies nicht die beste und zielführendste Herangehensweise, wird aber dennoch in der Praxis nicht selten als schnelle Entscheidung von den obersten Entscheidungsträgern gewählt.

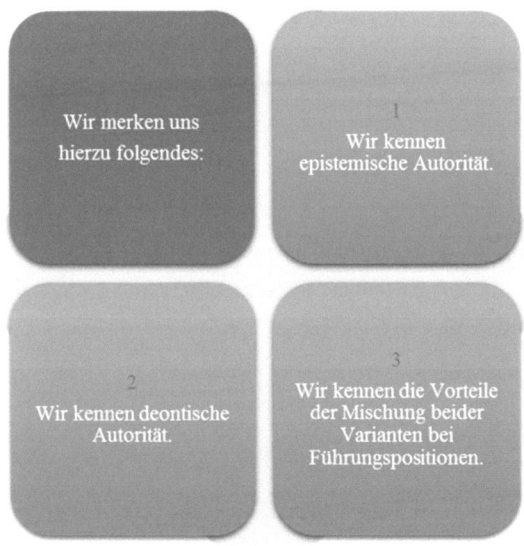

Allgemeine Volumenbündelungen, Netzwerkvorteile und Einkaufspoolnutzung

Dieses Themenfeld beschäftigt sich mit weiteren Möglichkeiten, seine Verhandlungsposition zu stärken.

Wir betrachten drei unterschiedliche Möglichkeiten und Stellschrauben.

1) Allgemeine Volumenbündelungen

Hierbei sorgt man für eine Transparenz der Übersicht aller gekauften Artikel eines Lieferanten. Häufig werden diese von unterschiedlichen Einkaufssachbearbeitern ohne weitere interne Abstimmung disponiert. Genau deshalb kann man z.B. durch ein zusammengestelltes Bestellverfahren Kosten beim Lieferanten senken, die dann als Verhandlungsvorteil durch direkte Preissenkungen an unser Unternehmen zurückfließen können.

Regelt man z.B. in einem solchen Fall die komprimierte Lieferung, welche einmal pro Woche als volle LKW-Ladung an das Lager geliefert wird, ist dies ökonomisch und auch ökologisch sinnvoller als z.B. die spontanen und vielfachen Einzellieferungen, die unkoordiniert von unterschiedlichen Einkaufsdisponenten beim jeweiligen Lieferanten eingefordert worden sind. Stellt man z.B. die Verpackungseinheit von Sackware auf sogenannte Big-Bags um, so ergeben sich ähnliche Vorteile. Hierbei ist die Kreativität der denkbaren Betrachtungsvorteile gefragt, die wahre „Traumeinsparungen" für beide Vertragsseiten in der Umsetzung ermöglichen können.

2) Netzwerkvorteile

In diesem Zusammenhang denkt man z.B. an eine Möglichkeit, dem Lieferanten über das eigene Netzwerk neue Vermarktungsmöglichkeiten zu erschließen und ihm somit wirtschaftliche Vorteile zu verschaffen. Auch über diese Stellschraube können noch eigene Preisvorteile argumentiert werden und auch nicht selten für die eigene Unternehmung erfolgreich abgeschöpft werden.

Als Beispiel kann hier angedacht werden, dass ein Kunde seinem Lieferanten ein neues Vermarktungsgebiet bei einem seiner Netzwerkkontakte initiiert. Generiert dieser Lieferant dadurch nennenswerte neue Mehrumsätze, sollte sich dies auch aus Fairness und Wertschätzung heraus auf die eigenen Einkaufspreise des Vermittlers positiv auswirken.

3) Einkaufspoolnutzungen

In gewissen Bereichen kann es sich sehr lohnen, einen sogenannten Einkaufspool wie z.B. „onepower" (www.one-power.de) zu Rate zu ziehen. Diese Form des komprimierten Einkaufs setzt darauf, gleiche Bedarfsstrukturen bei verschiedenen Industriebereichen zu erkennen, einen zentralen Vertrag mit großen Mengen auszuhandeln, einen sehr guten Marktpreis darin zu verankern und final allen Mitgliedern von diesem guten Preis und Rahmenbedingungen wirtschaftliche Vorteile zu verschaffen. In Beispielsegmenten wie Leihfahrzeugen, Flurfördergeräten, Energie, C-Teile-Management usw. kann man mit einer solchen Kooperation ohne großen finanziellen oder arbeitszeitbezogenen Eigenaufwand, sehr hohe Jahreseinsparungen erzielen, die man alleine mit der eigentlichen werksinternen Marktnachfragemacht nicht hätte erzielen können.

Betrachtung einer partnerschaftlichen Verhandlung aus Verkaufssicht

Nach nun sehr vielen Facetten, die jene Sicht eines Einkäufers fokussierten, wenden wir den Blick zu den Vorteilen von kooperativen Maßnahmen, die sich für die andere Seite ergeben. Die typische Gegenseite ist in diesem Fall der Vertriebsexperte, der zwar unterschiedliche Interessen in einem solchen Dialog verfolgt, jedoch auch eine beidseitige Einigung erzielen möchte, die für beide Seiten i.d.R. auch langfristig tragbar sein sollte.

Aus antiquierter Sicht war ein Verkaufsmitarbeiter sicherlich nicht darauf geprägt, starke Netzwerkvorteile mit Kunden anzustreben, große Zugeständnisse zu machen, um ein Geschäft auszubauen oder auch mal zuzulassen, dass man in vielen Details direkt mit dem größten Wettbewerber verglichen wurde und sich dies auch gefallen lassen muss, ohne direkte Ehrverletzungen und persönliche Angriffe darin zu erahnen.

Sicherlich existieren immer noch einige Marktbereiche, in denen es Lieferanten gibt, die beinahe eine Monopolstellung genießen und z.T. auch mehr Ware verkaufen können, als sie jährlich produzieren könnten. Jedoch ist dies im Gesamtfeld gesehen eher die Seltenheit als die Regel in einer breiten Lieferantenstruktur.

Eine große Zahl von Recherchemöglichkeiten, globale Beschaffungsmarktkontrolle, die zunehmende Automatisierung und auch die allgemeine Digitalisierung sorgen für eine neue Transparenz, der sich auch Vertriebsexperten stellen müssen, wenn diese weiterhin erfolgreich und wettbewerbsfähig agieren möchten.

Insofern ist ein kooperatives, offenes und partnerschaftliches Verhalten von Lieferanten aus heutiger Sicht kein „nice-to-have" Faktor mehr, sondern viel spürbarer ein „must have" an einem globalen und transparenten Beschaffungsmarkt.

<u>Randanmerkung in Form eines bekannten Zitats</u>
Wer nicht mit der Zeit geht, geht mit der Zeit.
Carl Josef »Necko« Neckermann

7. Teamveränderung: Vom Low-Performer zum High-Performer

Low-Performance: Definition, Begegnungen, Maßnahmen

Betrachten wir die praxisbekannte Definition von Low-Performern:
Ist die Leistung von Mitarbeitern konstant unter den Erwartungen und Durchschnittsleistungswerten, spricht man allgemein von Low-Performern bzw. auch Minderleistern.

Natürlich ist es normal, dass das Leistungsniveau in einer mittleren bis großen Firma immer etwas unterschiedlich ist und nie konstant nur High-Performer in einem Team vorhanden sein können. Dennoch muss und sollte klar sein, dass von jedem Mitarbeiter erwartet werden kann, aktiv mitzuarbeiten und nicht vor der Arbeit „zu fliehen".

Anmerkung:
Ausklammern sollte man selbstverständlich in dieser Betrachtung Mitarbeiter, die krankheitsbedingte Probleme haben und daher temporär leistungsschwächer sind.

Betrachten wir die Begegnungen mit Low-Performern in Unternehmen:
Naturgemäß sind die meisten Vorgesetzten nicht froh über „Low-Performer" im eigenen Team bzw. im eigenen Verantwortungsbereich. Die Antwort liegt dahingehend auf der Hand, denn Vorgesetzte werden in der Industrie nach Abteilungsleistung, Gesamt-Performance, Prozessoptimierungsquote, zahlenbasierten Erfolgen und nach zahlreichen weiteren Kennzeichen beurteilt. Da ist selbstredend jeder Minderleister grundsätzlich ein Störfaktor, der nicht ignoriert werden kann.

Manche Vorgesetzte versuchen somit folgende Maßnahmen:
- Versetzung oder Kündigung des Minderleisters (Problemverschiebung)
- Toleranz und Ignoranz des Minderleisters (Problemvertagung)
- Druckaufbau beim Minderleister (Problem des Mobbings)

Leider sind diese Maßnahmen nicht anzuraten, denn es ist regelrecht kontraproduktiv für das Betriebsklima und kann dazu führen, dass noch mehr Minderleister in den eigenen Reihen herangezogen werden.

Eine gute Maßnahme ist immer der Dialog und die richtige Grundeinstellung zu Menschen, zum Leben und zum beruflichen Miteinander. In diesem Kontext ist davon auszugehen, dass ein jeder Mensch Stärken hat. Es sollte im Fokus der Betrachtung stehen, dass weder eine Verschiebung von Problemen, weder die Verlagerung des Problems auf eine andere Abteilung, noch ein Druckaufbau der zielführende Schritt für die Behebung von Low-Performance ist.

<u>Folgende Gedankensätze sollten vor einem Austauschgespräch mit Low-Performern verinnerlicht werden:</u>
- Wir gehen nicht von Vorsatz des Low-Performers aus.
- Wir haben ein grundsätzlich positives Menschenbild.
- Wir wissen, dass leistungsschwache Menschen nicht zwingend leistungsunwillig sein müssen.
- Wir sind an einer Lösung interessiert, die beidseitig akzeptabel ist und anerkannt wird.
- Wir können Menschen motivieren und fördern.
- Wir fördern auch die Stärken von Leistungsschwachen.
- Wir integrieren alle Teammitglieder im Team.
- Wir wirken positiv auf alle Teammitglieder, da die Gruppendynamik damit erhöht wird.
- Wir sind fair, offen, transparent und konsequent, dies ist zum Wohl aller Teammitglieder der richtige Weg.

Folgende Eckdaten sind zu kennen, wenn man die Auswirkung von Low-Performern auf Vorgesetzte, Führungsmitarbeiter und generell auf das jeweilige Unternehmen bewerten möchte:
- Maßnahmen gegen Low-Performance sind eine gute Investition für das gesamte Team.
- Indem wir keinen Mitarbeiter vorschnell ausschließen, stärken wir das gesamte Vertrauen und die Betriebsloyalität.
- Kurze Phasen von einzelnen temporären Low-Performern sind zu erkennen, zu besprechen, zu tolerieren und als Team zu beseitigen.
- Mitarbeiter sollten nach ihren Stärken eingesetzt werden, dies ist Aufgabe der Führung bzw. Unternehmensleitung.
- Mangelnde Förderung der Mitarbeiter kann die Ursache für steigende Low-Performance sein.

- Eine Kündigung und Versetzung der einzelnen Mitarbeiter kann bei unfairen Handlungsweisen schnell zu Rechtsstreitigkeiten führen, dies ist zu bedenken und zu vermeiden.
- Eine Unternehmenskultur der Angst ist zu vermeiden. Daher muss es transparent sein, dass niemand vorschnell aufgegeben wird und Loyalität und Gruppendynamik beidseitig als wichtig erachtet werden.
- Demotivierte Menschen wollen i.d.R. verstanden, gehört und gezielt motiviert werden.

Low-Performer erkennen und Arbeitsverhältnisse bewerten

Wie erkennt man Low-Performer und wie begegnet man diesen im laufenden Arbeitsverhältnis?

Allgemein formuliert lässt sich hierzu sagen, dass, wenn ein Arbeitnehmer seine definierte Arbeit stetig schlecht ausführt und das Leistungsniveau konstant deutlich zu niedrig ist, er als Low-Performer zu bewerten ist.

<u>Häufige Indikatoren zur schnellen Erkennung von Low-Performern:</u>
- Die Fehlzeiten sind sehr hoch und dies über lange Zeit.
- Beschwerden häufen sich über diese Person.
- Das Arbeitsverhalten zeigt sich sehr wenig kooperativ, keine Hilfsbereitschaft etc.
- Auch nach gründlicher Einweisung stetige und gleiche Fehlerstrukturen
- Unmotiviertes Verhalten, welches sich auf die Arbeitsqualität niederschlägt
- Aufforderungen von Vorgesetzten wird nicht Folge geleistet.

Doch woher kommt dieses Verhalten:
- Es kann ernsthafte Gesundheitsprobleme bedeuten (psychisch, körperlich).
- Es kann mangelnde Kompetenz sein.
- Es kann eine stetige Überforderung durch Leistungsdruck sein.
- Es kann eine persönliche Disharmonie zwischen Vorgesetztem und Mitarbeiter sein.
- … und zahlreiche weitere Gründe haben.

Doch allgemein betrachtet sollte man zwischen Mitarbeitern unterscheiden, die nicht wollen und denen, die nicht können!

Betrachtet man die aus Low-Performance entstehende schlechte Leistung, so kann diese in zwei primäre Bereiche eingruppiert werden:

1) Qualitative Schlecht- und Minderleister (z.B. stetige schlechte Ausführungsqualität)

2) Quantitative Schlecht- und Minderleister (z.B. stetige Untermengenleistungen)

Natürlich muss man einen solchen Fall klar durchleuchten und auch rechtliche Bestimmungen einhalten. Ebenso ist es notwendig, dass Arbeitgeber im Vorfeld bzw. zu Beginn einer Zusammenarbeit sehr klar formulieren, welche Tätigkeitsanforderungen gewünscht werden und wie man sich eine gegenseitig faire und fruchtbare Zusammenarbeit vorstellt, damit ein beidseitiges Arbeitsverhältnis positiv wachsen kann.

Betrachtung von neuen Arbeitsverhältnissen:

Um sicherzustellen, dass auch die Erwartungen an einen potenziellen Kandidaten richtig eingeschätzt werden und an den potenziellen Mitarbeiter richtig vermittelt werden, bietet es sich an, eine ausführliche Stellenbeschreibung zu erstellen, die man beidseitig bespricht und unterzeichnet.

Im besten Fall erstellt man als Unternehmen vor einer Stellenausschreibung ein passgenaues ausführliches Anforderungsprofil, welches in den laufenden Gesprächen mit einer Checkliste abgeglichen wird.
Hierbei kann es Punkte geben, die man zwingend erwartet und andere Punkte geben, die nur eine „nette" Randerscheinung wären: sog. Muss- und Kann-Anforderungen für einen Bewerber.

Denken wir nach vorne und betrachten wir den ersten Arbeitstag unseres Wunschkandidaten in unserem Unternehmen, so stellt sich die Frage, was bis dahin von einem guten Arbeitgeber vorbereitet sein sollte, damit ein guter und agiler Start auch glücken kann.

Folgende beispielhafte Punkte sollten mindestens erfüllt sein:
- Arbeitsplatz ist vorbereitet.
- Nötige Hilfsmittel und /oder Werkzeuge liegen bereit.
- EDV-Anbindung ist gewährleistet (Hardware, Zugangsdaten, Telefon etc.).
- Kurze Vorstellungsrunde im Unternehmen mit persönlicher Begrüßung
- Überreichung einer Verhaltensliste für das Unternehmen
- Überreichung von Telefon- und Kontaktlisten
- Organigramm, Organisationshinweise etc.
- Fachlicher Einarbeitungsplan mit Stationen und Zeitplanungen
- Ggf. Integration in Arbeitsgruppen für die soziale Integration

- Zuordnung von einem sog. Hauptansprechpartner, Paten o.ä.
- Ggf. Übersicht über regionale Einkaufs- und Parkmöglichkeiten, Bahnlinien etc.

Was sollte man zum Thema Mitarbeiterbeurteilung zwingend wissen:
- Die Mitarbeitergespräche und Einzelbewertungen sollten regelmäßig stattfinden.
- Die Bewertung soll fair, offen und allseitig faktisch nachvollziehbar sein.
- Ein Kriterienkatalog sollte bekannt sein.
- Eine feste Anforderung an das Leistungsbild sollte jedem Mitarbeiter bekannt sein.
- Ein Mitarbeitergespräch sollte im Nachgang ein schriftliches Protokoll beinhalten.
- Ein wichtiges Mitarbeitergespräch kann ggf. die Zustimmung vom Betriebsrat erforderlich machen, dies sollte im Vorfeld detailliert geklärt werden.
- Eine Mitarbeiterbewertung sollte faktisch korrekt und nicht persönlich sein.

Betrachtung und Ursache von Leistungsabfällen und Schwächen in der generellen Arbeitsqualität eines Mitarbeiters:
- Aufgabe entspricht nicht den direkten Fähigkeiten.
- Die Position und Verantwortung entspricht nicht den direkten Fähigkeiten.
- Mangelnde Führungskompetenz vom Vorgesetzten
- Kollegiale Probleme und mangelnde Teamintegration bis hin zu Mobbing
- Betriebliche Umstrukturierungen und dadurch stiller Protest
- Persönliche Wünsche bleiben unbeachtet, dadurch Protest des Mitarbeiters.
- Suchtkrankheiten beim Mitarbeiter
- Allgemeine Krankheiten beim Mitarbeiter
- Schwere private Schicksalsschläge
- Unfaire Behandlung und mangelnde konstruktive Kritik im Unternehmen
- Über das Alter veränderte Werte und Leistungsreserven des Mitarbeiters
- Schlechtes Selbstbild und fehlendes Selbstvertrauen durch Erlebnisse

Allgemein betrachtet kann man von fünf Hauptsektoren der Betrachtung von Ursachen ausgehen, diese sind Umweltaspekte, Verhaltensaspekte und Aspekte im Bereich des Wissens sowie der individuellen Fähigkeiten. Zusätzlich sollte man hierbei auch noch den Faktor des individuellen Selbstbildes und der eigenen Glaubenssätze und Wertekultur betrachten.

Maßnahmenplan zur objektiven Beurteilung und Meinungsbildung:
- Fördermaßnahmen einleiten (intern)
- Weiterbildungsmaßnahmen planen und einleiten (extern)
- Aufgaben anpassen
- Rollenzuweisungen ändern und Team damit neu strukturieren
- Persönliche und fachliche Unterstützung vom unmittelbaren Vorgesetzten

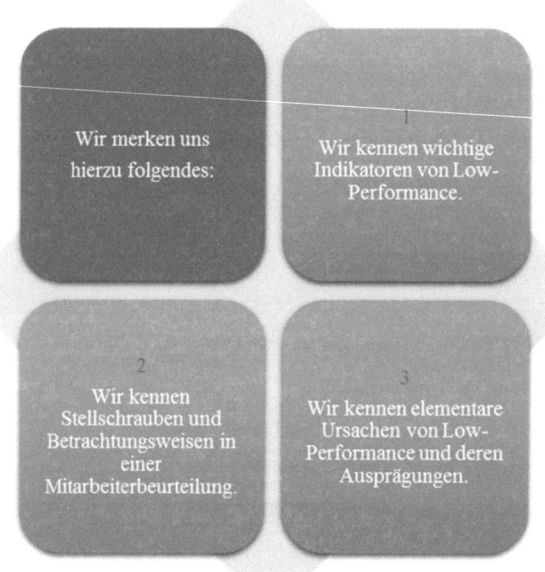

Motivationszuwachs bei Low-Performance

Ist nun die Situation vorhanden, in der festgestellt wurde, dass Low-Performance ein ernsthaftes Problem in einem Team oder in einer Abteilung ist, müssen gezielte Gegenbewegungen eingeleitet werden.

Davon ausgehend, dass ein Großteil aller Low-Performer auf einem „hausgemachtem" Problem basieren, ist es nicht sonderlich leicht, durch extrinsische Reize eine hohe Motivation zu erzeugen.

Als Strategie für den gezielten Motivationszuwachs kann eine konkrete Zielvereinbarung angedacht werden. Nur wenn diese beidseitig fair und offen ausgearbeitet und besprochen wird, kann diese auch nachhaltig effektiv greifen und dafür sorgen, dass beide Seiten genau wissen, welche Ziele erwartet werden und wie man diese in Zukunft messen wird.

Beispielhafte wünschenswerte Zielpunkte in einer Zielvereinbarung:
- Die Ziele sind gemäß der Unternehmensstrategie formuliert.
- Die Ziele sind mit dem Mitarbeiter gemeinsam entwickelt und ausgehandelt.
- Die Ziele sind realistisch, jedoch auch nicht zu flach formuliert (Ansporn).
- Die Ziele sind messbarer Natur und somit final belegbar.
- Prämien und Aufschläge können mit der Zielerreichung verankert werden.

Generelle Richtlinien für Mitarbeitergespräche:
- Wir nennen den Problempunkt offen, klar und fair.
- Wir kritisieren nur konstruktiv, nicht auf persönlicher Ebene.
- Wir beschränken uns auf wesentliche Kritikpunkte und bleiben fokussiert.
- Wir lassen auch unserem Gegenüber seinen Standpunkt klären und räumen beidseitig Redezeit im Gespräch ein.
- Wir bewerten erst, sobald beide Seiten den Standpunkt verdeutlicht haben.
- Wir besprechen kurz und bündig die Ursachen für die Unstimmigkeiten.
- Wir sind lösungsorientiert und möchten eine beidseitige Lösung finden.
- Wir schließen jedes Gespräch mit einem Grundmaß an positiven Fazit ab und vertagen ggf. einige Teilpunkte, welche nicht sofort geklärt werden konnten.
- Wir bedanken uns beidseitig für das Gespräch und sehen positiv nach vorne.

Motivierende beispielhafte Faktoren für Mitarbeiter:

- Anerkennung erhöhen
- Bezahlung aufstocken
- Führungsstil optimieren
- Neugestaltung von Arbeitssektoren
- Kommunikationsverbesserung auf allen Ebenen
- Arbeitsinhalt verlagern und verändern
- Arbeitszeitenoptimierungen
- Unternehmenskultur verändern und aktiv leben
- Aufstiegsmöglichkeiten für bewährte Kollegen schaffen

Natürlich könnte man nun in diesem Best Practice Ratgeber auch intensiv auf die Faktoren Abmahnungen und Entlassungen eingehen, jedoch ist dies aus Sicht der Autoren das schlechteste Mittel und nicht unbedingt zielführend.

Falls dies gar nicht zu vermeiden ist, sollten alle rechtlichen Bestimmungen im Vorfeld geprüft werden und dennoch ein beidseitig fairer Stil vorherrschen.

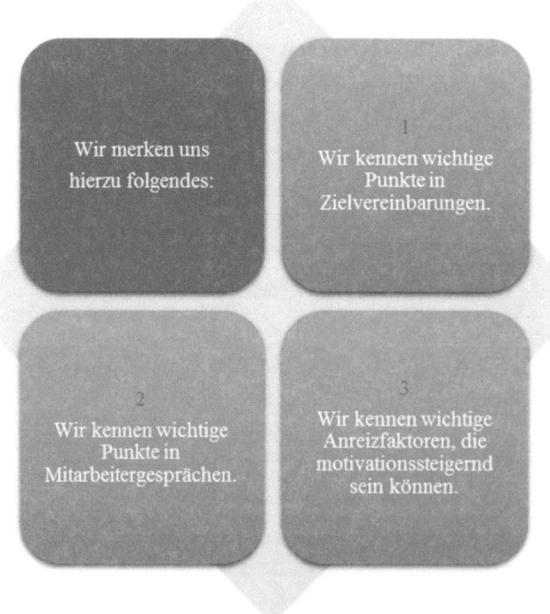

Literaturempfehlungen zum Thema

- Lob des Irrtums: Warum es ohne Fehler keinen Fortschritt gibt

Jürgen Schaefer, 2016, ISBN 3442713595

Kurzbeschreibung:

Liebe deine Fehler! Sie zeigen uns Grenzen auf, lehren Demut und Toleranz. Fehler eröffnen die Möglichkeit, beim nächsten Mal Grenzen zu überwinden, es anders, besser zu machen. Scheitern, das wir als solches annehmen, weist neue Wege. Der Wissenschaftsjournalist Jürgen Schaefer plädiert auf der Basis von Erkenntnissen aus Neuro- und Sozialwissenschaft, aus Evolution und Philosophie für eine neue Kultur der Fehlergelassenheit. Erst wer das Recht hat, Fehler zu begehen, entwickelt Mut und Kreativität, Wagnisse einzugehen, unbekanntes Terrain zu erkunden. Denn nur wo wir irren dürfen, sind wir frei – und es gilt: »Wir funktionieren nicht, wir leben.«

- Low Performance - inkl. Arbeitshilfen online: Aktivierung von Mitarbeitern mit reduziertem Leistungsprofil

Reinhold Haller, 2014, ISBN 3648043471

Kurzbeschreibung:

Was sind die Gründe für geringe Leistung und was können Personalmanager dagegen tun? Der Autor beschreibt die Ursachen von Low-Performance aus psychologischer und soziologischer Sicht und welches Konfliktpotenzial aus Minderleistung entstehen kann. Er zeigt, wie Sie mit gezielter Personalarbeit geringer Leistung entgegenwirken und Mitarbeiter neu motivieren können.

- Selbstmotivation: Wie Sie dauerhaft leistungsfähig bleiben

Reinhold Stritzelberger, 2015, ISBN 3648069268

Kurzbeschreibung:

Was können Sie selbst tun, um jeden Tag aufs Neue motiviert und gut gelaunt zur Arbeit zu gehen und abends mit dem Gefühl heimzukommen: „Das war ein guter Tag für mich."? Lesen Sie hier, wie Sie Ihr Denken auf Dauer verändern und neue Kraft schöpfen.

- Motivation und Persönlichkeit

Abraham H. Maslow / Paul Kruntorad, 1981, ISBN 3499173956

Kurzbeschreibung:

Abraham H. Maslow gehörte zusammen mit Carl R. Rogers und Erich Fromm zu den Begründern und wichtigsten Vertretern der Humanistischen Psychologie.

Seine Motivationstheorie, die das menschliche Handeln aus gestuften Bedürfnissen heraus erklärt, geht von einem ganzheitlichen positiven Menschenbild aus. Der letzten Stufe liegt eine geistige Zielsetzung zugrunde, die erst die eigentliche befriedigende Selbstverwirklichung ermöglicht.

Die Folgerung der Humanistischen Psychologie: das zynische und verzweifelte Menschenbild, die menschliche Natur sei letztlich nur ihren materialistischen Trieben ausgeliefert, kann so nicht aufrechterhalten werden.

- Abenteuer Motivation: Lebensimpulse des Extremläufers Norman Bücher

Norman Bücher, 2014, ISBN 3902991151

Kurzbeschreibung:

Lernen Sie vom Extremen für Ihren Alltag! Abenteurer und Extremläufer Norman Bücher ist einer der gefragtesten Redner zum Thema Motivation. Um seine gewaltigen sportlichen Herausforderungen mental meistern zu können, greift er auf einen Rucksack voller bewährter Methoden und mentaler Techniken zurück. Mit diesen schafft er es, seine eigene Motivation auch unter den extremsten Bedingungen seiner Abenteuer aufrechtzuerhalten und Hindernisse immer wieder zu überwinden.

- Teamarbeit, Teampsychologie, Teamentwicklung: So führen Sie Teams!

Florian Becker, 2016, ISBN 3662494264

Kurzbeschreibung:

Erfahren Sie in diesem kompakten Fachbuch, wie Sie Teams erfolgreich zusammenstellen, einsetzen, entwickeln und führen – als Führungskraft, Teammitglied oder zur Vorbereitung darauf! Teams sind in der modernen Wirtschaft allgegenwärtig. Woran aber liegt es, dass manche Teams Top-Leistungen vollbringen, viele andere aber nicht – und einige auch scheitern? Vor allem: Wie können Sie Ihre Teams zum Erfolg führen? Diplom-Psychologe Prof. Dr. Florian Becker gibt als Experte für Wirtschaftspsychologie mit langjähriger Praxiserfahrung Antworten auf diese Fragen. Gewinnen Sie wertvolles Insider-Wissen aus erster Hand!

- Teamtrainings erfolgreich leiten: Fahrplan für ein dreitägiges Seminar zur Teamentwicklung und Teamführung

Kathrin Heckner / Evelyne Keller, 2010, ISBN 3941965131

Kurzbeschreibung:

Dieses Buch wird Sie dabei unterstützen, Teamtrainings erfolgreich zu leiten. Ihre Teilnehmer erfahren, wie sie Teams entwickeln und führen können. Ein detaillierter Seminarfahrplan führt Sie mit seinen Erläuterungen, Tipps und Hintergrundwissen konzeptionell durch ein dreitägiges Seminar. Sie erhalten die exakten Beschreibungen eines professionellen Trainingsablaufs, außerdem zahlreiche kombinierbare Methoden, Inputs und Übungen aus der Praxis. Jeder einzelne Baustein ist mit der konkreten Traineranleitung und der passenden Visualisierung ausgestattet.

- Mobbing erfolgreich bewältigen: In vier Schritten aus der Mobbingfalle

Josef Schwickerath, 2014, ISBN 3621281053

Kurzbeschreibung:

Schikanen und Konflikte am Arbeitsplatz sind leider keine Seltenheit – jährlich gibt es über 100.000 neue Mobbingfälle. Wie kommt man aber aus der Mobbingfalle raus und wie kann man diese zermürbenden Gegebenheiten auch langfristig bewältigen? Wie kann man endlich wieder normal arbeiten?

- Kränkung am Arbeitsplatz: Strategien gegen Missachtung, Gerede und Mobbing

Bärbel Wardetzki, 2012, ISBN 3423347104

Kurzbeschreibung:

Eine herabsetzende Bemerkung vom Chef, eine unverschämte Kundin, ein missgünstiger Kollege: Die Arbeitswelt hält unzählige Möglichkeiten bereit, in Konflikte zu geraten. Und sobald sich dieser Konflikt von der sachlichen auf die persönliche Ebene verschiebt, entstehen Kränkungen. Das Selbstwertgefühl leidet, die Leistungsfähigkeit sinkt, ganze Teams können auseinanderbrechen. Oft sind psychosomatische Beschwerden die Folge. Bärbel Wardetzki zeigt an vielen konkreten Beispielen, wie Kränkungen entstehen und wie wir uns gegen sie schützen können.

Direktreport mit dem Didaktik-Experten Falk Rothhaar

Herr Rothhaar, wie bewerten Sie die unterschiedlichen Tätigkeiten in Ihrer Vita? Welche Facetten gefallen Ihnen pro Tätigkeit am besten?

Mein Lebenslauf ist alles andere als klassisch, vom Zivildienstleistenden, über die Ausbildung zum Fachinformatiker, hin zum Lehrer für Sek I. Dies bedeutet aber für mich, dass ich in den letzten 20 Jahren einen tieferen Einblick in verschiedene Berufe erlangt habe.

Meine erste ernste Begegnung mit „Arbeit" hatte ich in der Zivildienstzeit in einem Krankenhaus. Hier arbeitete ich unter 25 Frauen und von „Team" und „Motivation" war eigentlich nicht viel zu bemerken. Der nächste Schritt in die Ausbildung zeigte mir, dass es in der Tat Leute gab, die daran interessiert waren, dass ich etwas lerne. Hier kann ich die Firma Siemens als wirklich positives Beispiel herausstellen. Das „ATIW" in Paderborn ist wirklich eine gute Berufsschule mit (damals) jungen und motivierten Lehrern.

Der nächste berufliche Schritt in den Außendienst eines großen Systemhauses endete für mich dort mit der Schließung des Standortes. Hier wurde systematisch demotiviert. Low-Performer gingen pünktlich, die anderen blieben länger. Wenn ich der Firma Aufträge zukommen ließ bekam ich eine SMS mit „Danke", die Provision leider jemand anders. Als die Firma an dem Standort aufgelöst wurde, blieben nur die Low-Performer und wurden an einen anderen Standort verfrachtet. Eigentlich ein Fiasko für die Firma und das Ergebnis schlechter Führungspolitik. Von denen, die gingen, haben interessanterweise drei den Weg in die Pädagogik eingeschlagen.

Mein Studium zum Lehramt hat mir im Nachhinein erst gezeigt, dass viele dieser nicht so schönen Facetten, die ich in diesen Jahren erleben durfte, absolut lösbar waren und davon zeugten, dass die jeweiligen Leiter und Kollegen zwar fachlich durchaus kompetent waren, aber im Umgang mit Menschen leider sehr inkompatibel.

„Reverse Engineering" passt hier wohl als Begriff ganz gut, denn ich verstehe erst jetzt, was damals mit mir und anderen passiert ist.

Insofern ist mein Werdegang im Nachhinein für mich sehr bereichernd, da ich durch meinen Schulalltag sehr viel mehr „sehe und verstehe" als vorher und kein Theoretiker bin, der die

Schülerinnen und Schüler auf einen Beruf vorbereitet, obwohl er niemals irgendwo in der Wirtschaft gearbeitet hat.

Das passt in vielen Situationen sehr gut zu meinen Aufgaben und ermöglicht mir den Weitblick zu haben, den ich benötige, um Kinder auf das Leben und den Beruf vorzubereiten.

Können Sie uns sagen, wo die Parallelen in beiden Berufen sind?

Wie eingangs schon erwähnt geht es eigentlich immer und überall um Motivation. Macht eine Arbeit Spaß, dann werden die Ergebnisse besser. Das ist im Beruf und der Schule nicht anders. Fühlt man sich in einen Prozess involviert, trägt man Verantwortung, erkennt man die Sinnhaftigkeit seines Handelns – werden die Ergebnisse gut sein.

Was ist aus Ihrer Sicht anspruchsvoller, die Erwachsenen-Pädagogik, oder die Pädagogik, die für Jugendliche bzw. Schüler ausgelegt ist?

Beide pädagogischen Betätigungsfelder kann man zwar auf den ersten Blick vergleichen und kaum Unterschiede feststellen, doch sind hier die Voraussetzungen sehr verschieden:

Schule:
- Schulpflicht
- Extrinsische Motivation (Motivation von außen)
- Wenig Mitbestimmungsrecht
- Benotung
- 100 Vorgesetzte durch wechselnde Lehrer
- Sanktionierung durch Noten
- Wenig Lob (leider ist das heute immer noch so)

Beruf:
- Wahl des Arbeitsplatzes geschieht zum großen Teil selbst.
- Intrinsische Motivation (Motivation von Innen, oft Wunschvorstellung)
- Mitbestimmungsrecht hängt von Position und Ausbildungsgrad ab.
- Sanktionierung möglich, aber oft nicht durchgesetzt
- Wenig Lob (Bezahlung reicht??)

Die Konsequenz ist, dass die pädagogischen und didaktischen Anforderungen an Kinder und Erwachsene tendenziell gleich sind, d.h. der Abteilungsleiter/Lehrer muss über die gleichen Kompetenzen verfügen, diese aber anders einsetzen, da die Voraussetzungen anders gegeben sind.

Anspruchsvoller, um auf Ihrer Frage zurückzukommen, ist keines der beiden Felder. Nur „anders."

Was ist für Sie ein gutes Team und wie kann man ein solches aufbauen, prägen und erhalten?

Für die Beantwortung der Frage ist erst einmal die Frage der Erwartungen an das Attribut „gut" zu klären?

Was bedeutet „gut"? Hier existieren verschiedene Dimensionen in den Köpfen der Leute:

„Hohe Leistung" vs. „egal" (Wenig Leistung wird selten erwartet) und die Erwartung liegt irgendwo dazwischen oder meist am Ausschlag der „hohen Erwartungen".

„Spaß" vs. „Langeweile" (Ernst als Gegensatz ist hier nicht passend) sind zwei Zusatzdimensionen, die in vielen Köpfen als Anspruch an die Arbeit eines „guten Teams" nicht existieren.

„Kooperation" vs. „Egoismus" (das Interessante ist, dass auch Egoismus zu guten Ergebnissen führen kann, auch im Team) beim Verhalten im Team.

Wenn wir nur die 6 Kriterien anwenden und als Grafik visualisieren würden, dann hätten wir schon ein vierdimensionales Koordinatensystem und da wird es sofort bewusst, warum und wieso es in Teams so viele Konflikte gibt. Hier verortet sich jeder selbst und an einer anderen Stelle und die Schwierigkeiten im Umgang miteinander beginnen.

Wenn wir also von „guten" Teams sprechen, ohne vorher in der Gruppe zu klären: „Was ist überhaupt gut?", dann wird jede Bemühung einer Verhaltensänderung in der Gruppe zuerst einmal scheitern.

Im Folgenden sollen die einzelnen Schritte der Herstellung eines guten Teams kurz erläutert werden:

IST-Situation analysieren

Ohne die genaue Diagnose, wo die Mitglieder des Teams sich in diesem mindestens vierdimensionalen Raster aus Erwartungen sehen, ist es fast unmöglich, Veränderungen zum Positiven zu wenden. D.h. jeder darf sich entweder anonym oder im fortgeschrittenen Status auch persönlich dazu äußern. Es muss klar sein, dass diese Befragung keine negativen Folgen für die Mitglieder haben wird und darf. Solche Äußerungen sind ein Zeichen von Vertrauen und sollten durch den Vorgesetzten niemals missbraucht werden. Diese Befragung kann anhand von offenen Fragen oder systematisierten Auswertungsbögen erfolgen. Die Ergebnisse sollte der Vorgesetzte auswerten und präsentieren, hier erkennt man dann schon Tendenzen und visualisiert diese für alle.

Ziele definieren

Angenommen, es hakt in der Gruppe an Zuverlässigkeit und Aufgaben werden durch einige nicht pünktlich oder zuverlässig erledigt.

Hier muss man als Leiter der Gruppe ganz klar den Grund finden. Man sollte niemals vergessen, dass niemand von Grund auf faul und unzuverlässig ist, es fehlt diesen Leuten schlicht der Grund, um es zu sein, sprich die Motivation, gutes Verhalten zu zeigen ist nicht vorhanden. Auch, um das Thema des Buches aufzugreifen, Low-Performer können zuverlässig sein!

Ein valides Ziel wäre z.B., dass man diese Zuverlässigkeit steigern will. Hier hilft z.B. eine neue Strukturierung der Aufgaben. Kleinere Häppchen, die Leute nicht überfordern, sondern motivieren, mehr „geschafft" zu haben. Hier MUSS direktes „Lob" folgen. Ein „Danke, dass sie das gemacht haben" reicht oft. Je weiter das Lob von der erbrachten Leistung zeitlich entfernt liegt, umso weniger wirksam ist dieses Lob, um aus der extrinsischen Motivation eine automatisch intrinsische zu generieren.

Transparenz von Verhalten

Die wichtigste Eigenschaft des Gruppenleiters ist es absolute Transparenz zu zeigen, was Verhalten und Regeln angeht. D.h. wenn nach 2 Wochen ein neues Meeting zum Thema vereinbart wird, dann muss dieses auch stattfinden. Wenn Ziele und Gespräche vereinbart werden, müssen diese auch mit Sorgfalt verfolgt werden. Es gibt wenig mehr Falsches als „bloßen Aktionismus" in einem Team.

Jeder muss wissen, was wen bei seinem Verhalten erwartet, egal ob positiv oder negativ.

Autorität vs. Entwicklungshelfer
Wir gehen davon aus, dass der Vorgesetzte die Basiskompetenzen einer guten Teamführung beherrscht. Andernfalls wird ein gutes Team niemals funktionieren. Es geht hier um transparentes, respektvolles Miteinander, das Leute motiviert, Leistung zu zeigen und an sich zu arbeiten.

Es spielt aber eine große Rolle, in welchem Stil man die Führungsrolle einnehmen möchte. In der Schule z.B. ist es ein Mix aus Autorität und „laissez faire" mit dem Bewusstsein der Schüler, dass man sie ernst nimmt und respektiert. Dies sollte im besten Fall ähnlich sein. Man sollte als „Entwicklungshelfer" dienen, wenn Leute Entwicklung einfordern und Entwicklungsmöglichkeiten anbieten, falls Leute diese nicht einfordern, wohl aber genau klarstellen, welche Anforderungen an ihn gestellt werden. Klarheit, Transparenz und Fairness sind hier wirklich wichtige Schlüsselwörter zu einem guten Gelingen.

Wie gehen Sie mit Ihrem beruflichen Bildungshintergrund mit Konflikten um? Welche Stellschrauben gibt es aus Ihrer Sicht?

Die meisten Konflikte haben einen anderen Grund als das Thema des Konfliktes, um den es sich zu drehen scheint. Das sollte man sich immer bewusst sein.

Psychologisch fühlen die meisten Leute sich im Leben mehr oder weniger oft erniedrigt, nicht wahrgenommen oder unfair behandelt. Da geht es dann nicht um den Parkplatz vor der Firma, der eigentlich einem anderen gehört, sondern im besten Fall um das Klarstellen von Rangfolge und Status, im schlechtesten Fall um eigene Defizite, für die man andere verantwortlich machen möchte.

Wenn man das o.g. weiß und verinnerlicht hat, dann bleiben viele Konflikte oft „in einem selbst" und man macht nicht den Kollegen dafür verantwortlich, dass er schon wieder die

Tasse nicht in die Spülmaschine geräumt hat, nur weil man dafür von seiner Mutter immer Ärger bekommen hat.

Sollte man diesen Erkenntnisschritt nicht erlangt haben, dann benötigt man in festgefahrenen Konflikten einen Mentor, der Konflikte auflöst und Bedingungen an das zukünftige Verhalten der beiden „Streithähne" stellt.

Alternativ können, gerade bei dem Thema „Low- und High-Performer", Konflikte auftreten weil einige Kollegen in deutlich unterschiedlicher Geschwindigkeit Probleme und Aufgaben bearbeiten.

Hier führt dies dann auf der einen Seite schnell zur Überforderung und auf der anderen Seite zu Problemen der Geduld und Störung der Projektarbeit.

Gute Teams sind homogen in der Leistungsbereitschaft und Kommunikationsfähigkeit bei Problemen, hier bedarf es aber auch einer guten Vorselektion.

Was bedeutet für Sie Motivation und wie kann man diese langfristig erhalten?

Motivation ist der Dreh- und Angelpunkt im beruflichen Umfeld, aber er erhält bei weitem nicht die Zuwendung in den Betrieben, die er verdient hätte.

Das liegt auch daran, dass das Wort zwar oft genannt wird, aber nicht trennscharf definiert werden kann.

Meine persönliche Definition lehnt sich an eine Dokumentation an, die ich vor ein paar Jahren sah:

„In dir muss brennen."

Das klingt natürlich zunächst so, als sei ich zu oft beim Heilpraktiker oder Esoterik-Guru gewesen, doch beinhaltet es für mich rational folgenden Gedanken:

Ich kann etwas nur besonders gut machen und für mich weiterentwickeln, wenn ich besonderes Interesse (das Feuer) dafür entwickeln kann.

Dieses Feuer kann ich selbst entfachen, indem ich mich in Themen einarbeite, die mich interessieren. Im fortgeschrittenen „Feuer"-Stadium werden neue Themen dabei interessanterweise zunehmend irrelevanter.

Oder ein anderer muss mich mit dem Feuer anstecken, weil ich selber zwar aus Trockenholz bestehe, aber kein eigens produzierter Funken in Sicht ist.

Langfristig ist es unerlässlich für die Erhaltung der Motivation und des Feuers, diese aufrecht zu erhalten.

Hier befinden wir uns auch schon in der Königsdisziplin der Didaktik. Ich kann Ihnen nicht sagen, wie man alle Leute motiviert, denn jeder, der motivieren will, muss den passenden Weg für sich finden. Ich kann Ihnen nur sagen, wie ich es mache:

Ich versuche täglich meine Begeisterung für ein Thema (das ist mal mehr, mal weniger echt) zu transportieren und Dinge, die ich eigentlich auch nicht immer auf meiner „like"-Liste habe, als toll zu verkaufen. Hiermit transportiere ich das Feuer an die Kollegen. Das entzündet einige, aber oft nicht alle. Durch den Buschbrand, der entsteht, ist es allerdings oft der Fall, dass die Menge die Einzelnen, die keine Lust haben, mitreißt.

Man nannte mich während meiner Ausbildung einmal den „jüngeren Bruder von Dieter-Thomas Heck" und das ist scheinbar mein Weg, damit umzugehen.

Jemand, der z.B. nicht so kommunikativ wie ich veranlagt ist, dem wird es unmöglich sein, mit dieser Art und Weise Leute zu motivieren. Da man aber auch mit wenigen Worten, viel mehr mit Taten motivieren kann.

Was alle diese Motivationsansätze gemeinsam haben, ist die Herstellung der Sinnhaftigkeit des Handelns. Wer Statistiken für den Papierkorb produziert, der ist höchstens dadurch motivierbar, dass er danach nach Hause fahren kann. Wer allerdings weiß, dass diese eine Statistik in einer Präsentation vor der Geschäftsleitung z.B. ein neues Geschäftsfeld für die Firma einleiten könnte, der wird erst einmal nicht an die Heimfahrt denken.

Warum ist es sehr schwer in manchen Fällen Menschen zu motivieren?

Wie oben schon erwähnt ist dies die Königsdisziplin. Ich behaupte, dass man jeden motivieren kann, wenn man den Zugang zu ihm findet und ihm die richtige Art Motivation auch bieten kann.

Hier hakt es bei den meisten Leuten, vor allem bei denen, die meinen sie könnten andere Leute motivieren. Eine gute Übung ist es z.B., dass man selbst erst einmal für sich selbst entdeckt, was einen motivieren kann.

Interessante Fragen sind da z.B.: „Wer ist der Mensch im Leben, der mich jemals am meisten motivieren konnte?", Wieso konnte gerade er das?" und „Was hatte das für Konsequenzen für mich persönlich?"

Wie wichtig ist aus Ihrer Sicht die Vorbildfunktion der Leitungsebene im Team?

Die Leitung im Team bestimmt maßgeblich das, was das Team „ist". Das wird leider oft zu wenig berücksichtigt. Eine neue Person in ein nicht funktionierendes Team zu holen, von der man sich die sofortige Spontanheilung aller Probleme verspricht, wird meistens nicht funktionieren. Die meisten Teams mit leistungsbedingten Schwächen werden nicht richtig geführt und es liegt oft nicht an den einzelnen Leuten, denn bei einer richtigen Selektion der Teamteilnehmer durch den Teamleiter gäbe es solche Probleme erst einmal nicht.

Das haben einige wenige Firmen bereits erkannt, es werden Seminare angeboten und auch besucht, die sich mit der Teamleitung von kleineren und größeren Gruppen befassen. Doch auch hier gilt natürlich auch immer: Wie motiviert sind die Teamleiter, ihr Verhalten zu ändern?

Aus eigener Erfahrung möchte ich sagen, dass es viele Leute gibt, die auf ihrem alt eingesessenen Verhalten aus Sicherheit und Bequemlichkeit verharren – auch auf Teamleiterebene.

Dass sich die Arbeit in einem Team im Nachhinein mehrfach auszahlt, ist erst einmal irrelevant für diese Leute, denn sie haben aktuell dann ja keinen Mehraufwand, wenn sie einfach nichts machen.

Es existieren natürlich mehrere Typen von Teamleitern, hier sollen exemplarisch vielleicht sogar die am häufigsten vorkommenden Typen genannt werden:

- Der „Laberer"

Alles kein Problem, alles cool, alles easy. Leider keine Entscheidung bei Problemen, keine Konsequenz und cholerisch, wenn Probleme auftreten.

- Der „Stille"

Redet selten, hört sich Probleme selten an, da er nie Zeit hat und bittet die Probleme selbst zu regeln. Kein Führer, eher ein stiller Begleiter.

- Der „Unberechenbare"

Heute bester Kumpel, vor allem wenn er etwas will, morgen Todfeind, wenn es nicht so läuft, wie er sich das vorgestellt hat.

- Der „Planlose"

Dauerhaft überfordert, aggressiv, wenig authentisch, immer in Eile, damit keiner merkt, dass er nichts kann.

- Der „Kompetente"

Ansprechbar, meistens fair, kommuniziert klar, was er will und setzt Grenzen. Weiß, was er kann und wieso er den Job hat.

Was bedeutet für Sie Wertschätzung gegenüber Menschen, Mitarbeitern und Unterstellten?

Ohne Wertschätzung kann ein hierarchisches System nur auf Autorität beruhen. Ich selber habe Firmen erlebt, in denen das geklappt hat. Auf Dauer ist das für die Firma allerdings ein Fiasko, denn die guten Leute werden die Firma mittelfristig verlassen, da sie auch woanders leicht einen neuen Job finden werden. Die schlechten Leute ohne Perspektive, woanders einen Job zu finden, müssen bleiben und sich ihren täglichen Demütigungen unterwerfen. Das habe ich selbst schon erlebt, als ich bei einem großen Modehersteller in der IT Abteilung gearbeitet habe. Zu Zeiten des Kollektionswechsels sah man dort weinende Abteilungen, hörte Leute durch den Aufzug herumschreien und es gab eine hohe Fluktuation an Mitarbeitern. Trotzdem lief diese Firma gut, das lag an den innovativen Ideen und des straffen Konzepts. Auf Kosten der Mitarbeiter. Jeder, der einmal dort gearbeitet hat und den ich kenne, sagt: „Das sieht gut im Lebenslauf aus, dass man da 2 Jahre überlebt hat."

Wertschätzung hingegen ist ein wertvolles Gut, aber auch eines, das man gut bedacht anwenden solle. Erst einmal hat jeder Mensch eine Art Wertschätzung verdient. Das Problem ist, dass viele Menschen sie gar nicht haben wollen, weil sie ein negatives Bild von sich haben. Gerade die „Guten" sind oft die, die ein negatives Bild von sich selbst besitzen. In meiner Schulklasse habe ich z.B. die guten Schülerinnen und Schüler gefragt, was sie denn besonders gut könnten. Die Frage an sich hat die meisten schon so vor Probleme gestellt, dass sie die Frage nicht oder nur unvollständig beantworten konnten. „Sowas fragt hier sonst niemand" war die Antwort auf die Frage nach dem Grund der Probleme bei der Beantwortung der Aufgabe. Bei diesen Schülern führt Lob also hauptsächlich zu Irritation oder der Vermutung, dass mein Lob nicht ernst gemeint sei.

Dies zu beheben ist ein kompliziertes Unterfangen und hat in meinem Fall viel Erklärung meines Verhaltens, meiner Ansprüche und Reaktion im Vorfeld des Lobes erfordert. Nach einem Jahr sind einige der Schülerinnen und Schüler in der Lage, Lob als das zu akzeptieren, was es ist: Lob!

Auch zu viel Lob für Dinge, die selbstverständlich sind, ist unpassend. Lob muss präzise eingesetzt werden, um Wertschätzung zu demonstrieren. Aber Wertschätzung ist noch mehr, auch das Verlassen können auf Personen ist Wertschätzung, das Einhalten von Terminen mit den Kollegen ist Wertschätzung und das Durchführen der jährlichen Entwicklungsgespräche demonstriert eben diese Wertschätzung.

Wie würden Sie mit einer Hierarchie in einem Unternehmen umgehen und was bedeutet in dem Zusammenhang für Sie Transparenz und Offenheit?

Eine Firma ohne Hierarche gibt es nicht. Auch wenn nach außen jeder gleich behandelt wird, verdienen einige Leute mehr als andere oder haben einen Firmenwagen, Notebook oder Handy, weil sie es beruflich benötigen. Auch der Arbeitsplatz in der Fertigung oder der Chefetage im Büro demonstriert die überall vorhandene Hierarchie. Insofern ist die Frage, wie ich mir der Hierarchie umgehen würde, schwierig zu beantworten, denn sie ist ja definitiv vorhanden.

Natürlich gibt es Leute, die sich an dem Hierarchiedasein stoßen. Sätze wie „Die Leute da aus'm Büro haben keine Ahnung" oder auf der anderen Seite: „Drei aus der Fertigung sind heute krank, die hätten heute ihr letztes Personalgespräch" sind da typische Beispiele.

Prinzipiell muss der Vorgesetzte den Untergeordneten immer genauestens sagen, was er von ihnen erwartet. Das passiert oft nicht. Transparenz ist meistens nicht gegeben, Gesprächsregeln in Konferenzräumen fehlen oder werden nicht beachtet. Dies führt ziemlich schnell zur Demotivation, denn wenn ich eine Reaktion auf mein Tun erhalte, von der ich überrascht bin, weil die Qualität der Arbeit oder der Umfang nicht ausreicht, dann habe ich die Arbeit ja nicht absichtlich zu schlecht gemacht, sondern mir waren nur die Anforderungen nicht klar. Diese hätte der andere transparenter kommunizieren müssen.

Dazu gehört auch Offenheit, denn ich möchte ja, dass mein Tun und Wirken in der Firma objektiv durch Vorgesetzte bewertet wird. Ich möchte allerdings auch ein so vertrauensvolles Verhältnis zu meinem Vorgesetzten haben, das ebenfalls offen sein kann, dass ich sagen darf, wenn mich etwas stört oder ich Ideen habe. Das sollte dieser ebenfalls als Wertschätzung ihm gegenüber auffassen.

Warum gibt es aus Ihrer Sicht Low-Performer und High-Performer?

Menschen setzen sich in ihrem Leben oft unterschiedlichen Situationen aus. Viele wissen gar nicht, was sie eigentlich können, sind dauerhaft demotiviert oder es ist schlichtweg über Jahre egal, wieviel sie eigentlich arbeiten und welche Leistung sie zeigen. Wiederum andere sind natürlich auch einfach begrenzt und haben z.B. einen Job, der ihrerseits keine Steigerung der Produktivität mehr zulässt. Andere Menschen begreifen sich als schicksalsgelenkt, alles hat einen Sinn und sie harren auch in zermürbenden Situationen aus, wo andere, die mehr an Eigenaktivität glauben, schon längst einen neuen Job hätten. Wieder andere sind privat unglücklich oder krank und schleppen sich zur Arbeit. Hier sollte man als Teamleiter grob versuchen zu kategorisieren und zu schauen, wo man, ohne sich selbst daran aufzureiben, wirklich helfen kann. Private Probleme z.B. wird man als externer Berater nicht in den Griff bekommen, hier kann man z.B. aber eine Auszeit vom Beruf zur Ordnung der Verhältnisse vereinbaren. Auch gesundheitliche Probleme kann man nicht lösen, wohl aber den Druck von den Leuten nehmen, dass man darum Bescheid weiß und den Umstand mittelfristig vor anderen verteidigen kann.

So kommt es u.U. zu den sogenannten „Low-Performern" in der Firma, die man nur extrinsisch motivieren kann.

„High-Performer" sind hoch motivierte Mitarbeiter, die für die Firma leben und es als Aufgabe sehen, alles, was sie haben, in die Firma einzubringen. Ihnen ist es das, was sie für die Firma erreichen können, schon Belohnung und Motivation genug. Alternativ haben sie Ziele und stellen diese in dem Moment auch über Arbeit, die unbequem ist. Diese Menschen sind in der Lage, intrinsische Motivation für viele Dinge zu entwickeln. „High-Performer" sind oft unbequem für die anderen Mitarbeiter und laufen oft Gefahr, in Konflikte mit anderen zu geraten. Das macht sie meistens zu sensiblen, aber sehr leistungsfähigen Menschen.

Kann man aus Ihrer Sicht jeden Menschen zum „High-Performen" motivieren bzw. bewegen?

Ich würde die Frage anders formulieren: Ist jeder Mensch durch Motivation in der Lage, mehr zu leisten als das, was er sonst tut? Die Antwort ist: ja. Jeder Mensch ist motiviert ein Gewinn für die Firma. Ob man allerdings wie in der eigentlich Frage zu einem „High-Performer" werden kann, das glaube ich nicht und dafür müsste man genau definieren, wo dieses „High-Performing" überhaupt anfängt.

Ist eine Kongruenz aus Ihrer Sicht nötig, um Mitarbeiter langfristig zu führen und effizient zu bewegen?

Kongruenz (Deckungsgleichheit) im Verhalten der Führungspersonen ist immens wichtig. D.h. es müssen Taten und Worte über einen langen Zeitraum absolut zueinander passen. Wer seinem Vorgesetzten nicht vertraut oder mal wieder eine Reaktion erfährt, die er nicht einordnen kann, der wird diesen nicht mehr ernst nehmen und ein Bruch in der Beziehungsebene zwischen diesen Personen entsteht.

D.h., dass z.B. der Teamleiter Dinge einfordert, die er vorher als unnötig deklariert hat oder, dass Regeln die er selbst gesetzt hat, von ihm nicht eingehalten werden. Ein Teamleiter muss immer möglichst kongruent handeln oder mögliche Inkongruenz selbst und ohne Nachfrage kommunizieren und begründen. Generell gilt, dass Regeln für alle gelten, vor allem aber für die Person, die sie aufstellt oder auf die Einhaltung achtet. Dauerhaft inkongruentes Verhalten demotiviert die Mitarbeiter.

Ist aus Ihrer Sicht ein häufiger oder verfrühter Personalaustausch bei Teamkonflikten die richtige Lösung? Falls nein, ab wann ist es der richtige Schritt?

Personaltausch in Teams ist nie ganz zu vermeiden, da einige Leute sich z.B. auch selbst andere Aufgabenfelder suchen. Der Personaltausch, um den es hier aber zu gehen scheint, ist der Austausch von einzelnen Mitarbeitern, die nicht in ein Team passen oder nicht passen wollen.

Hier muss man sich natürlich als Teamleiter erst einmal selbst auf die Fahne schreiben, dass man scheinbar die falschen Leute für sein Vorhaben ausgesucht hat. Das nimmt rein psychologisch gesehen den Druck von der einzelnen Person als „Störfaktor, der eliminiert werden muss" und macht den Teamleiter freier in seinen Handlungsalternativen. Generell rate ich dazu, Situationen erst einmal für sich selbst zu klären und zu schauen: „Was habe ich damit zu tun?". Es entspannt die Lage hin zur passenden Lösung ungemein. Ist dann nach dieser Phase der „inneren Fragestellung" immer noch das Team-Mitglied als unpassend ausgemacht, sollte man sich wiederum überlegen: Wie motiviere ich ihn zur Mitarbeit und wieviel bin ich bereit in ihn zu investieren? Habe ich überhaupt im Moment die Kapazität frei, um dort eine Verhaltensänderung hervorzurufen. Wenn ich zurzeit z.B. in einem schwierigen Projekt stecke, ist es manchmal besser, die Leute direkt auszutauschen. Das mag herzlos klingen, aber auch das ist die Aufgabe einer Teamführung. Sollte ich z.B. zu Anfang eines Projektes oder in einer bestehenden Abteilung merken, dass jemand dort nicht sein volles Potential erfährt, habe ich evtl. mehr Möglichkeiten und Interesse, diesen Menschen aufzubauen. Auch Betriebszugehörigkeit und entsprechend angehäuftes Wissen sind in einem solchem Fall als Faktor nicht zu verachten. Insofern ist der frühe Austausch von Mitgliedern eines Teams nicht die erste Wahl. Auch dadurch, dass die Teamleiter Interesse an Mitgliedern zeigen, demonstriert man Führungsqualität. Wie weit man dieses Interesse allerdings treibt, hängt von den jeweiligen Umständen und nicht zuletzt von den Kompetenzen der Teamführung ab.

Sehen Sie Wertschätzung und Geldvergütungen (Boni, Sonderzahlungen etc.) als Motivationsstellschraube an?

Das ist meiner Meinung nach das größte Manko in den Betrieben, die ich bisher kennenlernen durfte. In meiner eigenen Zeit als Angestellter in einem Systemhaus habe ich der Firma durch ein gutes Netzwerk den einen oder anderen Auftrag beschaffen können, war dort aber selbst im technischen Außendienst tätig. Als Dankeschön bekam ich dann oft eine SMS mit „Danke hat geklappt" oder auch gar nichts von dem jeweiligen Keyaccount-Manager, und er die Provision. Das habe ich irgendwann eingestellt, weil ich den Sinn der Umstände und Mühe, die ich mir damit gemacht habe, nicht gesehen habe, denn bei z.B. Fahrten zum Kunden, die in meiner Wohnortnähe lagen, musste ich jeden Morgen trotzdem noch 30 km zur Arbeit fahren, um den Firmenwagen zu holen, da man ihn mir aus Kostengründen am Abend nicht mitgeben wollte. Ich hätte damit ja Privatfahrten erledigen können. Hier hat man meine Einstellung zum Betrieb, die ja eigentlich absolut wünschenswert für den Arbeitgeber war, nicht erkannt und meine Motivation, diese weiterhin so fortzuführen, innerhalb relativ kurzer Zeit „getötet".

Damals sagte mein Vorgesetzter zu mir, als ich das Problem ansprach: „Man muss nicht immer alles mit Geld aufwiegen!" und das Thema war damit beendet. Ich erfuhr aber weder Geld noch Wertschätzung. Warum es in der heutigen Zeit so schwer ist, zu loben, habe ich in einer anderen Frage schon detaillierter erläutert. Die Gesellschaft in Deutschland ist oft zu sehr an Defiziten orientiert und das wird durch das Schulsystem schon früh eingeführt. Warum gibt es dort nur „Fehler anstreichen" und nicht „Hast du richtig gut gemacht?". Das würde jetzt aber von der Frage abschweifen, deswegen bleibt die Frage, ob Geld oder Wertschätzung als Belohnung besonders guter Leistungen Erfolg verspricht?

Das kommt natürlich auf den Menschen selbst an. Habe ich jemanden, der nie gelobt wurde, bis z.B. ein neuer Teamleiter kommt, derjenige wird natürlich erst skeptisch sein und sich dann irgendwann auch über Lob freuen können. Hier ist das Lob erst Irritation und dann Motivation, weil er weiß, dass es auch anders geht und die Zeit mit dem neuen Teamleiter hoffentlich als angenehmer empfindet. Geld würde hier an seinem Befinden wahrscheinlich wenig ändern.

Habe ich allerdings schon ein faires Miteinander und möchte Leute zu noch mehr Leistung motivieren, dann kann und sollte ich auf Geld zurückgreifen. Sollte jemand freiwillig größere Aufgaben übernehmen, dann ist es auch ratsam, dass man als Firma diesen Umstand erkennt und ohne Gespräch dafür eine Vergütung anbietet. Auch Zielvereinbarungen, die man auch wirklich erreichen kann, helfen, dass gute Leute noch motivierter und produktiver werden. Lt. einiger Studien hat man allerdings ab einem gewissen Einkommen einen persönlichen

Sättigungsgrad in der Motivation durch Geld. D.h. es sollte einem bewusst sein, dass Leute, die schon gute Einkommensträger sind, schwerer zu motivieren sind als Leute mit weniger Einkommen.

Wie wichtig ist aus Ihrer Sicht Bildung und Leistungswille, wenn man auch in der Zukunft eine lukrative Tätigkeit ausüben möchte?

Das lässt sich leicht aufgrund der aktuellen Entwicklung von erforderlichen Qualifikationen für Berufe vorhersagen:

Bildung ist bereits wichtig und wird immer wichtiger. Die sogenannte „Bildungsinflation" hat Deutschland ziemlich im Griff. Wo man früher als Geschäftsführer auch jemand sein konnte, der irgendwann in dem Betrieb gelernt hat, wird heute eine Stelle mit Studium und Promotion im Anforderungsprofil ausgeschrieben. Auf der anderen Seite ist das Eintrittskriterium für viele Ausbildungen im kaufmännischen Bereich heute schon der Abschluss mit dem Abitur, wo vor 15 Jahren noch die Haupt- oder Realschule gereicht hätte.

Der Leistungswille ist ja fast automatisch an diese Qualifikationen gekoppelt.

Man sollte sich immer fragen: Warum sollte eine Firma gerade mich einstellen? Und wenn man da keine drei oder vier wirklich handfesten Kriterien aufzählen kann, dann sollte man dringend etwas dafür tun, dass man das in Zukunft kann.

Die Zeiten, dass ich mit 14 beim Hufschmied im Ort meine Ausbildung anfange, den Laden dann übernehme und mit dem Hammer in der Hand dort sterbe, sind heute leider vorbei.

Sind private Probleme bei einem Low-Performer vom gesamten Team mit zu tragen? Falls nein, warum nicht und ab welcher Grenze ist es inakzeptabel?

Jeder Mensch hat private Probleme. Das vergessen oft nur die, die anderen immer wieder davon erzählen, wie schrecklich das Treffen mit der Schwiegermutter wieder war. Ich habe vor ein paar Tagen jemanden getroffen, dessen Frau vor 2 Jahren durch eine Krankheit gestorben ist. Er wirkte gedanklich sehr frisch auf mich und erzählte auch von seiner Frau und der Zeit danach, er ist heute Marketing-Leiter einer mittelgroßen Firma. Das wäre er wahrscheinlich nicht, wenn er seine Probleme dauerhaft mit in die Firma gebracht hätte.

Generell ist das Team immer dafür da, dass man akute Probleme abpuffern kann. Mittelfristig oder dauerhaft Leute mit „durchzuziehen" ist nicht gut für die Motivation der anderen Leute. Hier muss man als Teamleiter eine Lösung finden, da ja auch der, dem Arbeit abgenommen wird, sich nicht wohl fühlen kann, wenn dauerhaft Arbeit von ihm durch andere übernommen wird und er eigentlich mit seinen Aufgaben überfordert ist.

Warum ist eine inkonsequente Führung immer ein Risiko und welche Konsequenzen kann dies für ein Unternehmen haben?

Eine inkonsequente Führung von Mitarbeitern kommt wohl in den meisten Betrieben vor, ist also ein generelles Problem.

Einige haben z.B. mehr unausgesprochene Rechte als andere, gehen früher, arbeiten weniger produktiv oder sind schwieriger im Umgang, verursachen durch ihre Art und Weise sogar oft firmeninterne Probleme und Konflikte.

Das alles liegt nicht unbedingt an den Leuten selbst, sondern am Fehlen von Regeln und Grenzen. Diese wiederum setzen aber nicht sie, sondern die Vorgesetzten. Die Einhaltung dieser Regeln sollte zumindest grob überwacht werden, Konsequenzen aus einem Übertreten der Grenzen der Regeln sollten benannt werden. Hierzu mehr beim Stichwort „Transparenz", das oben schon genannt wurde.

Auch wenn es paradox klingen mag, so „schreien" Leute förmlich nach diesen Regeln. D.h. sie sind unglücklich ohne eben diese gesetzten Grenzen. Wenn ich als Vorgesetzter Leute lenken möchte, dann sollte ich ihnen auch aufzeigen, wenn sie von diesem Wege abkommen.

Dazu zählt auch, dass ich mein Wort halte. Wenn ich jemandem etwas zusage, dann muss dies auch zwangsweise genauso eintreffen oder ich sollte ein Gespräch führen und die Nicht-Einhaltung meiner Zusage gut begründen.

Andernfalls wird mein Team wahrscheinlich nicht gut funktionieren.

Für das Unternehmen ergeben sich daraus natürlich Risiken, denn jeder mit guter Bildung und einem umfangreichen Portfolio an Kenntnissen wird sich das nicht lange gefallen lassen. Hier wird es zur Abwanderung von „High-Performern" kommen, die aber diese auch nur von ihrem eigenen Anspruch her waren. Sie werden ihr wahres Können in der Firma nur am Anfang gezeigt haben und dann auf ein Niveau herabsinken, das ausreicht, um dort gut durch den Arbeitsalltag zu kommen. All das kostet die Firma Geld. Hier liegen oft unglaublich große Potentiale brach, nur weil die Führung der Leute nicht passend zum vorhandenen Material an Mitgliedern agiert.

Welchen guten Ratschlag würden Sie Menschen geben, die eine relative schlechte Schulbildung haben und dennoch ein angenehmes Leben mit materiellen Wünschen führen möchten?

Das kommt natürlich auf den Einzelfall an. Aber lassen Sie uns einmal 3 Fälle betrachten:

Fall 1:
Fred ist 18 und hat einen schlechten Hauptschulabschluss. Mehrere Versuche, an eine Ausbildungsstelle zu gelangen, sind fehlgeschlagen. Er wohnt zurzeit bei seinen Eltern. Fred würde aber gerne arbeiten und ist handwerklich durchaus begabt.

Hier würde es sich anbieten, dass man z.B. einer Gartenbaufirma ein mehrwöchiges Praktikum anbietet, in dem man sich beweisen kann und Motivation zeigt. Zuspätkommen und sonstige Fehltritte sind in dieser Zeit absolut tabu, Überstunden die Regel.

So machen das z.B. heute schon Hauptschulen, von denen es leider immer weniger gibt, mit der BUS(Beruf und Schule)-Klasse. Hier wird das letzte Schuljahr in Praktikum und Schule unterteilt und die Übernahmequote der Schülerinnen und Schüler auch mit einem sehr schlechten Abschluss ist relativ hoch.

Fred wird wahrscheinlich dadurch, dass er bereit ist, unentgeltlich Leistung zu zeigen und wenn ihm das auch gelingt, in das Berufsleben wechseln.

Fall 2:
Alicia ist 25 und arbeitet seit 7 Jahren bei einem Bäcker. Sie hat relativ schlechte Arbeitszeiten, einen Realschulabschluss mit Q-Vermerk und wird unterdurchschnittlich bezahlt.

Alicia sollte unbedingt ihr Abitur nachholen. Der Q-Vermerk befähigt sie dazu. Dann könnte sie sogar studieren gehen, ihre Lebensqualität und Arbeitszeiten würden sich dramatisch verbessern.

Das Ganze steht und fällt natürlich mit der Bereitschaft, dass sie z.B. 5-6 Jahre von BAföG leben müsste, denn ihren jetzigen Job könnte sie dann nicht mehr ausüben. Hier ist einfach nur Durchhalten angesagt, denn danach geht es ihr wahrscheinlich besser, zudem hat sie schon praktische Berufserfahrung vor dem Studium gesammelt, was ihr nachher vielleicht sogar helfen wird, sich von den anderen Bewerberinnen und Bewerbern abzusetzen.

Fall 3:
Heinz ist 45 und arbeitet seit 20 Jahren bei ein und derselben Firma. Hat nach seiner Ausbildung dorthin gewechselt und betreut dort einen festen Kundenstamm im Verkauf. Er war sogar 4 Jahre im Außendienst, hat die Stelle dann aber zugunsten seiner Familie wieder abgegeben. Seitdem ist das Geld knapp. Gehaltserhöhungen gibt es wenige, der Firma geht es nicht besonders gut. Weitere Fortbildungen hat er keine.

Die ersten Fragen, die ein neuer Arbeitgeber Heinz stellen wird sind:

„Was haben sie 20 Jahre in der Firma getan?"
„Warum waren sie da 20 Jahre?"
„Warum haben sie keine weiteren Fortbildungen/Studium absolviert?"
„Wieso wollen sie nach 20 Jahren dort weg?"

Diese Fragen sind unbequem für Heinz, aber gerechtfertigt. Die Vita ist kurz, besondere Kenntnisse gibt es kaum.

Heinz hat einige Fehler zulasten seines eigenen Lebenslaufes begangen, er zeigt durch seine bisherige Arbeitssituation keine gesteigerte Motivation am Vorankommen. D.h. ein neuer Arbeitgeber wird annehmen, dass er nur wechseln möchte, weil die Situation in der Firma für ihn nicht mehr unbedingt angenehm zu sein schein, er aber nicht wechseln möchte, da er neue Herausforderungen sucht.

Und schon ist Heinz leider aus dem Rennen. Heinz sollte die Zeit nutzen, um dem potentiellen neuen Arbeitgeber zu zeigen, dass er Motivation besitzt, etwas Neues zu beginnen. Das können aktuelle Fortbildungen sein oder beispielweise ein neues Englisch-Zertifikat. Auch mit 45 lohnt es sich teilweise noch zu studieren, auch wenn der Kosten-/Nutzen-Faktor hier genau abgewogen werden sollte.

Was alle drei Fälle gemeinsam haben, ist, dass man sich als jemand, der unterdurchschnittliche Bildung besitzt, in jedem Fall nach außen hin als extrem motiviert zeigen muss! Hier kann man nicht durch eine tolle Vita, sondern nur durch das „Feuer", was man in sich trägt, zeigen, dass man der Richtige für den Job ist.

Eine andere Chance wird man auch in Zukunft nicht haben, an einen besser bezahlten Job zu kommen. Im Gegenteil, die eingangs erwähnte „Bildungsinflation" wird dieses Problem noch verschärfen und von den weniger gut ausgebildeten Leuten noch mehr Kompromissbereitschaft und Motivation abverlangen.

Wie bewerten Sie die Zusammenarbeit zwischen Unternehmen und Schulen, was bringt diese Zusammenarbeit für beide Seiten?

In einer Zeit, in der die Jugendarbeitslosigkeit in vielen europäischen Nachbarländern extrem ansteigt, das liegt dort allerdings auch an der schwachen Wirtschaftslage, und in einer Zeit, in der mancher schon den Überblick über alle Risiken und Chancen des Übergangs von der Schule in den Beruf verloren hat, gibt es viele Bemühungen, diesen Übergang von staatlicher Stelle aus zu standardisieren, um eine gute Beratung zu gewährleisten.

Die Schule ist auf einem guten Weg, die Schüler schon früh an das Berufsleben heranzuführen. Dies hängt aber heute leider noch immer von der Schulform ab.

Fangen wir mit dem Gymnasium an, das sich vielerorts immer noch als Eliteschule versteht und gerade erfolglos darum kämpft, diesem Anspruch in der heutigen Zeit noch gerecht zu werden.

Zu meiner Zeit (90er Jahre) gab es in der ganzen Schulzeit für uns genau ein Praktikum und eine Besichtigung eines Betriebes. Dafür eine intensive Studienberatung. Dies hat sich heute etwas geändert, auch Gymnasien möchten jetzt z.B. das begehrte und anspruchsvoll auditierte Berufswahlsiegel erhalten. Auf das Berufsleben mit all seinen Facetten bereitet das Gymnasium meiner Meinung nach aber immer noch viel zu wenig vor.

Die Gesamtschule als „eierlegende Wollmilchsau" ist hier offiziell natürlich besser aufgestellt, vereint sie doch alle Bildungsgänge in einem. Meine Einblicke in diese Schulform zeigen ein unterschiedliches Bild, das je nach Schule stark differiert.

Realschulen werden heute ebenfalls immer weniger. Die, die es noch gibt, sind stark berufsvorbereitend orientiert. Dies bedingt die Klientel, denn durch das Wegfallen der meisten Hauptschulen hat sich dies stark verändert, so sind die meisten Realschule heute eigentlich Haupt- und Realschulen zugleich. Dies hat zur Folge, dass berufsvorbereitende Maßnahmen wie Praktika und Schnuppertage an Firmen ab der 7. Klasse sehr regelmäßig im Lehrplan auftauchen und auch wirklich erfolgreich von den Schülerinnen und Schülern genutzt werden. Studienvorbereitung gibt es hier nur in einem ganz kleinen Rahmen.

Hauptschulen sind eigentlich für ihre große Mühe in der beruflichen Eingliederung der Schülerinnen und Schüler bekannt, doch gibt es sie leider kaum noch. Ich war selbst 3 Jahre an einer Hauptschule und habe diese als sinnvolle Institution kennengelernt, die auch Kindern eine Chance gibt, ins Berufsleben einzusteigen, die keine besonders guten Zeugnisse haben. In der Zeit der o.g. Bildungsinflation ist das eigentlich unverzichtbar.

Doch auch die Firmen haben gemerkt, dass eine Kooperation zwischen Schulen und Firmen eine sehr sinnvolle Sache sein kann. Die Möglichkeit, auf einem unbürokratischen Weg ein Praktikum zu bekommen, ist eine tolle Sache. Im Moment habe ich dadurch sogar für Flüchtlinge an meiner Schule Praktika erhalten, was eigentlich sehr schwierig ist. Die Firmen lernen durch diese Praktika und Schnuppertage ihre potentiellen Auszubildenden kennen und können sich ein Bild von besonders leistungsfähigen oder besonders begabten Kindern machen, die zum eventuellen Betätigungsfeld passen.

Hier verschärfen die Betriebe im Prinzip ihre Auswahlkriterien an Auszubildende, da sie die, die sie bevorzugt nehmen, natürlich vorher schon zwei Wochen im Praktikum erleben durften. Teilweise schreiben Firmen die Kinder dann auch selbständig an, um sie zu einem Bewerbungsgespräch einzuladen. Es existiert bei diesen Firmen also die Wahrnehmung, dass gute Mitarbeiter viel Wert sind und es sich lohnt, sie anzuwerben und zu behalten. Mir ist sogar ein Fall bekannt, in dem eine Firma unbedingt einen Auszubildenden in den Betrieb holen wollte und er im 3. Lehrjahr einen eigenen Firmenwagen als „Danke" zugeordnet bekam.

Der Übergang von Schule zu Beruf klappt also auf beiden Seiten im Moment ziemlich gut und lohnt sich für die Schule, die eine Verpflichtung hat, den Schülerinnen und Schülern den bestmöglichen Anschluss zu bieten, wie auch für die Firmen beim Entdecken der Kinder mit Potential.

Was halten Sie von einem gesunden Verhältnis von Work-Life-Balance und wie wirkt sich dies aus Ihrer Sicht auf einen Mitarbeiter aus?

Alleine über diese Frage könnte man natürlich ein eigenes Buch schreiben aber ich werde versuchen, das Thema kurz anzuschneiden.

Das Modewort „Work-Life-Balance" ist heute natürlich schon aus allen diversen Richtungen betrachtet worden. Trotzdem ist es wichtig, dass man sich ab und zu damit befasst.

Ich vertrete persönlich die These: „Wer nur für Arbeit lebt, der lebt nicht". Seitdem ich mir ein anderes Betätigungsfeld gesucht habe, das mit meinem Beruf absolut gar nichts zu tun hat und für das ich ebenso brenne wie für ihn, bin ich deutlich zufriedener.

Wenn ich merke, dass der Beruf mich über Gebühr stresst, dann trete ich kurz auf die Bremse und fröne meinem Hobby, nehme also die Relevanz und den Druck der Gedanken, also den Fokus, vom Job und lenke ihn hin zu positiveren Ereignissen in meinem Leben.

Den Stress, den ich gestern noch empfand, den spüre ich am nächsten Tag auch weiterhin, er betrifft mich aber nicht mehr so sehr, da ich die Relevanz von ihm abgelenkt habe.

Das klingt eventuell ein wenig esoterisch, aber es klappt wunderbar in meiner Berufs-Hobby-Konstellation.

Um auf meine These zurück zu kommen: Ich möchte sagen, dass niemand dauerhaft ohne Ausgleich seinen Job gut machen kann, ohne dabei ein Stück von sich selbst zu verlieren. Diesen Ausgleich gilt es natürlich erst einmal zu finden! Abends auf dem Sofa zu liegen und fernzusehen ist leider meistens keiner, der dauerhaft dazu taugt, glücklich zu machen.

Ein lebendiges Gehirn, wie wir es hier oft wünschen und voraussetzen, benötigt auch Futter, Inspiration und Ablenkung - das kann es nicht nur im Beruf bekommen.

Viele, die ich kenne und die viel leisten, haben diesen Ausgleich nicht oder nur unzureichend (aus meiner Perspektive wohlgemerkt!) in ihrem Leben etabliert und sind oft sehr unfrei und festgefahren in Themen, die sie beschäftigen.

Das sehe ich persönlich als große Herausforderung an jemanden, der mehr im Leben erreichen will und dafür viel Zeit aufwenden muss. Hier darf der Ausgleich durchaus eine Zeit hintenanstehen, aber dauerhaft führt das wahrscheinlich zu irreparablen Schäden am Sich selbst.

Sind Sie der Meinung, dass starke und sehr engagierte Mitarbeiter die stetig schwachen und demotivierten Kollegen mitziehen sollten? Falls nein, warum?

Diese Frage zeigt deutlich, dass in der Teamführung bereits die wichtigsten Punkte nicht beachtet worden sind. Jeder hat Stärken und Schwächen, hier ist es natürlich wichtig, dass sich die Mitarbeiter gegenseitig unterstützen. „Mitziehen" bedeutet das für mich aber nicht, hier bemerkt man die Fehler auf der Führungsebene.

Um die Frage konkret zu beantworten: Natürlich ist niemand dafür verantwortlich, andere Mitarbeiter mit „durchzuziehen". Das geht auch gar nicht, außer es ist besprochen, dass man jemanden anlernt oder an die „Hand nimmt", der sich noch entwickeln muss. Aber auch hier würde man nicht vom „Mitziehen" sprechen.

Sollte man sich in dieser Situation befinden, muss der Teamleiter das Problem lösen. Das bedeutet, er muss davon in Kenntnis gesetzt werden. Ein guter Teamleiter muss das aber eigentlich auch nicht. Das Problem ist hier nicht der schwache Mitarbeiter, sondern der, der die Arbeits-Settings setzt, also wiederum der Teamleiter. Der hilfsbedürftige Mitarbeiter wird sich in seiner Rolle ebenfalls nicht wohl fühlen und wahrscheinlich mit Aggressions- oder Vermeidungs-Strategien auf die Situation eingehen, aus der er meist nicht selbst entfliehen kann, außer zu kündigen.

Um es noch einmal deutlich zu machen: So etwas kann man nur über die Führung des Teams regeln, der einzelne Mitarbeiter ist da nur der sekundäre Ansprechpartner, das restliche Team kann da kurzfristig einspringen aber aus Gründen der Gleichbehandlung und der Motivation sollte das sehr gut kommuniziert werden, was man von ihnen erwartet und vor allem, was sie dafür bekommen! Mittelfristiges Erhöhen der Aufgabenbereiche und des Arbeitspensums sind immer vom Arbeitgeber zu honorieren!

Was kann ein Unternehmen aus Ihrer Sicht tun, um wertvolle Mitarbeiter zu finden, aufzubauen und natürlich auch langfristig zu halten?

Das kann man in der Theorie recht einfach beantworten, hier kann man auch Deutschlands beliebteste Arbeitgeber heranziehen und schauen, wie diese es schaffen, hier besonders gewürdigt und von Angestellten als Privileg des Erhaltens eines Arbeitsplatzes gewertschätzt zu werden:

Sie als Arbeitgeber müssen guten Leuten einfach mehr bieten als ihre Mitbewerber und das in vielen Hinsichten (Ein Taxi zum Flughafen, gutes Essen in der Kantine, einen „Abteilungstag" im Monat mit einem Ausflug…..).

Die Mehrkosten rentieren sich schnell durch überdurchschnittliche Leistung der Arbeitnehmer und vor allem mehr Arbeitsbereitschaft!

Das Aufbauen und langfristige Halten der Arbeitnehmer funktioniert ähnlich: Bieten Sie WISSEN an:

Lehrgänge, Feedback-Runden oder Zielvereinbarungen die man auch erreichen kann. In einem großen Möbelhaus müssen die Angestellten zum Beispiel alle 4-5 Jahre ihr Aufgabenfeld ändern. Alleine das macht Leute dauerhaft zu Allround-Spezialisten und motiviert.

Ziel ist es hier, dauerhaft ein Bewusstsein zu schaffen, dass SIE für die Firma wichtig sind und die Sinnhaftigkeit des eigenen Handelns in der und für die Firma zu erkennen.

Warum nehmen aus Ihrer Sicht viele Unternehmen dieses Problem immer noch nicht sonderlich ernst? Stichwort Fachkräftemangel.

"Eine Firma ist zum Arbeiten da und nicht zum Spaß haben. Produktivität steht über allem. Hier wird gearbeitet!"

So habe ich es schon oft wahrgenommen, als ich in manchen Unternehmen im Außendienst zu Besuch war.

Das Bewusstsein, dass ich Mitarbeitern Gutes tun sollte, damit sie wirklich viel für die Firma tun, ist oft nicht vorhanden. Das kann man manchen kleinen Betrieben auch gar nicht vorwerfen. Hier fehlt die Ausbildung in diesem Bereich. Mittelständische und große Firmen aber müssen sich hiermit beschäftigen.

Eine kleine sehr positive Anekdote aus meinem Lehrerdasein möchte ich hier kurz nennen:

Vor einiger Zeit besuchte ich eine Schülerin im Praktikum bei einem Immobilienmakler, der sich auch Zeit nahm für uns. Das Gespräch driftete schnell ab in Richtung „Motivation" und „Querdenken". Die Firma hatte 6 Mitarbeiter und es wurde geäußert, dass es schwer sei, im Moment passende Leute zu finden. Ich erzählte ein wenig aus der Schule und meine manchmal sicherlich für Externe als skurril zu bezeichnenden Unterrichtsmethoden. Hier sah man, dass jemand vor mir saß, der das verstand, warum ich das tue. Das fand ich besonders. Dieser Mann hat verstanden warum man Leute motivieren muss und warum die Persönlichkeitsentwicklung und Wertschätzung wichtig sind. So einen Menschen als Chef zu haben, kann in vielen Situationen sehr bereichernd sein und das wünsch ich jedem, der eine neue Beschäftigung findet.

Ich könnte natürlich auch 20 Gegenbeispiele nennen, da ich durch die Praktikumsbetreuung in vielen Firmen in Bielefeld und Umgebung gewesen bin. Doch auch hier möchte ich dem Defizit-orientierten Verhalten der Schule entsagen. Es gibt dort draußen diese Firmen. Man muss sie nur finden.

Ich denke in Zeiten der Globalisierung und des immer härter werdenden Wettbewerbes müssen sich alle Firmen in der nahen Zukunft mit diesen Themen befassen. Das klingt doch gut!

Welchen grandiosen Tipp hätten Sie abschließend für Mitarbeiter, die Bestandsteams aufgreifen müssen und diese schnell motivieren wollen Stichwort: Quick-Results) ?

Ich habe als Lehrer natürlich immer eine unendliche Anzahl von grandiosen Tipps parat. Da diese Ihnen aber auch wirklich helfen sollen, möchte ich hier die im Interview angesprochenen Tipps noch einmal kurz nennen:

- Transparenz
- Konsequenz
- Kompetenz
- Offenheit
- Wertschätzung

Wenn Sie diese fünf Grundpfeiler beherzigen, wird es ihnen gelingen, dass ihr Team Sie als kompetenten Teamleiter erfährt.

Drucken Sie sich diese Grundpfeiler aus und hängen Sie sie sich überall dort aus und auf, wo Sie sie benötigen!

Vergessen Sie niemals, dass Sie für das Team die Verantwortung tragen. Konflikte entstehen oft nicht im Team selbst, sondern durch fehlerhafte, bzw. meistens zu wenig, Führung.

Ich kenne einen Lehrer-Kollegen, der die ganze Klasse mit Zetteln für Verhaltensweisen der Schülerinnen und Schüler dekoriert hat. Tun Sie so etwas bitte nicht! Sie brauchen Freiraum, Freidenker, kreative Leute! So etwas engt ein und hemmt!

Hängen Sie nicht aus, wie die Mitarbeiter sein sollen, kommunizieren Sie Ihre Erwartungen und LEBEN Sie es den Leuten vor! Immer und überall!

Meine finalen Worte in diesem Interview:

Ich möchte mit meinen Ideen und Worten zum Nachdenken anregen. Eine 100%ige Umsetzung meiner Tipps soll es nicht geben. Wenn Sie jetzt denken, dass einige Dinge auch nicht zu stimmen scheinen, dann habe ich hier und heute meine Aufgabe erfüllt, indem Sie Ihr Handeln reflektiert haben und zu einem gleichen, ähnlichen oder ganz anderen Ergebnis gekommen sind. Und das werde nicht ich, sondern werden ihre Mitarbeiter und Kollegen Ihnen danken.

Falls Sie noch weitergehende oder auch ganz andere Fragen zum Thema Motivation haben, dürfen Sie mich gerne unter der E-Mail Adresse falk.rothhaar@youneo.de erreichen.

Herr Rothhaar, wir danken Ihnen für das sehr interessante und aufschlussreiche Interview und wünschen Ihnen weiterhin viel Erfolg, Gesundheit und Freude im Job.

8. Nützliche Netzwerkkontakte und Firmen-Interviews

Interview mit „onepower – Der Einkaufspool"

Zur Person: Pascal Lampe ist Geschäftsführer der byNIRO GmbH mit Sitz in Unna. byNIRO betreibt den Einkaufspool „onepower", dessen Geschäftszweck im Wesentlichen darin besteht, Kontrakte mit attraktiven Konditionen durch Mengenbündelungen bei Zulieferern zu schließen und diese wiederum seinen angeschlossenen Kunden zur Verfügung zu stellen.

Im folgenden Interview hat uns Herr Lampe Rede und Antwort gestanden zu weiterführenden Fragen, die Ihnen als interessiertem Leser einen optimalen Einblick in die Möglichkeiten als onepower-Kunde gewähren.

Herr Lampe, bitte erklären Sie uns kurz, wodurch die onepower entstanden ist.

Der Anfang wurde im Jahr 2006 gemacht, als das „Netzwerk Industrie RuhrOst e.V." (NIRO) gegründet wurde. Hier waren 65 Maschinenbauunternehmen aus dem Raum Unna in Nordrhein-Westfalen organisiert. Ein Projekt dieser Vereinigung sollte die Einkaufsbündelung unter den Mitgliedern darstellen. Hier wurde im Jahr 2007 der erste erfolgreiche Abschluss eines Lieferantenkontraktes im Bereich Energieeinkauf erzielt. Im ersten aktiven Jahr wurde bereits ein Umsatz in der Einkaufsbündelung von 850.000 EUR erreicht.

Schnell hatten die Bedingungen ihre Grenzen erreicht. Die Nutzung der Einkaufskonditionen war auf die Vereinsmitglieder beschränkt und darüber hinaus war deren Anzahl auf 80 limitiert. Im Jahr 2012 wurde daraufhin die Auslagerung der Einkaufsbündelung in die byNIRO GmbH beschlossen und durchgeführt. Eine wegweisende Entscheidung war in diesem Zusammenhang, die Mitgliedschaft, folglich die Nutzung sämtlicher Kontrakte für alle Unternehmen unter gleichen finanziellen Rahmenbedingungen zu öffnen, selbst für Mitbewerber der NIRO-Mitglieder.

In 2015 konnten wir einen Umsatz von 30 Mio. EUR ausweisen, bei 150 aktiven Kunden. Anfang 2016 haben wir dann zur weiteren Professionalisierung die Marke „onepower" etabliert, um dem gestiegenen Angebotsspektrum auch in der Außendarstellung gerecht zu werden. Des Weiteren haben wir als Schritt zu einer regionalen Ausweitung eine Dependance in Bayern eröffnet.

Welche kurz- (5 Jahre) und mittelfristigen (10 Jahre) Ziele hat das Unternehmen?

In den nächsten fünf Jahren planen wir, unseren Umsatz auf 100 Mio. EUR zu steigern, bei einer Anzahl von ca. 500 Kunden. In gleichen Kontext ist eine bundesweite Abdeckung unserer Aktivitäten vorgesehen. Auf zehn Jahre gesehen, wäre die Erreichung von 250 Mio. EUR Umsatz bei einer Kundenverdoppelung auf 1.000 Kunden durch uns angestrebt. Generell möchten wir dabei den Kontakt mit unseren Bestandskunden weiterhin auf hohem Niveau partnerschaftlich pflegen und das Wachstum linear gestalten.

Welche Kernkunden möchten Sie ansprechen?

In unserem primären Fokus stehen Unternehmen einer Größe zwischen 25 und 1.000 Mitarbeitern. Den größten Nutzen unserer Dienstleistung erzielen produzierende Industrieunternehmen. Allerdings sind einzelne Segmente punktuell auch interessant z.B. für institutionelle Kunden wie Krankenhäuser oder auch Handelsunternehmen.

Was genau ist das Konzept?

Durch neu akquirierte Kunden sind wir in der stetigen glücklichen Lage, einen permanenten Benchmark für verschiedenste einkaufsrelevante Bereiche aufzubauen. Dies stellt eine Win-Win-Situation sowohl für unsere Kunden als auch unsere vertraglich gebundenen Lieferanten dar. Mit jedem weiteren Kunden steigt die Mengentendenz unserer Rahmenkontrakte, was dazu führt, dass darauf basierende Preisreduktionen automatisch für alle Kunden, auch die bestehenden, umgesetzt werden, und alle Kunden entsprechend profitieren. Hierdurch erzeugen wir eine Gruppendynamik, die positive Aspekte aufzeigt und gleichzeitig wie ein Dauer-Benchmark betrachtet werden kann.

Darüber hinaus reflektieren wir von uns aus alle drei Jahre unabhängig von externen Anlässen alle vorhandene Kontrakte und prüfen die Konditionen gegen den aktuellen Markt.

Gerade da unsere Kunden selbst Einkäufer sind, ist dies ein besonderer Ansporn für uns, die bestmöglichen Konditionen zu verhandeln. Jeder unserer Verträge hat, allgemein betrachtet, Benchmark-Charakter.

Welche Produktbereiche vertreten Sie hauptsächlich?

Das größte Portfolio bieten wir in den Hauptsegmenten Energie, indirekte Materialien und Dienstleistungen.

Könnten Sie anhand einer Beispielkalkulation aufzeigen, was die Mitgliedschaft bringen kann?

Nehmen wir ein Unternehmen mit 150 Mitarbeiter, das wir kürzlich für den Bereich Frachtkostenoptimierung gewinnen konnten. Hier standen zuletzt jährliche Frachtkosten von rund 150.000 EUR zu Buche. Durch unsere Kontrakte mit renommierten Speditionsunternehmen konnten wir dem Kunden eine jährliche Kostenreduktion in Höhe von 43% ermöglichen.

Wie groß ist das onepower Netzwerk (Kunden und Lieferanten)?

Derzeit führen wir rund 160 aktive Kunden und 23 feste Lieferanten bzw. Vertragspartner. Pro Jahr erzielen wir aktuell Lieferantenergänzungen zwischen 10% und 15%.

Gibt es auch Konkurrenzsituationen zwischen Lieferanten und Kunden (jeweils Wettbewerber)?

Lieferanten können wiederum bei onepower auch Kunde sein, dies stellt kein Problem dar. Eine stets neutrale und fachgerechte Bewertung sowie faire Behandlung ist fester Standard bei onepower.

Gibt es neben Preiseinsparungen weitere Vorteile für Ihre Mitglieder?

Hier sind in erster Linie eine ausführliche Prozessoptimierung zu nennen, eine bewusste Lieferantenreduzierung beim onepower-Kunden sowie eine deutliche Verbesserung der rechtlichen Rahmenbedingungen (z.B. in Haftungsfragen). Neben Preisverbesserungen erzielen unsere Kunden auch andere Konditionsvorteile wie z.B. Wegfall von Mindermengenzuschlägen und Verbesserung der Zahlungsbedingungen. Zusätzlich reduzieren sich Prozesskosten beim Kunden u.a. durch elektronische individuelle Kataloge. Darüber hinaus entfallen beim Kunden Handlingsaufwände für eigenes Benchmarking oder auch eigene Outsourcing-Aufwendungen.

Geben Sie auch Schulungen im Sektor Fachwissentransfer?

Durch die NIRO-Akademie (www.niro-akademie.de) wird ein breites Portfolio an Fachschulungen angeboten. Dieser Unternehmensbereich stellt eine eigenständige Einheit dar und kann von allen Unternehmen unabhängig von einer NIRO-Mitgliedschaft oder einer onepower-Beauftragung genutzt werden. Das Leistungsspektrum der angebotenen Schulungen erstreckt sich von Grundlagentrainings bis hin zu anspruchsvollen Führungsseminaren, aber auch fachspezifische Schulungen wie z.B. Einkaufs-Vertragsrecht werden offeriert.

Haben Sie aus Ihrer Sicht Marktbegleiter zum vorliegenden onepower-Konzept?

Derzeit gibt es kein vergleichbares gelebtes Konzept wie die Systematik von onepower. Selbstverständlich gibt es renommierte Einkaufsberatungen für Industrieunternehmen, die individuell beraten. Allerdings verfolgen diese Institutionen andere Ziele als unser Einkaufspool. Um eine ergänzende interaktive Quelle zu nennen: Mercateo.de stellt eine Vergleichsplattform für industrielle Einkaufspreise dar.

Um den wesentlichen Unterschied zwischen einem klassischen Einkaufsberatungshaus und dem onepower-Einkaufspool darzustellen, so ist dies aus meiner Sicht, dass wir kein klassisches Beratungsunternehmen sind. Uns unterscheidet, dass wir keine kurzfristige Zusammenarbeit anstreben und, dass wir kein Geld verlangen, ohne Erfolge für den Kunden zu erzielen (weder Spesen noch Reisekosten noch sonstiges). Des Weiteren sind wir erfahrungsgemäß deutlich günstiger als eine Einkaufsberatung. Ebenso ist eines unserer Kernziele, ein strategisches gemeinsames Wachstum zu erreichen. Ein klarer Mehrwert ist auch, dass wir sowohl gewünschte Lieferanten kontaktieren, als auch ausschließlich ausführlich geprüfte Lieferquellen aufnehmen. Hier ist gemeint, dass neben den Konditionen auch die zu erwartende Langlebigkeit eines Lieferantenpartners geprüft wird. Auch das Qualitäts- und Servicelevel werden einer umfangreichen Prüfung unterzogen und fallen mit in diese Bewertung.

Herr Lampe, wir danken Ihnen für das Gespräch!

Abbildung: onepower (Quelle: byNIRO GmbH)

Anmerkung zum Thema Einkaufsberatungen

In Fällen von sehr schnellen und generalistischen betriebswirtschaftlichen Umsetzungswünschen kann eine Einkaufsberatung für ein Industrie-Unternehmen dennoch die perfekte und beste Wahl sein. Dies ist von jeder Unternehmensführung selbst auf die jeweiligen Wünsche im Bereich der Zielerreichungen, Zeitplanungen und Methodenwünsche abzugleichen und im Idealfall erst dann individuell vom Kunden zu entscheiden.

Kontakt

byNIRO GmbH

Pascal Lampe (Geschäftsführer)

Friedrich-Ebert-Straße 19

59425 Unna

Telefon 0 23 03 / 27 31 90

Fax 0 23 03 / 27 14 90

E-Mail pl@byniro.de

Internet www.one-power.de

Interview mit „VEA - Bundesverband der Energie-Abnehmer e. V."

Unser Interviewpartner ist Christian Otto, zuständig für Energiepolitik & Öffentlichkeitsarbeit im VEA - Bundesverband der Energie-Abnehmer e. V.

Herr Otto, bitte erklären Sie uns kurz, welche Schwerpunkte der VEA besitzt.

Der VEA beschäftigt sich seit seiner Gründung im Jahr 1950 mit der Energiekostenreduzierung. Zum einen bezogen auf den energiewirtschaftlichen Schwerpunkt (Einkauf, Rückerstattung, Sonderregelungen für die Industrie, Netzentgeltreduzierung, Steuerreduzierung, Fördermöglichkeiten u.v.m.) und zum anderen auf den energietechnischen Schwerpunkt (Audit, Effizienzmaßnahmen, Zertifizierung, KWKG, Erneuerbare Energien, Lastmanagement usw.).

Welche kurz- (5 Jahre) und mittelfristigen (10 Jahre) Ziele hat ihr Unternehmen?

Unser Verein verfolgt eine lineare und stetige Steigerung der Mitgliederanzahl. Unsere GmbH hat die Erweiterung des Dienstleistungsangebotes im Fokus. Diese Schritte planen wir sowohl mittelfristig, als auch langfristig.

Welche Kernkunden möchten Sie primär ansprechen?

Das Dienstleistungsangebot des VEA richtet sich an alle Unternehmen, die im Energiebereich Unterstützung wünschen. Der Mehrwert der VEA-Mitgliedschaft ist primär für den "Deutschen Mittelstand" unersetzbar. Größere Unternehmen haben die Möglichkeit, bestimmte Aufgaben im Energiebereich outzusourcen. Eine "Versicherung", immer auf dem aktuellen Stand zu sein, bietet der VEA für alle Unternehmen.

Welche Produktbereiche vertreten sie hauptsächlich?

Unser Team ist kompetenter Ansprechpartner in den Sektoren Strom, Erdgas und auch Fernwärme.

Könnten Sie anhand eines allgemeinen Beispiels sagen, warum es sich für ein Industrieunternehmen lohnt, die Zusammenarbeit mit dem VEA zu beginnen?

Wir bieten eine sehr hohe Beratungsqualität und viele umfassende Beratungsleistungen im Energiebereich. Dies sowohl wirtschaftlich als auch technisch. Wir arbeiten generell unabhängig und liefern ein überdurchschnittliches Preis-/Leistungsverhältnis am Markt.

Könnten Sie ggf. mit einem Rechenbeispiel die prognostizierten Einsparpotentiale für unsere Leser deutlich machen?

Generell gerne, jedoch ist genau das sehr individuell zu bewerten und pauschal auch mehr als schwer zu beziffern, da es auf die jeweilige Ausgangssituation beim Kunden und auch auf die aktuelle Marktlage ankommt. Grundsätzlich sparen wir unseren Mitgliedern Zeit und geben ihnen die Sicherheit, dass sie auf einen kompetenten Dienstleister setzen und somit auch keine signifikanten Marktbewegungen im Geschäftsfeld Energie verpassen.

Wie bewerten Sie die Entwicklung von Strom- und Gaspreisen im deutschen Markt (auf zeitlicher Basis der Jahre 2013-2016)?

Die Energiepreise sinken spürbar, jedoch ist die Kehrseite, dass die Steuern, die Abgaben und auch die Netzentgelte steigen. Durch die ebenso steigende Menge an erneuerbaren Energien wird der Strompreis auch weiter fallen. Die Netzentgelte werden allerdings weiter prognostiziert deutlich steigen. Beim Gaspreisindex sehen wir jedoch aktuell weniger Potenzial für spürbar sinkende Marktpreise. Auch in diesem Bereich steigen die Netzentgelte weiter an.

Lohnt es sich aus Ihrer Sicht, als Industriekunde kurzfristige Verträge (zum Beispiel mit der Laufzeit von 12 Monaten) zu schließen? Würden Sie von einem langfristigen Bedarfskontrakt (von z.B. 36 - 48 Monaten) eher abraten?

Auf keinen Fall würden wir unseren Kunden derzeit empfehlen, Strompreise langfristig abzuschließen. In unseren Augen ist das ein Fehler. Wir empfehlen für den mittelständischen Kunden eher kurze Laufzeiten und sich für die Folgejahre Zielpreise zu setzen. Wir bieten hier einen Preiswächter an, der bei Erreichung der jeweiligen Zielpreise den Kunden „weckt" bzw. auf den neuen Status aufmerksam macht. Langfristige Verträge würden wir aktuell nur empfehlen, falls es die verkaufsbezogenen Verträge und Preisvereinbarungen mit den eigenen Kunden dies jeweils zwingend einfordern und somit als kalkulatorische Grundlage unumgänglich wird, das Risiko von Preisveränderungen im Sektor Energie komplett selbst zu tragen.

Würden Sie die Eigenerzeugung von Strom aus heutiger Sicht für ein Unternehmen als wirtschaftlich reizvoll einstufen? Falls ja, in welchen Bereichen?

Eine Kraft-Wärme-Kopplung (KWK) ist für Unternehmen weiterhin interessant, wenn ganzjährig Wärme benötigt wird. Ein Krankenhaus ohne KWK sollte es eigentlich nicht mehr geben. Wenn sich die Technologie für Elektrospeicher schneller entwickelt, werden wir allerdings auch zukünftig neue Konzepte zur Einbindung von Photovoltaik-Technik (PV) in den industriellen Prozessen sehen. Zudem sind diese dann auch zusätzlich im Bereich der Regel- und Ausgleichsenergie zu vermarkten. Vor einer solchen wichtigen Unternehmensentscheidung empfehlen wir eine umfassende Beratung, die den eigenen individuellen Bedarf aufzeigt und somit für eine grundsätzliche und auch wirtschaftlich sinnvolle Entscheidung zwingend nötig ist.

Welche Formen der Beratung bietet der VEA?

Wir verfügen derzeit über zehn Geschäftsstellen in Deutschland mit insgesamt rund 80 Mitarbeitern. Unsere Fachberater stehen unseren Mitgliedern immer für eine Beratung vor Ort nach Absprache und Planung zur Verfügung.

Sehen Sie die Tätigkeit von externen Einkaufsberatungen oder auch Einkaufspools als inhaltlich ähnliche Tätigkeit an, oder hat die Zusammenarbeit mit dem VEA Mehrwerte, die einzigartig für die jeweiligen Kunden sein könnten?

Es gibt aus unserer Erfahrung heraus wenig signifikante Preisvorteile bei der Bündelung von Kundenmengen. Wichtig ist jedoch bei der Ausschreibung dieser Bedarfe, auch eine hohe Marktdurchdringung zu erzielen. Genau das bietet der VEA durch seine Ausschreibungsplattform „VEA-Online", die von zahlreichen Anbietern und auch Kunden stetig genutzt wird. Die Anbieter haben freien Zugang zu dieser professionellen Plattform. Der jeweilige Kunde zahlt die Ausschreibungskosten, welche wirtschaftlich sehr fair kalkuliert sind.

Aus unserer Sicht bieten wir einen guten Mehrwert zu den Einkaufspools und allgemeinen Einkaufsberatungsgesellschaften, denn wir sind einer der sehr wenigen ganzheitlichen Energieberater am Markt. Bei uns endet die Beratung nicht nach dem Einkauf, sondern fängt danach, aus unserer Erfahrung heraus betrachtet, erst richtig an.

Wir freuen uns auf jedes neue Mitglied und stehen für Rückfragen immer gerne zur Verfügung.

Herr Otto, vielen Dank für das informative Interview und dem VEA weiterhin viel Erfolg.

Kontakt
VEA - Bundesverband der Energie-Abnehmer e. V.
Christian Otto (Energiepolitik & Öffentlichkeitsarbeit)
Zeißstraße 72
30519 Hannover
Telefon 05 11 / 98 48 -157
Fax 05 11 / 98 48 -288
E-Mail cotto@vea.de
Internet www.vea.de
Online-Marktplatz www.vea-online.de
Energieeffizienznetzwerke www.reginee.de

Interview mit „Hubert Niewels GmbH"

NIEWELS

Christoph Niewels ist Geschäftsführer der Hubert Niewels GmbH in Bad Lippspringe. Im Rahmen des folgenden Interviews teilt Herr Niewels seine Erfahrungen, insbesondere im Bereich der energieeffizienten Technologieumstellung in der Industrie, mit unseren Lesern.

Herr Niewels, bitte erklären Sie uns kurz, was die Kernkompetenzen der Firma/Firmen Niewels sind.

In Kurzform genannt ist das die Planung und Ausführung innovativer Gebäudetechnik in Premiumqualität. Natürlich auch allgemeine Dienstleistungen rund um die Gebäudetechnik, welche aus Hilfestellung für Unternehmen bei der technischen Betriebsführung bezogen auf gebäudetechnische Anlagen oder komplette Übernahme dieser Betriebsführung bestehen. Natürlich gewährleistet unser Team auch die kurzfristige Durchführung von Instandsetzungsarbeiten rund um die Uhr. Dies wird ergänzt durch einen hochqualifizierten Bereitschaftskundendienst für die gesamte Gebäudetechnik, welcher ebenfalls rund um die Uhr für unsere Kunden erreichbar ist. Zu guter Letzt soll auch erwähnt sein, dass wir Energiedienstleistungen, bestehend aus Energie- und Anlageninspektionen kompetent ausführen, Energieinventuren vornehmen und ergänzend auch eine Erstellung von Sanierungskonzepten mit Aufgliederung der jeweiligen Einzelmaßnahmen in der Reihenfolge der Wirtschaftlichkeit ausarbeiten können.

Welche mittelfristigen Ziele hat ihre Firma?

Bereits seit nunmehr drei Jahren befinden wir uns in der Umsetzung der Zielplanung „Niewels 2020". Diese beinhaltet einen gut durchdachten und erfolgreichen Generationsübergang von Hubert Niewels (derzeit 64 Jahre, Stand 2016) auf die bereits im Unternehmen installierte Nachfolge-Geschäftsführung Christoph Niewels, Sascha Nicolai und Alfons Hagemeister. Ebenso gehört zu diesem Konzept die Erreichung der Marktführerschaft innerhalb unserer Branche in der Region Ostwestfalen (OWL). Selbstverständlich haben wir auch Ziele bezogen auf den gewünschten zukünftigen Umsatz. Hier planen wir die Erreichung einer Umsatzgröße, die eine vor drei Jahren geplante und strukturierte Betriebsorganisation wirtschaftlich macht und ebenso weiteres Wachstum für unsere Unternehmung im gesunden und linearen Bereich ermöglicht.

Welche Kernkunden in welcher Region und Reichweite möchten Sie ansprechen?

Weil wir nicht überregional tätig sein möchten, fokussieren wir uns nicht auf eine spezielle separate Kundengruppe, sondern sind dahingehend sehr breit aufgestellt. Unsere Kundschaft gliedert sich in die Sektoren Gesundheitswesen, in der wir zu unserer Freude bereits seit langer Zeit Marktführer in OWL für die gesamttechnische Ausstattung von Krankenhäusern sind. Danach ist der Bereich der Industriekunden zu nennen, den wir seit einiger Zeit erfolgreich mit einem strategischen Konzept begleiten und spürbar ausbauen konnten. Auch die sog. „Öffentliche Hand" und die Privatkunden gehören zu unserer Zielkundschaft.

Um sowohl für unsere Privatkunden z.B. ein Gäste-WC installieren zu können, aber auch für unsere Industriekunden eine große Energiezentrale mit Blockkraftheizwerk (BHKW), Absorberkälte und Hochdruckdampf zu planen und umzusetzen, haben wir innerbetrieblich entsprechende Fachabteilungen aufgebaut. Unsere umfangreiche Abteilung „Service und Privatkunden" ist z.B. für das Privatkundengeschäft verantwortlich, aber auch für alle Reparaturen im Großkundenbereich. Komplexere Großprojekte werden von unseren fachspezifischen Projektteams gelenkt und durch unser internes Ingenieurbüro begleitet.

Wir konzentrieren uns konsequent auf die Region OWL. Außerhalb dieser Region agieren wir nur in Ausnahmefällen und auf ausdrücklichen Wunsch unserer Kundschaft.

Was genau ist der Mehrwert einer modernen Heizungsanlage (aus Energie- und Kostenbetrachtung) für einen Gewerbebetrieb?

Der grundsätzliche und primäre Mehrwert einer modernen Heizungsanlage in einem solchen Betrieb besteht neben einer höchstmöglichen Betriebssicherheit auch in der Energieeffizienz und selbstverständlich in dem Imagegewinn durch umweltbewusstes Verhalten. Somit kann ein Unternehmer ökonomische Mehrwerte nutzen und die ebenso erkennbaren ökologischen

Begleitnutzen werbewirksam ausloben. Hier lässt sich der alte Leitsatz „Tue Gutes und rede drüber" mit ruhigen Gewissen in der Praxis anwenden.

Welche Heiztechnik ist aus Ihrer Sicht für mittlere und große Betriebe besonders zukunftsweisend?

Hier könnte man sicher einiges sagen und auch spontan empfehlen, jedoch pflegen wir die individuelle Einschätzung und Beratung, die dazu führt, dass unsere Kunden ein bestmögliches und maßgeschneidertes Endergebnis erhalten. Jeder Interessent aus unserem Kernkundensektor darf uns hierzu jederzeit ansprechen, um mit unserem Team ein individuelles Projekt zu besprechen und im Anschluss daran auch vorzuplanen.

Könnten Sie anhand einer Beispielkalkulation aufzeigen, was die Modernisierung einer Heizungsanlage für ein Unternehmen bringen kann? Ist auch eine kurze ROI-Betrachtung als Beispielkalkulation denkbar?

Leider kann auch dies nur sehr individuell geplant, berechnet und erstellt werden. Ein Blockheizkraftwerk kann z.B. für Betriebe, die ausschließlich witterungsabhängig Wärme benötigen, völlig uninteressant sein. Wenn damit aber ein hoher Warmwasserverbrauch verbunden ist, kann es eine Amortisationszeit von 6 bis 8 Jahren geben (bei max. 15 Jahren kalkulierbarer Laufzeit) und bei Betrieben mit Prozesswärmebedarf und möglichen Laufzeiten von bis zu 8.000 Betriebsstunden im Jahr kann eine Amortisation von unter 2 Jahren möglich sein. Genauso individuell ist der Einsatz von Gebäudeleittechnik, modernen Dampferzeugern, technologisch aktuellen Wärmeerzeugern, die Sanierung von Warmwasserbereitungsanlagen, der Einbau von Wärmerückgewinnungsanlagen in lüftungstechnischen Anlagen usw. zu betrachten. Wir leben konsequent den Gedanken, unseren Kunden individuelle, maßgefertigte und erprobte Lösungen anbieten zu können, damit eine bestmögliche Effizienz und Zufriedenheit für unsere Auftraggeber erzielt wird.

Wie groß ist ihr berufliches Netzwerk, das Sie nutzen?

Unser Firmennetzwerk besteht aktuell aus ca. 4.500 direkten Kontaktadressen von Kunden und Interessenten. Im Bereich der allgemeinen Lieferquellen und ausführenden, liefernden bzw. auch unterstützenden Lieferanten lässt sich eine aktuelle Zahl von rund 200 aktiven

Kontakten nennen. Hierbei setzen wir konsequent auf Lieferantenpartner, die ebenso qualitativ und zuverlässig arbeiten.

Bevorzugen Sie eher Großprojekte in der Umsetzung? Hat dies Vorteile?

Nein, das würde ich nicht pauschal so beantworten wollen. Vielmehr ist es wie bereits bei vorstehender Frage genannt, dass wir eine breite Kundengruppe haben und auch bewusst diesen strategischen Weg gehen möchten. Von der eigentlichen reinen Umsatzverteilung entfallen derzeit ca. 50% auf kleinere und ca. 50% auf größere Aufträge und laufende Projekte.

Geben Sie auch individuelle Kundenschulungen für technischen Fachwissenstransfer?

Im Bereich der gezielten Schulung von sog. Regieabteilungen unserer Industriekunden bezogen auf die stetige Instandhaltung und bestmögliche Wartung wird nach Wunsch individuell und vor Ort auch dieser Wissenstransfer von uns angeboten und durchgeführt.

Häufiger fallen bei uns externe Schulungsbedarfe im Fachbereich der Energiedienstleistungen an. Hier schulen wir als Beispiel jedes Jahr alle Hausmeister der Schulen und Bildungseinrichtungen eines großen Trägers zum Kernthema Energiemanagement. Durch ein gezieltes Benchmarking aller Liegenschaften veranstalten wir sozusagen einen energetischen Wettbewerb unter den Liegenschaften. Das gleiche machen wir erfolgreich mit Schulhausmeistern großer Kommunen, technischen Mitarbeitern großer Liegenschaften usw.

Herr Niewels, vielen Dank für das interessante und umfassende Interview.

Kontakt
Hubert Niewels GmbH
Christoph Niewels (Geschäftsführer)
Neuhäuser Weg 3a
33175 Bad Lippspringe
Telefon 0 52 52 / 1 06 -1
Fax 0 52 52 / 1 06 -201
E-Mail info@niewels.de
Internet www.niewels.de

Interview mit „SDS Transport & Logistik"

Bei SDS handelt es sich um ein Speditions- und Logistikunternehmen mit Sitz in Gütersloh, das 1995 gegründet wurde und zum Zeitpunkt des Interviews (Quartal 1/2016) über 68 Mitarbeiter verfügt. Das Interview wurde geführt mit dem Inhaber Michael Buchholz.

Herr Buchholz, bitte erklären Sie uns kurz, wo aus Ihrer Sicht der Unterschied zwischen guten und schlechten Logistikdienstleistern liegt.

Unsere Kollegen und uns zeichnen im Idealfall vor allem Pünktlichkeit sowie ordentlicher und fachgerechter Umgang mit der Ware aus. Der Auftraggeber sollte bei seinem Logistikdienstleister darauf bestehen, dass das Equipment in Form der Fahrzeuge sauber und verkehrssicher ist und sich ausreichend Ladungssicherung an Bord befindet.

Immer wichtiger wird es, dass die Fahrer in der Lage sind, bei Ladung und Entladung in verschiedenen Sprachen zu kommunizieren und auch allgemein eine gewisse Sozialkompetenz besitzen, um angemessen mit Kunden und deren Warenempfängern umzugehen.

Selbstverständlich sollten darüber hinaus das Sicherheits-Know-how der Fahrer sowie die dazugehörige Bekleidung sein. Im besten Fall weisen die Fahrer ein einheitliches Erscheinungsbild im Bereich der Berufskleidung passend zum Corporate Design des Logistikunternehmens auf.

Als weitere Servicemerkmale sind professionelle Dienstleister in unserer Branche jederzeit aussagekräftig, um z.B. per GPS-Ortung den Standort des Transports auf Nachfrage nennen zu können. Regelmäßige Schulungen und fachgebundenes Training der Fahrer (z.B. Sicherheit, digitales Tachohandling, Verhalten bei Unfällen) unterscheiden ebenfalls den seriösen Anbieter vom Rest.

Welche kurz- (5 Jahre) und mittelfristigen (10 Jahre) Ziele hat ihr Unternehmen?

Als kurzfristiges Ziel für mein Unternehmen ist zu nennen, dass wir kontinuierlich und linear wachsen möchten, damit wir weiter gesund und wettbewerbsfähig bleiben.

Mittelfristig gesehen, sind wir bestrebt, den technischen Stand zu halten und uns den aktuellen Trends in diesem Segment anzupassen. Selbstverständlich möchten wir auch zukünftige Anforderungen der Kundschaft stets erfüllen können. Dazu gehören z.B. größere Sattelzüge mit mehr Transportkapazität und angehängte Flurfördergeräte (Mitnahmestapler).

Des Weiteren planen wir aufgrund steigenden Bedarfs, die Lagerflächen für unsere Kunden zu erweitern und gleichermaßen unser Fachpersonal aufzustocken.

Welche Kernkunden möchten Sie ansprechen?

Bei uns stehen gewerbliche Kunden des Mittelstands im Fokus. Diese sind i.d.R. solvent und bevorzugen, genau wie wir, eine langlebige und kooperative Zusammenarbeit.

Was genau ist das besondere Konzept der Fa. SDS?

Neben dem üblichen Serviceumfang von Logistikunternehmen bedient unser Unternehmen das spezifische Segment der Messetransporte (mit Hebebühnen und Mitnahmestaplern etc.). Zusätzlich verfügt unser Betrieb über drei eigene Lagerhäuser, die wir mit eigenem kompetentem Personal verwalten.

Ein Alleinstellungsmerkmal unseres Unternehmens ist die Expertise für industrielle Outsourcingmaßnahmen. Wir beliefern unsere Kunden auf Wunsch just-in-time bis an die Maschine.

Welche Produktbereiche vertreten sie hauptsächlich?

Neben der Logistik selbst betreiben wir auch die Lagerhaltung für große namhafte Industrieunternehmen. Ansonsten sind wir als Ansprechpartner für beinahe alle denkbaren logistischen Herausforderungen die richtige Wahl.

Des Weiteren leistet unser Team auch Express- und Kurierfahrten (temperaturgeführt, Pharmatransporte usw.). Ebenso verfügen wir über eine hauseigene LKW-Waschanlage und auch über eine KFZ-Meisterwerkstatt.

Könnten Sie anhand eines allgemeinen Beispiels aufzeigen, warum es sich für ein Industrieunternehmen lohnt, die komplette Logistik an eine Fachfirma wie SDS zu übergeben?

Durch das Outsourcing des eigenen Lagers hat ein Industriekunde den Vorteil, bisher durch das Lager gebundene Nutzflächen im Unternehmen für andere Zwecke freizustellen, etwa für eine Erweiterung der Produktionskapazitäten. Dies ist in den meisten Fällen der ausschlaggebende Punkt für ein externes Lager.

Das fachliche Know-how von Speditionen kann darüber hinaus weitere Preis- und Prozessverbesserungen für einen Auftraggeber bringen. Ebenso kann sich das Stammpersonal des Kunden auf die eigentlichen Kernaufgaben der jeweiligen Industrieunternehmung konzentrieren.

Lagerschwankungen und Leerstände am externen Lager können schnell wieder anderweitig vergeben werden, wobei eigene Lagerleerstände indirekt Geld kosten und keinen temporären Nutzen erwirtschaften. Saisonale Schwankungen werden dadurch wirtschaftlich besser kompensiert.

Wie groß ist der Transportradius von SDS?

Wir sind europaweit tätig, allerdings ist Ost-Europa an dieser Stelle eher sekundär zu sehen. Der Fokus liegt auf West- und Mitteleuropa.

Existieren auch Konkurrenzsituationen zwischen Kunden, die Sie betreuen (jeweils Wettbewerber)? Wie gehen Sie damit in der Regel um?

Wir arbeiten stets fair und offen und hätten mit derartigen Konstellationen generell keinerlei Probleme. Jedoch liegen derzeit keine Konkurrenzsituationen dieser Art unter unseren Kunden vor.

Herr Buchholz, wir danken Ihnen für das Gespräch.

Kontakt

SDS Transport & Logistik

Michael Buchholz

Wiedenbrücker Straße 50

33332 Gütersloh

Telefon 0 52 41 / 9 09 90 -0

Fax 0 52 41 / 9 09 90 -99

E-Mail info@sds-trans.de

Internet www.sds-logistik.de

Interview mit „youneo initiative"

youneo.

Die beiden Autoren dieses Buches Christian Flick und Mathias Weber sind Teil der „youneo initiative" aus dem Raum Melle. Das Interview führte Mathias Weber mit dem youneo-Gründer Christian Flick.

Herr Flick, was genau ist die youneo initiative?

Die youneo initiative wurde von mir im Jahr 2015 gegründet und in den ersten Schritten dahingehend seit Januar 2015 von mir alleine gegangen. Das Konzept ist eine offene Wissensplattform, die darauf abzielt, als Non-Profit-Initiative ein breites Themenfeld von betriebswirtschaftlichen Fragen zu beantworten. Diese werden dann als detailliertes Konzept von der youneo initiative ausgearbeitet, im Videostudio eingesprochen und abgefilmt, anschließend geschnitten und als Folgeschritt im eigenen youneo-Channel bei YouTube veröffentlicht. Dies hat den Vorteil, dass viele Interessenten diese Ausarbeitungen sichten können und somit ein agiler und kostenfreier Mehrwert entsteht.

Wer steckt hinter der youneo initiative?

In den ersten Gedanken hatte ich die Idee, diese Initiative alleine zu betreiben. Da ich aber ein Fan von Netzwerken und Wissenstausch im Team bin, habe ich versucht, ein breiteres Fachwissen bzw. ein Team von Mitgliedern zu akquirieren. Dies geschah dann im zweiten Schritt nach dem Grobkonzept, was dazu führte, dass beim Ausbau der youneo initiative (Ende 2015) direkt eine fünfköpfige kompetente Gruppe vorhanden war. Diese besteht aus mir, dem Gründer (Christian Flick) und aus den vier weiteren folgenden Mitgliedern: Mathias Weber, Falk Rothhaar, Felix Rullmann und Christoph Neu.

Hierdurch erhielten wir einen breiten Pool an verschiedenen Spezialistenprofilen, der sich von Industrieprozessen (Einkauf, Verkauf, Kundendienst), IT-Prozessen, Projektmanagement, Didaktik und Wissenstransfer bis hin zum technischen Fachwissen erstreckt.

Arbeitet man überregional oder eher regional?

Wir arbeiten in Ausnahmefällen auch überregional, haben jedoch generell den Wunsch, unsere Region Melle (was grob zwischen Osnabrück und Bielefeld liegt) und deren Wirtschaft zu bereichern und zu unterstützen. Dies liegt daran, dass wir alle in dieser Region leben und insofern auch mit unserer Heimat gerne und gut verbunden sind.

Kostet die youneo initiative für die Nutzer Geld?

Unsere Initiative ist kostenfrei und wird von uns allen rein ehrenamtlich betrieben. Alle Antworten auf z.B. Leserfragen und auch jedes von uns erstellte Konzept entsteht somit auf reiner Non-Profit-Basis. Einige unserer Nutzer haben den Wunsch genannt, uns etwas für unsere Arbeit und Unterstützung geben zu wollen, deshalb haben wir auf unserer Webseite www.youneo.de auch einen Spendenzweck hinterlegt. Falls jemand den Wunsch hat, hier etwas an uns indirekt zurückzugeben, tut er dies, indem er direkt an ein konkretes soziales Projekt spendet, welches krebskranken Kindern im Klinikalltag etwas Abwechslung und Aufheiterung bietet.

Welche Unterstützer haben Sie in dem Konzept?

Sowohl die Stadt Melle (Wirtschaftsförderung) unterstützt uns, als auch regionale Stadtmagazine und natürlich ein breites Netzwerk an verschiedenen Kontakten. Es ist nicht immer leicht, auf der Basis von nicht vergüteten Aktionen Helfer zu gewinnen, jedoch sind wir erstaunt, wieviel Menschen Freude daran haben, ein Teil einer wertvollen Aktion zu sein. Dafür sagen wir an dieser Stelle auch gerne noch einmal herzlichen Dank.

Welche kurz- und mittelfristigen Ziele hat das Team?

Unsere kurzfristigen Ziele haben wir bereits in diesem Jahr erfüllt, denn wir wollten ca. 100 Video-Tutorials bis Ende 2016 zu Leserfragen und allgemeinen betrieblichen Konzepten produziert und in unserem Video-Channel bei YouTube veröffentlicht haben. Dieses Ziel ist trotz aktueller Jahresmitte nun auch schon nahezu erreicht worden.

Die mittelfristigen Ziele sind, noch mehr kleine und mittlere Firmen proaktiv unterstützen zu können und somit allseitig einen Best-Practice Mehrwert zu erzeugen, der unserer Region hilft, die gute wirtschaftliche Position zu erhalten und natürlich weiterhin positiv auszubauen. Ebenso freuen wir uns über weitere Leserfragen, die auch mittelfristig noch thematisch breiter anwachsen sollten und somit noch mehr allgemeine Interessenten erreichen werden.

Gibt es die Konzepte von der youneo initiative nur als Video-Tutorials?

Generell ist das korrekt, denn wir erhalten z.B. Leserfragen als E-Mail und erstellen ein internes Konzept, welches dann als Video-Tutorial erstellt und somit auch als Video-Antwort veröffentlicht wird.

Jedoch ist uns auch klar, dass manche Konzepte aufgrund der Detailvielfalt in textlicher Form für Fachinteressenten (Unternehmer, Mitarbeiter usw.) besser in das eigene Unternehmen zu übertragen sind. Gerade aus diesem Grund betreiben wir auch noch einen separaten Blog für das Teilen von Verbesserungsvorschlags- und KVP-Konzepten und einen weiteren Blog für Einkaufsfachwissen.

Diese Blogs sind ebenso kostenlos und unter www.betrieblichesvorschlagswesen.de sowie www.einkaufwissen.de zu finden. Stetig wächst auch dort die Anzahl von neuen Konzepten, was dafür sorgt, dass die Besucherzahl erheblich angestiegen ist.

Ebenso haben wir Fachbücher zu diversen Themen veröffentlicht, die ab Mitte 2016 europaweit bei diversen renommierten und bekannten Quellen erhältlich sein werden. Diese Bücher haben dann den Vorteil für die jeweiligen Nutzer, dass die Konzeptvielfalt breiter ist und auch die inhaltliche Tiefe der Konzepte deutlich stärker ausgebaut dargestellt wird. Mein aktuelles Autorenprofil bei Amazon ist zu finden unter www.christian-flick.de, die eBook-Übersicht unter www.buchportfolio.de. Ebenso freue ich mich über wertvolle Anregungen und auch Netzwerkerweiterungen. Man kann mich gerne jederzeit per XING kontaktieren, das Profil ist unter www.christianflick.de zu finden.

Haben Sie vor, für diese Arbeitsleistung langfristig Geld zu verlangen?

Die youneo initiative wird kostenfrei bleiben. Es gibt zwar unabhängige Ideen für ein weiteres optionales Unternehmenskonzept in der Zukunft, jedoch wäre dies dann komplett von der eigentlichen Initiative losgelöst und unabhängig davon zu betrachten.

Welche Erfolge erwarten Sie mit dieser Initiative langfristig?

Mein Erfolgsverständnis bezogen auf die youneo initiative ist, dass wir viele Nutzer thematisch erreichen und auch bestmöglich unterstützen, helfen, anregen und fördern können. Aus meiner Sicht ist unser grundsätzliches Konzept derzeit einzigartig in Deutschland, unterstreicht aber auch das Positive am generellen „Netzwerken" zwischen Menschen und Unternehmungen.

Falls wir genau diesen guten Aspekt langfristig transportieren können, ist mein primäres langfristiges Ziel der Initiative auch perfekt erreicht worden. Ich freue mich über alles, was ich jetzt schon vorfinde und bin ebenso gespannt auf alles, was noch kommen wird.

Herr Flick, danke für die Informationen zu Ihrer Initiative.

<u>Kontakt</u>
youneo initiative – Christian Flick
(Ehrenamtliche private Organisation ohne jegliche Gewinnerzielungsabsicht)
Poststraße 1
49326 Melle
Telefon 0 54 28 / 92 86 85
Fax 0 54 28 / 92 87 09
E-Mail info@youneo.de
Internet www.youneo.de

Interview mit „Effizienz-Agentur NRW (EFA)"

Unser Interviewpartner ist Dr. Peter Jahns, Geschäftsleiter der Effizienz-Agentur NRW.

Herr Dr. Jahns, bitte erklären Sie uns kurz, was die Kernaufgaben der EFA NRW sind.

Die Effizienz-Agentur NRW (kurz EFA) ist seit 17 Jahren Impulsgeber und Motor für produzierende Unternehmen in Nordrhein-Westfalen zum Thema PIUS (Produktionsintegrierter Umweltschutz) und Ressourceneffizienz. 1998 wurde die Agentur auf Initiative des NRW-Umweltministeriums gegründet als externe Institution des Landes, die durch eine privatwirtschaftliche Trägergesellschaft im Auftrag des Landes betrieben wird.

Ziel der Arbeit der EFA ist die wirtschaftliche Steigerung der Ressourceneffizienz in produzierenden Unternehmen. Als neutraler Fachpartner bietet sie Industrie- und Handwerksbetrieben ein umfassendes Leistungsangebot zur Ermittlung von Einsparpotenzialen beim Rohstoff- und Energieverbrauch an, begleitet bei der Finanzierung und Umsetzung von Ressourceneffizienz-Maßnahmen und informiert über das Thema in Veranstaltungen und Schulungen.

Welche kurz- (5 Jahre) und mittelfristigen (10 Jahre) Ziele hat das Unternehmen?

Die EFA entwickelt ihr Leistungsangebot ständig weiter. So ist aktuell das Thema umweltgerechte Produkte auf der Agenda, dazu ist bereits ein Beratungsangebot entwickelt worden, und mit dem Effizienz-Preis NRW werden alle zwei Jahre Unternehmen für „Das ressourceneffiziente Produkt" ausgezeichnet. Der Aspekt soll allerdings noch stärker in den Unternehmen verankert werden, da hier ein großer „Hebel" für Ressourceneffizienz steckt. In fünf Jahren soll das Thema ebenso in der Unternehmerschaft angekommen sein wie heute die ressourceneffiziente Gestaltung der Produktionsprozesse.

Ein weiterer Schwerpunkt ist die Berücksichtigung der unternehmensübergreifenden Wertschöpfungskette, d.h. die Einbeziehung der vor- und nachgelagerten Be- und Verarbeitungsschritte bei Lieferanten und Kunden. Neben den technischen Problemstellungen und Abstimmungsprozessen stellt besonders die kommunikative Seite eine Herausforderung dar, da eine unternehmensübergreifende Zusammenarbeit grundlegendes Vertrauen voraussetzt. Hier möchte die EFA in 10 Jahren ein standardisiertes und breitenwirksames Angebot im Portfolio besitzen.

Welche Kernkunden möchten Sie ansprechen und mit welchen Zielen für ihre Kunde?

Unsere Kunden sind produzierende Unternehmen aus Industrie und Handwerk in NRW. Elementares Ziel ist die wirtschaftliche Steigerung der Ressourceneffizenz in diesen Unternehmen, d.h. die Verbesserung der Prozesse und/oder Produkte mit dem Folgeziel, weniger Material und Energie bei deren Herstellung und Nutzung einzusetzen.

Was genau ist das Konzept der EFA?

Die Effizienz-Agentur NRW bietet Unternehmen mit der Ressourceneffizienz-Beratung in den Bereichen Produktion, Produktentwicklung und Kostenrechnung einen einfachen Einstieg in eine ressourceneffizientere Wirtschaftsweise an, um Potenziale und Möglichkeiten zur Material-, Energie- und Kostenreduzierung aufzudecken und Maßnahmen erfolgreich umzusetzen.

Wenn ein Unternehmen sich für eines unserer Beratungsangebote zur Steigerung der Ressourceneffizienz entscheidet, sucht sich der Unternehmer – in Absprache mit der EFA – einen externen Berater, der dann die Analyse im Unternehmen durchführt. Während der Projektlaufzeit steht die Effizienz-Agentur NRW dem Unternehmen sowohl fachlich als auch qualitätskontrollierend als „Coach" zur Seite.

Für die weitere Umsetzung kann der Unternehmer das Angebot der PIUS-Finanzierung der Effizienz-Agentur NRW in Anspruch nehmen, in der gemeinsam mit dem Unternehmen geprüft wird, welches Förderprogramm des Landes, des Bundes oder der EU für anstehende Investitionen geeignet ist, die entweder im Rahmen der Beratung erarbeitet wurden oder direkt an die EFA herangetragen werden. Die EFA stellt den Kontakt zu den Fachansprechpartnern in den entsprechenden Institutionen her und steht dem Unternehmen bei der Antragsstellung mit Rat zur Seite.

Wer vergütet die EFA?

Die EFA ist im Auftrag des Landes NRW bzw. des NRW-Umweltministeriums tätig. Die Leistung der EFA selbst ist für die Unternehmen kostenfrei. Die Beratungsleistung des externen Beraters zahlt das Unternehmen. Oft kann diese Beratungsleistung bei Vorlage der entsprechenden Voraussetzungen anteilig durch Beratungsförderprogramme kofinanziert werden. Auch bei der Beantragung dieser Förderleistung unterstützt die EFA das Unternehmen kostenfrei.

Könnten Sie anhand einer Beispielkalkulation aufzeigen, was die Beratung bringen kann?

Beispielhaft einige Zahlen aus dem EFA-Beratungsangebot PIUS-Check, das als prozessorientierte Stoffstromanalyse in der Produktion ansetzt.

Jährliche Gesamteinsparungen aus den bisherigen ca. 850 PIUS-Checks:
- 1,9 Mio. Kubikmeter Wasser sparen die Unternehmen nach Umsetzung der Maßnahmen aus den individuellen PIUS-Checks insgesamt jährlich.
- 96 Mio. Kilowattstunden weniger Energie jährlich benötigen die PIUS-gecheckten Unternehmen insgesamt nach Umsetzung der Vorschläge.
- 17.600 Tonnen weniger Ausschuss pro Jahr „produzieren" die PIUS-gecheckten Unternehmen nach Umsetzung der Vorschläge insgesamt jährlich.

Durchschnittwerte pro Betrieb:
Allein bei den über 850 Produktionsanalysen mit dem Instrument „PIUS-Check" der EFA konnten in den Betrieben bei einer Investition von durchschnittlich 80.000 EUR jeweils Einsparungen im Ressourcenbereich (Material und Energie) von durchschnittlich 50.000 EUR sowie von 65 t CO_2 pro Betrieb erreicht werden.

Insgesamt werden durch die ca. 250 Beratungsprojekte der EFA jährlich in den Unternehmen Investitionen von über 140 Mio. EUR in umwelt- und ressourcenschonende Prozesse ausgelöst.

Wie ist das Verhältnis von abgelehnten und bewilligten Subventionsberatungen, wie sind die generellen Erfolgsaussichten?

Rund 80% der von der EFA formal und inhaltlich begleiteten Förderberatungen führen zu einem positiven Bescheid.

Gibt es neben Preiseinsparungen weitere Vorteile für Ihre Kunden?

Die meisten Förderprogramme setzen auf zinsverbilligte Darlehen, zunehmend werden Investitionen aber auch über Zuschüsse gefördert. Ein Beispiel ist das BMUB-Umweltinnovationsprogramm (UIP) des Bundesumweltministeriums (BMUB), das bei Investitionen in besonders innovative, erstmals großtechnisch angewendete Verfahren greift. Die EFA begleitet in NRW jährlich 3-5 Projekte in diesem Förderprogramm, über alle Zuschussprogramme sind es 10-15 Projekte im Jahr in NRW.

Preis- bzw. Kosteneinsparungen werden nicht primär durch Förderung erreicht, sondern durch Einsparung bei Material und Energie, was ja ein Kernziel der Beratungen ist – also Kostensenkungen durch geringeren Bedarf an Roh-, Hilfs- und Betriebsstoffen sowie Prozessenergie bei der Herstellung, durch geringeren Entsorgungsaufwand und/oder verbesserte Produkte. Zusätzlich steigt dadurch die Mitarbeitermotivation durch bessere Produktionsverhältnisse und Einbindung der Mitarbeiter. Darüber hinaus wird das Unternehmensimage verbessert. Des Weiteren werden ggf. gesetzliche Vorgaben leichter eingehalten und die erreichten Verbesserungen – zunehmend gerade im Bereich der Reduktion des CO_2-Ausstoßes – können auch in die Unternehmenskommunikation einfließen und die Nachhaltigkeitsberichterstattung unterstützen.

Die Umwelt profitiert von geringerem Ressourcenverbrauch: weniger Emissionen, geringere Umweltbelastung und verbesserter Klimaschutz.

Die Unternehmen steigern mit einer nachhaltigen Produktionsweise ihre Wettbewerbsfähigkeit und sichern oder schaffen dadurch Arbeitsplätze. Zudem sind sie dadurch krisenresistenter aufgestellt und können besser auf Marktveränderungen reagieren. NRW stärkt damit seine Position als Vorreiter in der Umweltwirtschaft, ähnlich wie es in den 80er-Jahren im nachsorgenden Umweltschutz der Fall war.

Geben sie auch Schulungen im Sektor Fachwissenstransfer?

Ja, neben der Beratung ist die Information über das Themenfeld Ressourceneffizienz eine unserer wichtigsten Aufgaben. Im Rahmen von Veranstaltungen, Schulungen und Workshops geben wir einen Überblick über aktuelle technische Entwicklungen, Best Practice Lösungen, Beratungsangeboten sowie Fördermöglichkeiten und bringen Fachleute und Entscheider zusammen. In der Lernfabrik für Ressourceneffizienz der Ruhr-Universität Bochum beispielsweise werden Fachkräfte unter Beteiligung der EFA geschult, Methoden anhand eines konkreten Kundenauftrags vom Bestellungseingang bis zum versandfertigen Produkt zu vermitteln und einzusetzen. Die Teilnehmer lernen dadurch, die Verschwendung von Ressourcen zu erkennen und Maßnahmen zur Verbesserung der Ressourceneffizienz zu ergreifen.

Spezielle Instrumente wie z.B. das von uns entwickelte webbasierte Instrument Eco-Cockpit zur CO_2-Bilanzierung eines Unternehmens werden Beratern und Unternehmen in Rahmen von Schulungen vermittelt.

Herr Dr. Jahns, wir danken Ihnen für das Gespräch!

Kontakt
Effizienz-Agentur NRW
Dr. Peter Jahns (Geschäftsleiter)
Dr.-Hammacher-Str. 49
47119 Duisburg
Telefon 02 03 / 3 78 79 -30
Fax 02 03 / 3 78 79 -44
E-Mail efa@efanrw.de
Internet www.ressourceneffizienz.de

Interview mit „Carl Nolte Technik GmbH"

CARL NOLTE TECHNIK

Unser Interviewpartner ist Cord Loof, Bereichsleiter Industrietechnik & Arbeitsschutz im Hause Carl Nolte Technik.

Herr Loof, bitte erklären Sie uns kurz, wo aus Ihrer Sicht der Unterschied zwischen guter und weniger optimierter PSA liegt.

Zu diesem Thema gibt es zwei Betrachtungsweisen. Zum einen den hohen Qualitätsstandard weit über die Normgrenzen hinaus. Dies nicht nur unter technischen Gesichtspunkten, sondern auch unter der Betrachtung von Nachhaltigkeit und Schadstofffreiheit. Bei preisgünstigen PSA-Produkten kann es durchaus vorkommen, dass Serienteile in ihrem Produktlebenszyklus nicht mehr dem Stand des Baumusters entsprechen. Veränderungen der Rohmaterialien oder in den Fertigungsprozessen können die Ursache sein. Zum zweiten geht aus dem Begriff „Persönliche Schutzausrüstung" schon hervor, dass eine persönliche und somit individuell angepasste Schutzausrüstung den besten Schutz bietet. Und das von Kopf bis Fuß: vom angepassten Gehörschutz, bei dem der perfekte Sitz durch individuelle Abformung für optimalen Schutz sorgt, bis zum Bereich der PSAgA (Persönliche Schutzausrüstung gegen Absturz). So müssen Auffanggurte perfekt sitzen, um besten Schutz zu bieten. Und wenn dann in solch einem Produkt noch Besonderheiten wie z.B. Notfallschlaufen verbaut sind, um sich aus einer Notfallsituation selbst retten zu können, sprechen wir von optimierter PSA.

Welche kurz- (5 Jahre) und mittelfristigen (10 Jahre) Ziele hat Ihr Unternehmen?

Die Carl Nolte Technik verfolgt das Ziel, unsere Kunden ständig am technischen Fortschritt teilhaben zu lassen. Stetige Weiterbildungen unserer Mitarbeiterinnen und Mitarbeiter sorgen für eine optimale Beratung. Wir arbeiten mit den Technologieführern eng zusammen, bieten aber zugleich herstellerunabhängig immer die beste Lösung. Mit unserem eigenen Schulungsprogramm transportieren wir das Wissen zu den Entscheidern unserer Kunden. Mittelfristig arbeiten wir daran, der Wertschöpfungspartner für unsere Kunden zu sein. Nicht nur die Produkte zu optimieren, sondern auch die Prozessketten. Denn nicht nur die Bestückung selbst spielt eine Rolle, sondern auch der Aspekt, durch gezielte Versorgung die Entsorgung zu minimieren. So können wir den Betrieb des Kunden voranbringen – denn jeder Prozess im Unternehmen bzw. dessen Unterbrechung verursacht Kosten.

Welche Kernkunden möchten Sie im Sektor PSA ansprechen?

Die Carl Nolte Technik ist ein inhabergeführtes mittelständisches Unternehmen und sieht sich als Partner des Mittelstands. Durch unsere breitgefächerten Dienstleistungen bedienen wir ein ebenso breites Spektrum an Unternehmen. Wir machen keine Unterschiede, wie groß ein Unternehmen ist oder in welcher Branche es tätig ist, ganz im Gegenteil: Von jeder neuen Erfahrung profitiert jeder neue Kunde.

Bieten Sie auch Ausgabesysteme (Ausgabeschränke mit Chipsteuerung) und/oder allgemeine Kanban-Lösungen im Sektor PSA für ihre Kunden an?

Ja, von der kleinsten Shoplösung bis hin zu einem Multilieferantenportal bieten wir ein breites und stark individualisierbares Spektrum an Systemlösungen.

Bieten Sie Sonderveranstaltungen und Schulungen für ihre Kunden an, um das Thema PSA zu konkretisieren?

Wir möchten, dass unsere Kunden bestmöglich informiert sind. Daher geben wir unser Knowhow gerne weiter. Der Veranstaltungskalender der Carl Nolte Technik beinhaltet neben Seminaren, Lehrgängen und Unterweisungen auch Messebesuche sowie Exkursionen für interessante Blicke hinter die Kulissen unserer Lieferanten. Unsere Schulungen bieten wir sowohl in unserem Hause an, wo eine eigene Trainingsstation für Absturzsicherung zur Verfügung steht, als auch vor Ort beim Kunden.

Könnten Sie anhand eines allgemeinen Beispiels sagen, warum es sich für ein Industrieunternehmen lohnt, die PSA zu individualisieren und auch im Sortiment beim Kunden zu erweitern?

Angepasster Gehörschutz dient nicht nur einem optimierten Schutz, sondern gilt auch als Wertschätzung, die ein Unternehmen seinen Mitarbeitern entgegenbringt. Gesunderhaltung ist ein großes Thema in vielen Unternehmen: von orthopädisch angepassten Schuhen über Korrektionsschutzbrillen bis zu allergenfreien Handschuhen. Die Gesundheitsvorsorge durch eine gute PSA ist nicht teuer, sondern bringt den Unternehmen durch verringerte Ausfallzeiten einen Zugewinn.

Was unterscheidet Ihrer Meinung nach der Service von Carl Nolte Technik im Vergleich zu allgemeinen Wettbewerbern Ihrer Branche?

Wir setzen konsequent auf Technologieführer, und finden für und mit dem Kunden die beste Lösung. Unsere Experten konzipieren die vielfältigen Dienstleistungen der Carl Nolte Technik und kümmern sich um die komplette Umsetzung.

Gibt es auch Konkurrenzsituationen zwischen Kunden, die Sie betreuen (jeweils Wettbewerber)? Wie gehen Sie damit in der Regel um?

Sicherlich gibt es Kunden, die untereinander im Wettbewerb stehen. Doch jedes Unternehmen ist einzigartig und individuell in seinen Strukturen. Es gibt weder Nachteile noch erkennbare Nutzen, die sich dadurch für eine der Seiten ergeben. Auch einen Nutzen im Sinne von Bedarfsbündelungen, den man vermuten könnte, stellt sich so gut wie nie ein. Es bleibt am Ende ein regionales Geschäft mit allem, was dazugehört.

Herr Loof, wir danken Ihnen für das Gespräch!

Kontakt
Carl Nolte Technik GmbH
Cord Loof (Bereichsleiter Industrietechnik & Arbeitsschutz)
Mergenthalerstr. 11-17
48268 Greven
Telefon 0 25 71 / 16 -0
Fax 0 25 71 / 16-499
E-Mail info@carlnolte.de
Internet www.carlnolte.de
Internet www.nolteshop.de
Internet www.psa-spezialshop.com

Interview mit "ILT GmbH - Intelligente LichtTechnik"

LIGHT UP YOUR BUSINESS

Unser Interviewpartner ist Peter von der Linden, Technischer Leiter bei der ILT GmbH.

Herr von der Linden, bitte stellen Sie ihr Unternehmen kurz vor und beschreiben Sie, welche mittelfristigen Ziele die Fa. ILT anvisiert?

Die ILT GmbH mit Hauptsitz in Brilon wurde 2012 von mehreren Unternehmern mit jahrzehntelanger Erfahrung gegründet, die aktiv im Unternehmen mitarbeiten. Sie verbindet Beratungsleistungen mit der Option, Produkte direkt über den angegliederten Großhandel zu beziehen.

Sie hat sich auf den Bereich der Industrie- und Gewerbebeleuchtung spezialisiert und möchte in den nächsten Jahren in diesem Bereich zu einem der bekanntesten und geachtetsten Beratungsunternehmen werden.

Welche Informationen sind aus Ihrer Sicht für ein Projekteinführungsgespräch wichtig, bevor man als Projektleiter die Wahl für einen Dienstleister trifft (auf Basis eines kaufmännischen Mitarbeiters, ohne wesentliche Elektrokenntnisse)?

Grundsätzlich die Expertise des Dienstleisters: Da LED-Leuchten im Gegensatz zur herkömmlichen Lichttechnik ein rein elektronisches Produkt sind, ist nicht nur Know-how im Bereich künstliches Licht allgemein, sondern vor allem im Bereich Halbleitertechnik beim Dienstleister essentiell, um über Qualität und Preis-/Leistungsverhältnis gut beraten zu können.

Welche Vorteile und Erfolge kann ein LED-Projekt (meint: Integration von LED Beleuchtung in Industriehallen) bringen?

Meist wird hier zuerst die Stromersparnis genannt. Sie kann durch Einbeziehung geeigneter Steuerungstechnik (Bewegungsmelder, Tageslichtsensoren etc.) in manchen Bereichen bis zu 90% betragen. Wir sind jedoch der Ansicht, dass speziell im Industrie- und Gewerbebereich die lange Haltbarkeit guter LED-Produkte noch wichtiger ist. Die Wartungskostenersparnis ist dabei der Basisfaktor, der noch dadurch ergänzt wird, dass Produktionsausfallzeiten minimiert werden.

Welche Ressourcenvorteile sehen Sie hier?

Qualifizierte technische Mitarbeiter können sich auf ihre Kernaufgaben konzentrieren (statt defekte Lampen auszuwechseln). Produktionsmitarbeiter sind durch ein besseres, klareres Licht besser in der Lage, ihre Aufgaben konzentriert auszuführen, und können feine Details besser erkennen.

Können Sie etwas zum Thema Lichtausbringung und Lichttechnik sagen, wenn man eine LED-Beleuchtung mit einer standardisierten (bzw. technisch veralteten) Leuchteinheit vergleicht?

Das Lichtspektrum von LEDs ist sehr viel gleichmäßiger als das älterer Lichttechniken und kann zudem im Herstellungsprozeß den Anforderungen angepasst werden. Grundsätzlich ist LED-Licht einseitig ausgerichtet, was oft teure Reflektoren überflüssig macht bzw. den konstruktiven Aufwand verringert. Zusätzlich sind LEDs schaltfest (kein Verschleiß durch häufiges Ein-/Ausschalten) und können rein elektrophysikalisch weitaus besser geregelt (gedimmt) werden als herkömmliche Lichttechniken (Achtung: über entsprechende Treiber, alte Wechselstrom-Dimmtechniken sind ungeeignet).

Welche Erfahrungswerte können Sie Kunden nennen, wenn die Wirtschaftlichkeit und der anvisierte ROI abgefragt werden (Durchschnittserfahrungswert)?

Im Mittelwert sollte der ROI bei zwei bis vier Jahren liegen, jedoch sind hier mehrere Faktoren zu beachten. Die wichtigsten sind die Nutzungsdauer (Ein- oder Mehrschichtbetrieb), der

Strompreis des Kunden, die Intensität der Tageslichtnutzung und die Wartungskostenersparnis. Da diese Faktoren sich teilweise gegenseitig beeinflussen, ist eine realistische Einschätzung im konkreten Fall erforderlich.

Lohnt es sich aus Ihrer Sicht, in relativ hochpreisige aber wertige Leuchteinheiten zu investieren? Wo liegen hierbei die Vorteile aus Ihrer Sicht?

In der Regel schon. Wenn der höhere Preis wirklich in höherer Qualität begründet ist. Wie schon erwähnt, sind LED-Leuchten reine Elektronikprodukte, die auf der Halbleitertechnik basieren. Entsprechend sind die wesentlichsten Qualitätsgesichtspunkte nicht von außen sichtbar. Sie können nur dadurch geprüft werden, dass Kernpunkte von Konstruktion und Fertigungsqualität geprüft werden.
Leider gibt es auch einige wenige Marktteilnehmer, die darauf setzen, dass potentielle Kunden sich mit dieser noch relativ jungen Technik nicht so gut auskennen und deshalb hohen Preis mit hoher Qualität gleichsetzen. Hier muss man also sehr genau hinschauen.

Könnten Sie Messen empfehlen, die für potentielle LED-Beleuchtungskunden interessant sein könnten?

Da wäre vor allem die Messe „light & building" zu nennen, die alle zwei Jahre in Frankfurt stattfindet. Da die 2016er Messe gerade stattgefunden hat, ist es bis zur nächsten „noch etwas hin". Tipp deshalb: Oft ist die LED-Lichttechnik aufgrund Ihrer Aktualität ein eigener Themenbereich auf allgemeineren Messen, etwa zu Elektrotechnik, Industriebau oder Architektur. Das kann für Nicht-Elektrofachleute überschaubarer und interessanter sein als eine große, internationale Messe.

Welche Fachliteratur würden Sie empfehlen, wenn ein kaufmännischer Entscheider zusätzliche Informationen für ein solches umfangreiches Projekt benötigt?

Da die LED-Lichttechnik sich noch immer in rascher Fortentwicklung befindet, sind momentan Fachzeitschriften, die häufig über diese Thematik berichten, der beste Weg. Für Elektrofachleute sei hier als ein Beispiel die Zeitschrift „das elektrohandwerk" genannt, diese ist das Organ des ZVEH (Zentralverband der Deutschen Elektro- und Informationstechnischen Handwerke).

Nennenswert ist auch die Website „licht.de" des ZVEI (Zentralverband der Elektro- und Elektronikindustrie). Sie bietet sehr umfassendes Wissen, ist allerdings sehr technisch orientiert. Ein Fachbuch direkt für kaufmännische Entscheider ist uns nicht bekannt. Allerdings arbeitet unser technisch Verantwortlicher, der auch schon Fachartikel zu diesem Thema veröffentlicht hat, an einer „LED-Fibel", in dem er die wichtigsten Aspekte in allgemein verständlicher Form darstellen möchte.

Was grenzt Fa. ILT von Wettbewerbern ab und warum ist es ein besonderer Mehrwert, mit ihrem Team zusammenzuarbeiten?

In der ILT GmbH sind Jahrzehnte an Erfahrung und aktuellem Wissen aus den Bereichen Elektrotechnik/Elektronik, Halbleitertechnik und Lichttechnik mit kaufmännischem sowie praktischem betrieblichem Know-how und Kommunikationserfahrung zusammengeflossen. Dadurch können wir uns optimal an den realen Bedarf unserer Kunden anpassen.

Wo sehen Sie ihre Kerndienstleistung bei Fa. ILT? Beratung und Konzepterstellung oder auch in der zusätzlichen Montage und Projektbetreuung?

Eindeutig im Bereich Beratung und Konzepterstellung. Die Projektbetreuung kann auf Wunsch des Kunden hinzukommen. Die ILT arbeitet seit ihrer Gründung eng mit Ingenieurbüros, Lichtplanern, Energieberatern und Elektrofachbetrieben zusammen, bei denen i.d.R. die Kompetenz für die Projektbetreuung vorhanden ist. Bezüglich der Montage arbeiten unsere Kunden oft schon länger mit entsprechenden Elektrofachbetrieben zusammen. Hier können wir externe Dienstleister empfehlen, wenn dies (evtl. auch aus Kapazitätsgründen ergänzend) gewünscht ist.

Unsere Leitlinie dabei ist immer: Wir liefern genau die Unterstützung, die der Kunde für sein Projekt benötigt.

Herr von der Linden, vielen Dank für Ihre interessanten Antworten.

Kontakt

ILT GmbH - Intelligente LichtTechnik

Peter von der Linden (Technischer Leiter)

Königstraße 33

59929 Brilon

Telefon 0 29 61 / 9 14 84 -90

Fax 0 29 61 / 9 14 84 -99

E-Mail info@ilt-led.eu

Internet www.ilt-led.eu

Schlusswort und Fazit

Liebe Leser,

vielen Dank für das Interesse an diesem Ratgeber und Fachbuch zum Thema "Work hard – live smart. Der Best Practice Ratgeber für smartes Arbeiten und ebenso smartes Leben."

Als Fazit möchten wir anmerken, dass Motivation aus unserer Sicht primär aus den folgenden Bausteinen besteht:

- Transparenz
- Konsequenz
- Kompetenz
- Offenheit
- Wertschätzung

Wenn Sie diese Bausteine beachten, wird persönlicher und beruflicher Erfolg ein gigantisches Stück planbarer und auch greifbarer.

Achten Sie auf Agilität und Ausgleich in Ihrem Leben. Ihr Geist und Körper benötigt mehr als nur Arbeit, nämlich Bewegung, gute Energie durch gute Ernährung und noch sehr vieles mehr (u.a. auch Struktur und Kongruenz).

Lernen Sie, mehr und mehr auf die innere Stimme zu hören und z.B. gefühlte Ängste auch wahrzunehmen, nicht zu unterdrücken und auch nicht die Ursachen dafür nur im „Außen" zu suchen. Wenn man Ängste und anteilige Kleinheitsgefühle zulässt, lösen sich solche inneren Knotenpunkte nicht selten mit der Zeit von allein auf. Dies hat auch mit Akzeptanz und Selbstannahme zutun, die man erlernen kann.

Nutzen Sie für den beruflichen Erfolg Ihr Höchstmaß an Ideenvielfalt, an persönlicher Einbringung im Unternehmen und kreieren Sie ebenso Ihre persönliche Marke „Ich". Dies soll bedeuten, dass Ihr Engagement, Ihr Erfolg sowie Ihr individueller beruflicher Weg auch auf genau SIE zurückzuführen sein soll. Fordern Sie den „Raum" ein, der Ihnen im Leben zusteht und gönnen Sie dies auch anderen Menschen. Keine Sorge, denn dies ist keine Frage von fehlendem Teamgeist oder gar von purem Egoismus, sondern mehr eine Frage des eigenen weiteren Erfolgswegs und einer nachvollziehbaren Fairness für gute nachhaltige Leistungen.

Natürlich soll aber auch genannt sein, dass Teamerfolge im Job sehr viel Freude bringen können, da eine tolle und mitreißende Gruppendynamik entstehen kann.

Gestehen Sie sich neben den Erfolgen auch kleine Misserfolge zu, denn diese gehören zu einem authentischen privaten und beruflichen Weg fast immer dazu. Doch haben Sie bitte folgenden Leitsatz von sehr erfolgreichen Menschen im Hinterkopf: „Wir sind im Ursprung ins Gewinnen verliebt, nicht ins Verlieren".

Wir wünschen Ihnen alles Gute und ein sehr smartes, hochagiles sowie maximal erfülltes Leben.

Freundliche Grüße aus Melle

Christian Flick   Mathias Weber